上海翥云艺术博物馆

上海翥云艺术博物馆《翥云》

地址：上海市嘉定区安亭镇新源路1375号

邮编：201805

编辑部电话：021-39541111

电子邮箱：zhuyunyishu@sina.com

主办：上海翥云艺术博物馆

图书在版编目(CIP)数据

翥云. 第六辑 / 周嘉主编. — 上海：中西书局，2020

ISBN 978-7-5475-1678-2

Ⅰ. ①翥… Ⅱ. ①周… Ⅲ. ①博物馆－嘉定区－丛刊 Ⅳ. ①G269.275.13-55

中国版本图书馆CIP数据核字(2020)第032803号

翥云 第六辑

周　嘉　主编

责任编辑	邓益明
装帧设计	黄　骏
出版发行	上海世纪出版集团　中西書局(www.zxpress.com.cn)
地　　址	上海市陕西北路457号（邮编 200040）
印　　刷	上海丽佳制版印刷有限公司
开　　本	890×1240 毫米　1/16
印　　张	8.75
字　　数	231000
版　　次	2020年1月第1版　2020年1月第1次印刷
书　　号	ISBN 978-7-5475-1678-2/G · 564
定　　价	48.00元

本书如有质量问题，请与承印厂联系。电话：021-64855582

封面：“翥云”二字为钱君匋所书

封面：1960年代初，南翔古猗园九曲桥（张祖麟摄，私人藏照）

封底：1870年代，嘉定孔庙（私人藏照）

卷首语

时届岁末，《疁云》第六辑如期而至。

上海疁云艺术博物馆是一家以收藏、研究、展示与宣传嘉定人文历史为主的民办非国有博物馆，自2007年创办以来，始终不忘初心，一直致力于服务嘉定的地方文化建设，为保护、研究与宣传嘉定的优秀传统文化，分享所藏，贡献微力。

《疁云》是上海疁云艺术博物馆馆刊，自2014年创办以来，每年推出一辑，常设栏目有馆藏、人物、名胜、影像、老话、往事、文献、馆讯等；结合嘉定重要历史记忆之年，则适时推出专题，如“血染的记忆·抗战在嘉定”（第二辑）、“周颢研究”（第三辑）、“练水悠悠：纪念嘉定建县800周年”（第四、第五辑）、“唐大郎研究”（第四、第五辑）、“竹刻研究”（第四辑）、“沈逸千研究”（第五辑）等。《疁云》的编辑出版，是我们对故乡嘉定的一份感恩，一份敬意，也是一份礼赞。

谭正璧先生是20世纪著名学者，在古典文学整理与研究、文史文献整理与研究领域成就卓越，著作丰厚，影响深远，是嘉定的骄傲。《疁云》前五辑每辑都刊发有先生之子谭箎对于先生的研究文稿，其中包括《谭正璧年谱》（第二辑）等。本辑特设“谭正璧研究”专题，邀请谭箎主持。其中，《谭正璧先生遭诬始末及教训》一文梳理了20世纪40年代谭正璧先生遭遇诬陷的始末，并介绍了谭正璧先生在获知遭诬后，为澄清实情所作的努力。《斟字酌句心血付，螺居笔耕几沉浮》一文介绍了对于谭正璧生前所写札记、随笔的最新整理成果《煮字集》一书。《谭正璧咏梅诗集合》从谭正璧千余首诗中选取了40首咏梅诗作分享，从中可感悟先生的赤子情怀。《父亲谭正璧的万卷藏书》通过对谭正璧巨大藏书所作的分类整理，由其书目可以窥见一个著名学者拥有何等的视野与涵养。

嘉定有着800多年的建县历史，在城镇建设、经济、文化上独具特色。名门望族及历史名人是一地历史持续发展积淀的产物，人文艺术则是地方文教事业繁荣的标志，这些都是地方社会稳定与成熟的象征，其在地方社会中的影响是长久与深远的。本辑增设“家族”栏目，《清末民初练西黄氏的自治实践与家族转型》一文，通过对嘉定西门黄氏家族历史的考察，探讨商人家族如何顺应时代变革，借助地方自治的开展，获取新的社会权势，完成由商人家族到近代新式精英阶层的转变。继续开设“唐大郎研究”专题，分享唐大郎最新研究成果。“竹刻研究”专题，是对嘉定人文艺术的特有成就——竹刻艺术，分享梳理其历史传承、赏玩其艺术特色、品鉴其人物风采之所得成果。而增设的“非遗”栏目，则介绍体裁丰富、形式多样的“非遗”文化在当下的传承与探索。

本辑在常设栏目“往事”中，就嘉定历史上经济生活中有着特殊遭遇的折漕事件及其影响作了叙述，见《论明代嘉定的“折漕为银”赋税变革》一文。在“文献”栏目中，整理了见诸志乘而不见面目的先贤著作，借此“不唯存前人心迹，亦以期吾邑文献之长在天地间也”，见李兴仁《吟香诗稿》。“馆讯”栏目，则记录了我们在博物馆自身建设与发展中，参与地方文化建设所作出的努力。

历史的发展总是充满机遇与挑战，在党和政府带领全国人民建设中国特色社会主义新时代的征程中，《疁云》将一如既往、不忘初心，立足于“文化上海”建设的大格局，继续为“教化嘉定”的建设，作出自己的贡献。

编　者

2019年12月

目 录

清周笠山水图轴，1746年作　上海翥云艺术博物馆藏

“谭正璧研究”按语

谭 篪

晚年谭正璧（1901—1991）
在书房

2019年7月16日，“文海沉浮　著作三身——谭正璧先生生平展”在嘉定区图书馆一楼展厅正式开展。复旦大学中文系黄霖教授、嘉定地方史专家陶继明先生、谭正璧先生之子谭篪先生等专家学者出席了开幕座谈会。

记得2011年的12月，也是在嘉定，由嘉定档案局与上海古籍出版社联袂举办了纪念谭正璧诞辰110周年暨《谭正璧学术著作集》出版的活动，当时我就期望能成立一个谭正璧研究会，然此事谈何容易。不过，研究会虽然八字还没一撇，研究者可算是络续不断。所研究最多的是谭正璧的历史小说，然而他们所看到的只是曾经结集出版的《长恨歌》与《琵琶弦》，以我现在基本上搜齐的来看，大概也只是其中的一半吧！还有的就是文学史和学术著作的……而对于小说、剧本、诗歌等的研究似乎尚未涉猎。

早年谭正璧在报刊杂志上留下了那个年代为祖国文学不懈努力艰辛耕耘的大量笔墨，这其中有他饱读史书深入探索的结晶，也有他自己教学中亲历亲为的成果，而在创作中更是寄历史于现实，以及现实生活中的人生百态……这些散落在各处的只字片语如果能汇集起来，应该是一份既沉重又浓厚的宝贵遗产。然而要想出书——谈何容易。这次承北京东方出版社之力，《煮字集》得以“谭正璧先生文史随笔精华首次整理出版”，能迈出这一步真不易呀！

今天，蒙家乡的《疁云》青睐，推出“谭正璧研究”专栏，谨在此向《疁云》的主编和编辑表示由衷的感谢！“月是故乡明”，情当故乡深！

2019年9月15日

谭正璧先生遭诬始末及教训

黄 霖

我一直在想，我们在纪念谭正璧先生时，一定要将他如何遭诬的问题搞清楚。这个大是大非问题不搞清楚，一切都无从谈起。这次我花了一点时间摸索，将大致的情况梳理如下。

1945年8月13日中国文协在重庆成立了“附逆文化人调查委员会”，开展全面调查工作。当时总会给在沪的许广平、郑振铎等写信，谈到了要调查文化汉奸的事。上海虽到12月才成立文协会，在会上也讨论了“组织特种委员会检举附逆文人”的事，但早在11月，就有一本署名“司马文侦”的《文化汉奸罪恶史》问世。这本书开卷第一篇《几句闲话》说：“听说中华全国文艺界协会，对于文化汉奸有所处置，同时也进行调查文奸的工作，这本书，但愿于他们有所帮助。”后面所署写作的时间是“鲁迅逝世九周年纪念日”，当为10月19日。这本书，实际将柳雨生、陶亢德、关露、胡兰成、张爱玲、苏青等17人（不是16人）列为“文化汉奸”。全书无一处直接提到谭先生。当时据我们嘉定人唐大郎说，这本书是一个他的“本家”（按：可能是唐弢）指使学生写的，不久就停售了。所以谭先生直到去世，也根本不会想到后人会将他诬为这本书所写的“文化汉奸”。

不过，这本书虽然没有直接点谭先生的名，但对谭先生还是有影响的。这本书在写陶亢德时说，由汉奸柳雨生、陶亢德主持的太平书局（及其机关刊物《风雨谈》）是日伪出版的“大本营”。又在谈张爱玲时说，由袁殊主持的《杂志》，组织去苏州春游的都是“汉奸文人”。这两段话都是与谭先生有关的。谭先生在太平书局出版了《夜珠集》、《当代女性作家小说选》等书籍，并在《风雨谈》、《杂志》、《天地》等杂志上发表了一些文章和参加了几次座谈会等活动，这就很容易被拉扯进去了。

正是出于司马文侦之类的同一逻辑，差不多同时在11月10日出版的《月刊》创刊号上，有主编沈子复写的《八年来上海的文艺界》一文，在历述八年中上海文艺界的各类情况时，有一段文字谈到柳雨生、陶亢德这些是汉奸文人的“台柱”，接着又另举了十七名“大东亚文坛”上的“健将”之名，其中就有谭先生及谭维翰、杨光政、丁谛、朱朴之、康明、陈孚木、樊仲云等多名司马文侦未曾提及的作家。这段文字，据沈鹏年《行云流水记往》中谈及同时被列入汉奸文人的金性尧时说：“不了解内情的沈子复先生在《月刊》发表《八年来上海的

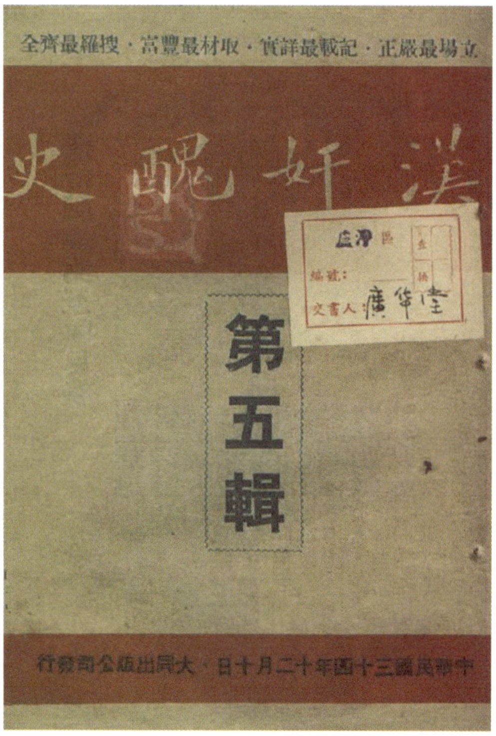

《汉奸丑史》第五辑

文艺界》文中骂他‘大东亚文坛’的‘健将’。这是不实之词。……子复是先师沈延国先生之弟，后来他对我说：‘一时失察，骂错了……。’”可是这段文字马上被12月20日出版的《汉奸丑史》第五辑全文辑录，并加上一个《“大东亚文坛”上的“健将”》的醒目标题，在社会上产生了更大的影响。

这时，据谭先生说，他的几位学生“专程跑来告诉我才看到”，使他顿时感到“有一种严重的力压迫着我”。于是，谭先生就立即做了一系列的澄清工作。

一、立即组织出版了《书报》第一辑，于“中华民国三十四年十一月二十日”正式出版。这期16页纸的杂志，显然是谭先生一时应急而编辑出版的，其中至少有两篇最重要的文章是谭先生亲自撰写的。第一篇长文《复兴中国新文化之路》，即由谭先生用笔名“梧群”发表，其文分五段论述了抗战后如何复兴中国文化的问题。另一篇即是用实名发表的最为核心的文章《〈琵琶弦〉题记》。这篇题记，乃借题发挥，针对被诬为“大东亚文坛”上的“健将”而全面地阐述了他在沦陷时期所发文章的处境、内容与反日爱国的本质。其余编入的文章都是全力烘托抗战的气氛，如刊发介绍郭沫若、茅盾、郑振铎等响当当的抗战文人及抗日名将谢晋元等人与书的文章，登载了将要出版《琵琶弦》及如《怎样惩治汉奸》等一类书的广告。

二、将过去发表的一些有明显反日爱国倾向的文章重新编集出版，如《琵琶弦》、《血的历史》等短篇小说集。在《琵琶弦》的广告中这样写道：“此册所叙皆其过去四年中专借史事来暴露日伪丑恶的小说，曾在当时严密的敌伪审查制度下漏网登出，而博得大批读者的赞许。现在作者重加整理，附以题记，交与本社出版。”这也是对自己的一种宣传。

三、将《题记》的内容，通过各种途径巧妙地散发，以扩大影响。如大风的《谭正璧出让幼女》（《海花》1946年创刊号）、朱利翼的《谭正璧投笔从农》（《沪风》1946年第3期）等，其基本内容多从《<琵琶弦>题记》出，甚至文字都相同，有的还补充了一些过硬的材料，如《谭正璧出让幼女》中提到，伪方曾拉拢谭先生担任《政治月刊》编辑，他不但不肯就伪职，并且还登报声明过（其《申明》发在《新申报》上），所以他是一个“不肯附伪”的“有正义感的忠贞文人”。

到1947年3月，他在《申报》上又发了一篇文章，名曰《我选上了乡代表》，这也从一个侧面说明他根本不是什么“文化汉奸”。是汉奸的，早就判刑了，如柳雨生、陶亢德等。

通过这些工作，基本上将一场风波平息下去了。当然，这主要是谭先生的文章的确如他所说，经得起历史的检验。如在太平书局出版的《夜珠集》，至2005年上海社科院文学所编写《上海文学通史》时，仍认为这是谭先生的散文代表作，给予肯定。

但到1980年，中国台湾的学者刘心皇写了一本《抗战时期沦陷区文学史》。这本书实际上是一部史料长编。他将“投降敌人依附汉奸政权的作家”统称为“落水作家”。列入“落水作家”的共分六类，其中一类就是“曾经在敌伪的报章、杂志、书店等处发表文章及出版书籍者”。据此，谭正璧也就被明确归入了“落水文人”之中。不过，由于这本书是现代文学史方面的著作，搞现代文学的不太关注谭先生，而古代文学的研究者不大会去翻这本关于现代文学的书，加上又是在中国台湾地区出版的，所以这个问题也没有引起大家重视，连谭先生生前也不知道，一时间没有产生多大影响。

1995年，徐迺翔、黄万华编写的《中国抗战时期沦陷区文学史》出版，这本书中有一处为谭先生辨诬时，同时引用了《文化汉奸罪恶史》与《抗战时期沦陷区文学史》的材料。他们在先谈到《文化汉奸罪恶史》将张资平、关露、张爱玲、潘予且、苏青等17人视之为“文化汉奸”之后，另起一段，又说被视为“落水文人”的还有著名作家谭正璧云云。应该说，他们用另起段的写法，是为了表示后一段的文字是出于不同于上一部书的《抗战时期沦陷区文学史》。可惜的是，他们在这里没有明确交代清楚这两段文字是来自两本不同的书。后来的不读书的写书者，肯定没有翻过这两本书中的任何一本，不明白这里另起一段的奥妙，就稀里糊涂地将两条材料合在一起，在“文化汉奸”之中加了一个后段文字中出现的谭正璧，将文字重新组织成“1945年11月出版的《文化汉奸罪恶史》列出张爱玲、张资平、关露、潘予且、苏青、谭正璧等十六名文化汉奸”（人名或有删减），然后在研究张爱玲、苏青热时所出的几乎所有论著中，大家辗转相抄，这个论调就满天飞了。

从谭先生遭诬事件中，至少有两点教训应该记取：

一是慎划杠杠。研究每一个人，当从实际出发，注重具体分析。在敌伪或貌似敌伪办的书局、刊物上发表文稿，情况是十分复杂的。有的没有媚日反华的意思，只是稻粱谋，即使如与陈公博关系暧昧的苏青也说过：“我在上海沦陷期间卖过文，但那是我‘适逢其时’，亦‘不得已’耳，不是故意选定的这个黄道吉日才动笔的。我没有高喊打倒什么帝国主义，那是我怕进宪兵队受苦刑，而且即使无甚危险，我也向来不大高兴喊口号的。我以为我的问题不在卖文不卖文，而在于所卖的文是否危害民国的。否则，正如米商也卖过米，黄包车夫也拉过任何客人一般，假如国家不论我们在沦陷区的人民也尚有苟延残喘的权利的话，我就如此苟延残喘下来了，心中并不觉得愧怍。我投稿的目的纯粹为了需要钱！”也有的如谭先生那样，在大节上有清醒的头脑，在发表的文章中，也不忘掺入一些歌颂民族英雄，宣扬爱国精神的内容。他在一次《杂志》办的讨论《我们该写什么》的座谈会上，就主要说了两点，一是写社会的“黑暗”，二是写心中的“苦闷”，且在实际上始终与共产党人保持着密切的联系。综观全局，说他是“忠贞之士”，说他是“爱国者”才符合实际。还有一些如关露是打入敌伪杂志的特工，如《杂志》的几个领导人袁殊、恽逸群、鲁风等都是共产党人，说袁殊、鲁风及如谭正璧等在《杂志》上发文章、参加活动的都是汉奸，未免太离谱了。

二是不能瞎抄。研究者一定要从第一手材料出发，作出自己的正确判断。一般抄袭，也是学风不正。稀里糊涂地跟着别人，在公开出版物上给人乱戴政治帽子，“笔下杀人”，这是要负法律责任的。

斟字酌句心血付，螺居笔耕几沉浮

——《煮字集》序

陶继明

去岁冬末，谭正璧先生的哲嗣谭箎兄专程从上海赶来，取出一摞谭先生的旧作，都是散文、杂文类的作品，出版社有意结集出版他的这本《煮字集》，并要我作一个序。谭先生是一位令人敬仰的乡贤，若论作序，作为后辈，我不够格。但借此机会，我系统地拜读了他的这些作品，更了解了他高尚的人格和不朽的成就。

我认识谭先生的作品要早于认识他本人，记得在“文革”初期，正值无书可读的年代，不知哪一位朋友送给我一本谭正璧的小说集《长恨歌》，这是一部中短篇历史小说集，封面陈旧，内页都已发黄，然而作品的内容却很感人，从此就记住了他的名字。后来有人告诉我，谭正璧是嘉定人，而且曾是黄渡师范学校的教师，我为自己的孤陋寡闻感到惭愧。

古语说“读其书想见其人”，却一直没有机会。直至20世纪80年代中期，我参加地方志的编纂工作，这项工作需要联系和拜访前辈文化人，才有机会认识了谭先生。那是1985年仲夏，这位与世纪同龄的老人已至耄耋之年。记得当时谭先生住在南京西路的一所非常简陋狭小的寓所内。房间里堆满了书，阳光不足，觉得有些潮湿，这是一位质朴、勤勉的学者的书房兼卧室。唯有窗外天井内一架木香绿意葱翠，也许是他养养眼、散散步的地方。他的双目几近失明，由女儿谭寻陪着他，料理他的生活。这让人想起颜回“一箪食，一瓢饮，在陋巷，人不堪其忧”的景况。尽管离开故乡数十年了，可一开口，仍是那浓得化不开的乡音，听起来格外亲切。当说起大革命时期在故乡黄渡从事进步文化活动时，他很激动。他曾与夏采曦、盛俊才、盛慕莱等好友发起组织“淞社”，这是吴淞江畔一批热血青年的革命文化社团，他担任社长，编辑《怒潮》（后改为《黄花》）等刊物，抨击时弊，鼓吹革命，在嘉定影响很大，引人注目，单看名称就知道刊物的内容和倾向。此时的他风华正茂，还曾写有“岭南蓦地起风雷，革命红潮滚滚来”的诗句。大革命失败后，国民党反动派通缉共产党人夏采曦。有一次，谭先生通过一个关卡，看到夏采曦的通缉令赫然贴在墙上。在回忆这段往事时他对我说：“我吓透吓透……”他的身上有战士的情结，然而，毕竟他又只是一个书生。

80年代末，我写了一篇关于嘉定报刊史的文章，刊于《疁城文博》，谭先生的女儿谭寻看到后念给他听，内容自然也提到了当年他主编的《怒潮》、《黄花》。谭先生听了之后十分激动，认为我看到了这两种刊物，专门来电，邀我去他家聊聊。其实，我是从当时出版的其他刊物上转引了这些内容，根本就没有见到过这两种刊物。

1990年春末，我第三次去谭老家拜访。此时，他的双目已经完全失明，但听力仍然很好：“是继明吗？我很想念你。我快要走了。”一声长叹，苍凉而又无奈。他要我为他找当年的《怒潮》、《黄花》，但这两种刊物我却遍寻不得。看来，他是很看重这两种刊物的，这段惊心动魄的经历，让他放不下，刻骨铭心。一年后的严冬，他就故世了。我未能完成他的心愿，留下了遗憾。

谭先生是一位博学多识的学者，笔耕不辍，著作丰瞻，呈汪洋恣肆之态。同时他又是一位有着很强创作潜力的作家，小说、散文、诗歌、戏曲，无一不精。他的散文创作，同他的小说创作一样，起步很早，始于20世纪20年代初。长期以稿费糊口的他，将主要精力花在大部头的著作上，散文可能只是在写累之后随意写写的。早期的散文、杂文作品应该数量不少，但由于种种原因，未能留下来。这三十篇文章是谭篪花费了不少时间和心血，在各种刊物上检索来的，颇为不易。他的这些散文、杂文作品，大都写于1949年之前，大体上可以分成怀人记事类、序跋类、游记类、历史小品类。

谭先生的怀人记事类作品，写得很是感人，《回忆我与鲁迅的一段往事》一文，说他还是文学青年时，在看了鲁迅的《中国小说史略》后，想起不久前看到一则史料，说在一本《顾曲麈谈》中有"《幽闺记》的作者施君美，即是《水浒》的作者施耐庵"，觉得十分新鲜有趣，就立即写信告诉鲁迅先生，信发出后，又觉得自己孟浪，大学者鲁迅岂会不知这个新发现的史料呢？想不到鲁迅在收到他的信后，不仅认真看了，还很快亲笔回信，说"此说甚新"。后来，鲁迅又将新版的《中国小说史略》寄赠谭先生，以示感谢。鲁迅在此书的《再版附识》中，再次谈到谭的去信，说"因《麈谈》不知为何书，故未补入"。鲁迅对后学的热忱，以及科学严谨的治学精神深深地感染了谭先生。另一篇《忆白冰》也写得动人，20世纪30年代，向谭先生求稿的报刊很多，但他却对《女子月刊》杂志的这位女编辑留下了不一样的印象，文中描述他第一与白冰见面时情景："约模过了几分钟，一位披着睡衣，穿着拖鞋，不施脂粉的年轻小姐从楼上慢慢地走下来。我想，这位就是白冰吗？连忙站起来迎接。经过一番寒暄后，才知道果然就是白冰。她是那么自然、通脱，对待我这个还是第一次看见的朋友，我起初以为一个女性的编辑，一定是那么矜持，那么爱修饰的，不料白冰适得其反。但这丝毫没有引起我的失望，反而使我得到一个至今还没有淡去的很深刻的印象。"这个年轻的女编辑，就是后来投奔延安的女作家莫耶，原名陈淑媛，她创作的《延安颂》成为时代经典。也许，谭先生曾经有过一段革命经历，才会对白冰产生气息相通的好感。谭先生感念故乡吴淞江水对他的哺育和滋养，这里曾留下了多少难以忘怀的记忆。在《纪念盛慕莱烈士》一文中，谭先生深切地怀念好友盛慕莱烈士：盛慕莱"和我是同乡，所以我们自幼就常在一起。他从省立黄渡乡村师范毕业后，一直在本地教育界服务，他被害时，还正担任着黄渡中心小学校的校长的名义"，新时代的曙光已沐浴大地，他无限惋惜地写道："盛烈士虽然在世时没有目睹大上海的解放（仅仅相差了一天），但也可以含笑九泉了。"

谭先生的历史小品文，约占全部书稿的三分之二，数量多，质量高，由于他的学养丰富，史学功底扎实，常有独特的见解。他在《闲话曹操》一文中说，"曹操在一般人的心目中，向来是个'不足齿'的人物"，但"宇宙间决没有一个绝对的恶人，如同决没有一个绝对的善人一样"，"一般人所以视曹操为奸臣，由于看了小说和戏剧，而小说和戏剧为什么要这样描写，是由于历史记载的失实，历史家的所以不实，乃是为了曹操在史上年代颇短，而历史家系别朝人说了坏话的缘故。因此，在翻着曹操一生历史的时候，对于一切的记载，我们不能一味盲从"，在例举曹操政治、军事、文学上的成就后，结论说"曹操是一位英雄"。他还写有《曹操之死》，提出了"曹丕弑父"的观点，曹操的儿子中，"曹植为人忠厚，曹丕为人奸滑，所以做父亲的却是欢喜曹植的"，"有立曹植为世子的意思，可是奸滑的曹丕，却深谋积虑，竭力破坏他的弟弟，终于使曹植失欢于曹操，而立他做了世子，所以当曹操未死之前，他已一越而做到了副丞相"，曹操准备废曹丕而立曹植，终于让曹丕起了杀心，史料尽管简单模糊，但这种推论关系应该是能够成立的。

在《金圣叹论》一文中，谭先生写道："圣叹的杀头，大家知道为了'哭庙'一案，而哭庙是为了反对县官，所以正可做他'倡乱'的旁证。可是单是此案，他的'罪名'还不至于死，他所以被杀，说是为了当时有'海盗'来犯江南，而他和他们有来往的缘故。这在有识的人，一望而知是当局有一种毒辣的诬陷，否则无从把他致之死地的。读者们不妨试猜，那时所谓'海盗'是谁？说出来会使满洲人吓一跳，原来是台湾的反清领袖郑成功。那时郑成功如果来伐江南成功，不独圣叹可以不死，就是整部历史怕也将大有变动。" 他的分析到位，指出了金圣叹之死的实质。

明代散文大家归有光曾在安亭生活了二十余年，四百年后，谭先生也迁居于安亭，在这里写作、教书、育人，这使谭先生倍感亲切。他十分推崇归有光，在《介绍归震川》一文中写道："吾在学校里读书的时代，在读古文时，我就欢喜读归震川的作品。他的《先妣事略》、《项脊轩记》一类文章里，我认识了他诚挚的天性。"归有光写"夫妇之爱的作品"，"既不像鲁迅《两地书》的故意置爱于不谈，也不像沈复《浮生六记》写爱写得过于琐碎。既非'热辣辣'，又不'冷冰冰'，拿现成形容词来形容，足可以当'恰到好处'四字"。十年后又作《记抒情文大家归震川》，再度表达对真情至性的归有光及其抒情小品的推崇。类似的文章还有《苏东坡的文字狱》、《闲话陆放翁》、《李香君的下场》、《清代诗人黄仲则恋爱事迹考》、《李鸿章在俄国》等，他善于从看似平常的历史细节中挖掘和考证新的观点，引人入胜，使人恍然大悟，这些都是知人论世的好文。

谭先生也有传统文人的烟霞之癖，喜欢旅游，然而受条件制约，去远途不多，以江浙一带为多，写过一定数量的游记类散文，如《忆南京》、《忆苏州》、《记灵岩天平之游》、《邓尉一日记》、《飞霜落木话枫桥》，屐痕处处，留下了美好而难忘的记忆。大概是从小饮吴淞江水长大的缘故，他十分关注故乡的风物，他写了《访震川先生故居》及《纪念一千七百四十年前建筑的一座古寺——菩提寺》两篇文章。《访震川先生故居》写于1947年，他在寻访归有光的世美堂时，世美堂早已湮没在历史的风尘中，"但只有枯草半村，不见墙基柱础，似乎久已没有屋宇。就是堂北那座万福桥，三接的石梁，靠河北的那一截也已经断掉。走到桥上，回身四顾，满目荒凉，不堪久望"；《纪念一千七百四十年前建筑的一座古寺——菩提寺》一文，写于1979年，他记忆中的菩提寺"为三进，极雄伟壮丽。殿顶屋脊层翘，风铃四垂，红墙碧瓦，雕栏玉砌，画栋朱楹，金匾石额，古雅精致"，菩提寺旁是他曾经教过书的黄渡师范学校，"学校因校舍不敷使用，曾借大雄宝殿为礼堂，我曾在殿上对学生们做过形势报告"，他大声疾呼："菩提寺为什么不可以保留修葺？并在震川书院的原址上重建园林，也作为劳动人民瞻仰古代文物或业余休息之地呢？"如今，世美堂的遗迹早已灰飞烟灭，菩提寺也未能在原址修缮，易地而建了。然而，回头看，谭先生当年的想法和建议仍是很有见地的。

20世纪的中国文学在散文创作上成就很大，近百年来名家迭出，风采各异，百花齐放。在现代散文作家中，谭先生并不以散文著名，但他可谓自成一家，他散文的最大特色是史识和文笔相映成趣，这一特色贯穿了他一生的写作。他长期从事古典文学和学术研究，故而历史知识渊博，为文每每广征博引，随手拈来，令人叹服。读他的文章，犹如倾听一位阅历深广、思维敏捷的长者谈天说地，叙古论今，对古今人文，都讲得明白流畅，动人听闻。

说到谭先生文章的特色，自然应该注意这样一点，即他首先是一个学者，他一生所作的文字，都与治学有关。他的文章常常在不经意中传播学术观点，又在文章中巧妙地传达他的人生感悟。他的文章不仅有历史的识见、洗练的文笔，还因其擅长小说，显得生动、有趣，富于文学色彩。他的文章往往有着古代小说、笔记文学生动、活脱、酣畅淋漓的文字魅力。他的语言平实，明白如话，通俗易懂，又绘声绘色。他爱读鲁迅的杂文，曾说"杂文之可贵，因为它富有炮火样的威力"，而"鲁迅先生这种对于世态人情精细的观察力，委实令人心信神服"（《回忆我与鲁迅的一段往事》），从他的文章中可以明显地感受到鲁迅对他的影响。

于2018年孟春。

《煮字集》后记

谭篪

谭正璧《煮字集》，东方出版社，2019年

故纸堆中，先辈行踪，走过春夏秋冬。
握笔钝拙画龙蛇，惊涛里方识英雄。
泣血笔墨，梅魂情浓，苦斗岁月峥嵘。
饱蘸热泪写日月，华夏魂气贯长虹。

（《鹊桥仙·喜泣》）

近十多年为搜寻资料撰写《谭正璧传》，我循着父亲遗留下的有关他的史料，不知多少次地去上海图书馆的近代文献资料室，在20世纪20年代至40年代的故纸堆中寻觅那些散落在浩瀚书海中的珍贵资料。父亲的作品之多、涉猎领域之广、时间跨度之大，令我瞠目结舌。

因战乱迁徙频繁，父亲当年曾辛辛苦苦寻觅保存下来的不少书稿杂志等被损被毁于兵燹之中。在搜集传记资料的同时，我也自然而然地把所发现的先父的作品也保存起来。如今《谭正璧传》已由北京出版社出版面世，我也得以喘口气。

回过头来开始整理父亲的作品，成书上百种之多。而散落在早年报刊杂志上的可以说如繁星浩瀚，读书札记、小说、散文、剧本、诗词……已大致全部收罗到的，估计有二百万字左右。我埋头在那些残缺泛黄的报刊杂志中，或者是在胶片阅读器上吃力地寻取微缩胶卷中的资料，边努力学习边苦苦搜索。这里记录了那个年代里父亲的足迹。每当找到一篇甚至数篇父亲的作品时，心里的愉悦和惊喜自不言而喻。这些创作不像现在的不少作品——纯粹的胡编乱造与单纯八卦。在这许多作品的字里行间，有的记录着他和亲友的无数酸甜苦辣的人生故事；还有的是他发奋自学、嗜书如蠹而得到的宝贵探索与发掘；就是历史小说和历史剧，也都是有所依据，不是一味地凭空捏造，并含蓄地指向当时社会的人生百态……他的作品最为人熟知的有文学史等学术类的，已在2012年由上海古籍出版社选编出版了《谭正璧学术著作集》。

复旦大学黄霖教授在《谭正璧传》的序言——《一生清贫何足论，三身著作自传神》中评价说：

谭先生的学问，给人的第一印象是博大，呈汪洋恣肆之态。他的成就，按他自己所列，可分学术概论、文学史、小说戏曲研究、人物传记、古书选注、文字学、文章选译、语法修辞、文章作法9个方面。由此不难窥见他的阅历之富、学识之渊和研究范围之广了。而这里，还不包括他众多的小说、散文、诗词与剧本的创作。

黄霖教授在2004年评论谭正璧的《中国小说发达史》时有如下说：

故平心而论，谭著当为20世纪上半期最完整、最详细，因而是最佳的一部中国小说史。

这个评价在今天看来仍不为过，而只嫌说得太简。可惜当今一般治小说史者，多为鲁迅《中国小说史略》的光环所炫，而不知道去翻这本《发达史》了。

我艰难地用自己残疾的双眼搜索，不断地有新的发现，当年父亲用过的笔名就有二十个左右，有时一期杂志上登载他的文章就多至三四篇。最近又发现以前未曾知道的笔名和作品。前几年上海图书馆只有《申报》的缩影本，按着年月厚厚几十大本，其中有的大概是查阅的频率实在太高，好几张已经破烂了；因为是“缩影本”，那些字就比五号字还小多了，不少地方模糊难辨；如今已经有了清晰得多的《申报》电子版。最近，上海图书馆的图书情报所又完成了《全国报刊索引》，这是一桩功德无量的工程，为专家学者的研究提供了非同一般的便利，近日我就在这里发现了好多篇先父用本名和笔名写的文章，所以在这里不能不感谢他们的付出。经过这多年的搜寻和朋友的帮助，除了20年代发表在东北某书报杂志上的几篇以外，应该可以说父亲的著作我已大致搜罗齐全了。

我曾设想将收纳到的父亲的读书札记、散文等编成一本《煮字集》，而这书名就是取自他自己所作传记——《煮字生涯六十年》。所谓“煮字”，就是对中华优秀文化，包括对外国文化，不能只是死记硬背，或断章取义任意发挥，而必须循着历史追根寻源，反复“咀嚼”，消化吸收，方能获其精华，使之得以继承与发展光大。这“煮字”二字恰如其分地反映了他在做学问时的严谨科学态度，现取其为本书书名，以冀求继承他的治学精神。黄霖教授在《谭正璧传》的序言中又有如是说：

谭先生还在一些史论性的著作中常常能发人之所未发，给历史以一种全新的解读。

这60年的的“煮字生涯”，都是与“清贫”乃至“赤贫”为邻。可是他坚持穷愁著书，“耐饥煮字”。这种治学精神真是悲壮而崇高，可撼天而动地。

收在这册《煮字集》中的三十多篇有关“闲话古人”、“忆往摭拾”、“文史杂谈”的文章，即是从相关七十余篇中遴选出来的，由此即可窥见一斑。

“闲话古人”中的曹操、苏东坡、陆放翁、金圣叹都是名垂千古的大文豪，都有各自可歌可泣的故事，虽然说的是古人，但这些故事或历史至今仍发人深省。“忆往摭拾”所记录的是他当年生活的时代里所亲历亲见，这里读到的既是故乡情、故友情，也是一段段作者亲身经历的历史记录。“文史杂谈”中则是作者积累多年来刻苦阅读、广记博览的成果，以及对中国文学历史的积极寻根探源，其见解有根有据，不为“权威”所捆绑，更有不少的独立见解，从中可以看到他做学问的认真严肃精神，以及对事业的不懈追求。学术性或考据类的文章给人们的一般感觉，似乎是很枯燥的，谭正璧在《二郎神故事的演变》一文中自信地说：“所以凡是考据的文章多少总使读者感到些沉闷，独有本文或许能例外地避免这一点。”我在把几篇作品录入电脑时确实感受到了。

然而钩沉辑佚，这是一件看似平凡的，实则是伟大而艰苦的工作。我曾经在《中华读书报》（2014年4月9日，13版）看到么书仪所写的《我所认识的吴晓铃先生》一文，其中一段文字为：

按理说，考据是文学研究的基础，也是研究者的基本功，诸多的作家、作品、名词、概念问题的考据，其实都是在为真正的“文学史”、“戏曲史”烧砖烧瓦，只要是解决了某一个文学研究上的悬案或异说，其意义并不小于所谓的"宏观研究"、"重大课题"。

现在是很少有人愿意写考据文章了——经济效益太差——为了解决一个"悬案"，或者辨明一个"异说"，你得看很多书，深入前人的考证、地方志、旧文献……最后写出的考据文章却常常只有千八百字，在文研所年终上报填表的时候，你就惨了，人家随便地赏析几句、发挥几句、宏观几句就比你字数多，评职称没人看你的文章解决了什么问题。是"考据"？还是"赏析"？记忆中曾经有传说：学术委员中只有樊骏会看重"这篇文章解决了什么什么问题"。

这段话说得何等深刻和现实呀！

先父一生耕耘在祖国的这片古老而神奇、丰富又多彩的文化沃土上。这本《煮字集》因囿于篇幅，只从他众多的札记、散文中遴选了一部分，希望能获得读者和专家学者的喜好。同时必须感谢东方出版社以及张永俊老师给予的积极帮助和努力，使我所期望的结集出版先父著作的愿望又跨出了结实的一大步。

但是，对于我们民族的优秀文化——国学，历来有不同的观点。1943年，有一位署名"九峰"的新中国艺术学院的学生写了一篇短文——《谭正璧先生——作家素描》，发表在报刊上，全文如下：

只要是喜欢文学的青年，一提那谭正璧三字，我想谁也会很熟悉吧。

的确，谭先生从事写作的时候，已有很久很久的历史了，他最早从事的中国文学史的整理，那还是他在担任某一个中学教员的时候就开始的。

我与他的认识，说来也真惭愧，还是最近一年内的事情，当今年春季，他和几个知名的作家，联合创办新中国艺术学院之时，我才厕身学生之列，得识这位先生。

瘦瘦的面庞，深邃的双眼，架着高度的眼镜，那时候，他的身上只穿着一件绸质的长衫，使人一望，便知道他是一个营养不良，患着贫血症的学者。

在学说上，他不像一些自命为新文学家们，一开口，就骂孔子，诽古文；相反的，他对我们说，要学问的根基坚固，你们还是多看一些古文好。所以在他所办的"新"中国艺术学院里面，还有古文这一科。

他是一个多产的作家，也是一个纯粹为写作而生活的作家，只要你随便在各杂志上翻翻，就可以证明我的言语为真实的！

他著名的作品，除几部有名的中国文学史外，剧本有《梅花梦》，……长篇创作小说，则我几乎还没有见到，其他短中篇小说，数量之多，则我不能枚举了。

据闻他现正埋首于考证的工作，先后已经发表的有《宋之戏文和元明杂剧》、《唐明皇游月宫故事人物考》等等。

先父早在1925年就写成了一册《中国文学史大纲》，该书出版后，即被中学校广泛持久地采用，连年再版、重版、修订。此书出版后不久，曾有"汪君在另外一篇文章里，却讥吾为'对于中国文化怀着满腔热血的忠臣'；且说我'因为西洋文化的大宗输入，汗流浃背的拼命抬出"国故"的招牌'，却不免使我大失所望。我曾作文驳复（同汪原文都载于十六年《学灯》），汪君遂没有再回复"（摘自《改订八版自序》）。然而先父致力于祖国文化的研究和创作终生不辍，可惜的是由于种种原因，他的计划有的未能如愿完成。历史有时何等相似呵，其中缘由多么值得回味和令人深思！

2018年8月初稿，2019年1月改定

父亲谭正璧的万卷藏书

谭 壎

我的父亲谭正璧是著名古典文学研究家、文史文献专家，他一生坚持著述近七十载，作品达150多种，总字数逾千万，被人赞为著作三身，早就享誉海内外。与此同时，他也被冠以藏书家的美名。

父亲自私塾启蒙至考入师范，又由教书育人到著书立说，与书结下了一生的不解之缘，可谓是爱书一生，读书一生，买书一生，著书一生。由于自己对书情有独钟，也为了教学和研究的需要，他除了维持日常生活必需的开支外，将绝大部分收入都用在买书上。日积月累，年复一年，他的藏书曾达到数万册。

一

早在1928年，母亲蒋慧频为父亲谭正璧所著《诗歌中的性欲描写》一书所写的《慧频的序》中写道：

一个学问研究家将他研究学问的结果发表之于文字时，这就绝不是一支笔、一瓶墨水、一张纸所能如愿的了。伟大的见解和精细的辨别力是不可少的天资，对于某种学问尤当备具"博"的条件。"著作家的生活，似乎是贵族的"，这句话果然含有几分真理，因为一种好的著作品的成功，除了备具上述的著作者本人的特长外，不可缺的是丰富的完全的各种参考书，而参考书的来源，当然以富裕的金钱做代价，但这不可拿来说正璧君。他是一个真正的无产阶级中人，他的经济力当然是很薄弱的，而本乡又是一个僻小镇市，不比在城市有图书馆可以尽量供给他参考的材料。在这样一个环境里，他的奇伟的性情就表现出来了。他把五六年来教书所得薪水，尽以购买书籍。还不算，他每种作品所得的报酬，也毫无吝惜地付之一掷。知道他境遇的友人都劝他积蓄一些，他只有答以感激的微笑！他的奇特的志愿，和伟大的希望，有谁能了解他？他烦闷了，唯一的消遣品是阅书；他病了，枕边被上，就零乱地满堆了书本。照这种情形看，他应该成了一个"书呆子"了，却又不是。他的思想从不曾为某种学说所包围，而是绝对地自由、独立的。他的学问，足当一个"博"字了，而他的生活全然非贵族的。在这点上，在各个著作家中，他不能不算是一个勇于奋斗和牺牲的难得的青年了。

今天重温母亲的这些话语，不能不令人感动！这是一个年方十八的红颜知己的肺腑之言，也是这对患难与共的新婚夫妻真实生活的写照，两人心心相印，甘苦与共，真是难能可贵！

二

解放后的近四十年间，我们在上海的家只是一个不足三十平方米的"螺斋"，曾住下五口人。家里除了放置全家生活与工作必需的三张一米宽的床（其中一张是双层的）、一张餐桌（折叠式的）、一个衣橱、一个五斗橱、一个双人写字台和一些必备凳椅外，几乎被大大小小十余个书橱占据满了。他对所有的大书橱都进行了加高，把书堆到与天花板相接的地步，连他睡觉的床上紧靠墙边也放满了一叠叠书籍，真正到了叠床架屋的地步。朋友们无一不赞叹在这简陋的斗室中居然能有如此丰富的藏书，宛若是一座中小型书库。

在《慧频的序》中，母亲继续写道：

在他的四壁不留一丝隙地的书城里，他一个人坐在书桌前，埋首执笔，桌上，近旁的凳上，满堆了杂乱的书本，有的揭开着，有的歪着，这正是他著作的时候。我是他的唯一的爱人，但我除了替他抄录材料同捡取和整理参考书外，一些也不能加以帮助。他在每本著作的叙里都对我表示谢意，委实使我惭愧无地！

在上海，在我们和父亲共同生活的数十年间，又何尝不是如此！只是母亲早已不在身边，换成了我的姐姐——父亲唯一的女儿谭寻。

三

在先后两次非常时期中，父亲损失了大部分的藏书，这种似十指连心的切肤之痛实在是常人所无法体会得到的。

前一次是在抗战时期，父亲在赴无锡避难的路上，将舍不得丢弃的全部比较珍贵的藏书随身携带。不料中途生变，突遭日寇轰炸，不得不拖儿带女，疲于奔命，虽然全家有幸逃离虎口，但是在颠沛流离之中丢失了这批视之如生命的藏书，实在是让人痛惜难已。

后一次就是在60年代的那场浩劫中，父亲被停职停薪十余年，又不可避免地惨遭批斗，更不可能继续写作出书。他那年逾古稀的躯体历经风霜，日趋衰弱，苟延残喘。当时他的子女们工资微薄，又先后成家，虽然尽力赡养，仍然入不敷出。有幸的是，虽然免不了被抄家，但他的大部分藏书仅一度被原地封存，得以保全。在解除禁锢后，为了尽量减少对子女们的日常生活影响，和资助我们成家，他还是忍痛割爱，陆续变卖了自己一生苦心积聚起来的绝大部分藏书，以维持生计，这又是多么令人痛心的事啊！

记得在上海沦为“孤岛”的日子里，父亲一家贫病交迫，一个孩子饿死在襁褓之中，继之又有两个孩子送人领养。为了摆脱一家数口的生活窘境，也曾一度登报准备变卖部分藏书。

因此，今天每当人们问起父亲的藏书到底有多少、它们现在都在哪里，我们往往难以启齿、无言以对。

最近，我又一次整理父亲的遗物时，发现了一部分父亲的《藏书目录》，这是他和姐姐在变卖一批数量较大的藏书时认真编制的。在这份目录的基础上，我重新汇总补充整理，将它公之于世。尽管它仍然是一份很不完整的目录，但也足可给社会大众的疑问有一个初步的交待了吧。至于父亲是否当得起藏书家的美名，那就听凭公论。

谭正璧藏书之小说部分笔记本封面

第一部分：古典文学

总　目

一、大部丛书5部，约3996种，约4166册。
二、小说，414种，918册。
三、戏曲，432种，544册。
四、诗文集（附子书），107种，168册。
总计：4517种，4878册。

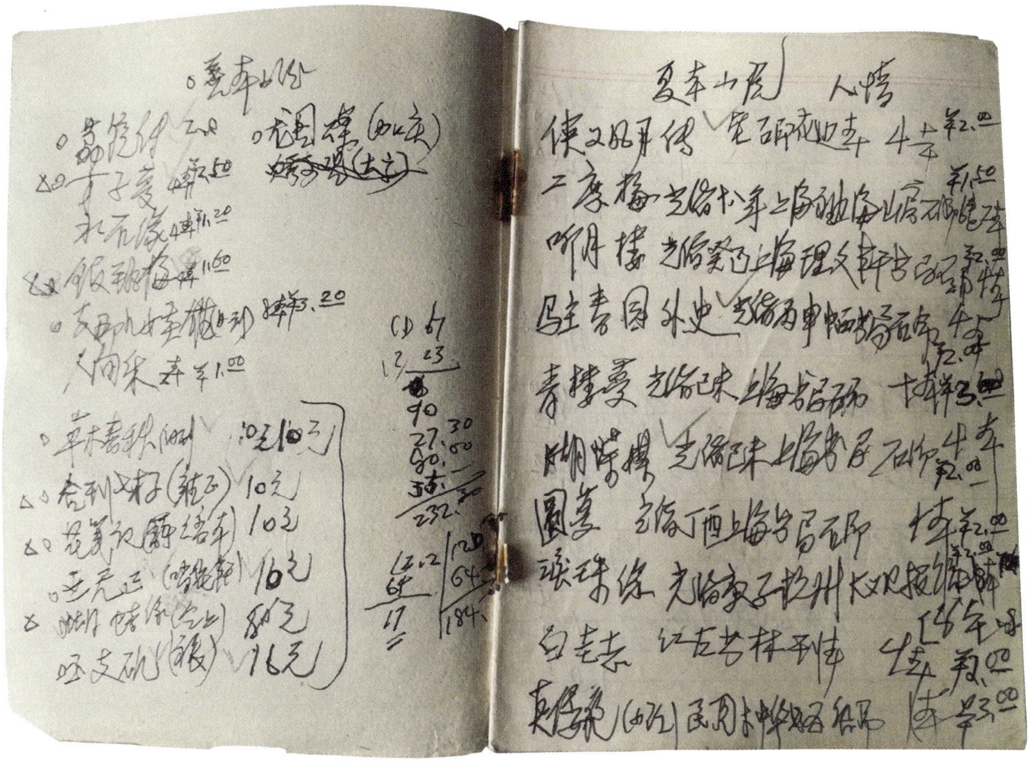

谭正璧藏书之小说部分笔记本内页

分类目录

一、大部丛书

（一）丛书集成初编，配套木橱一顶，3111种，3467册，1935年商务印书馆出版。

（二）四部丛刊初编，配套木橱一顶，附目录，350种，共441册，1936年商务印书馆影印本。

（三）古今说部丛书，线装本，272种，60册，1915年国学扶轮社再版。

（四）选印宛委别藏，40种，150册，1935年商务印书馆影印本。

（五）宝颜堂秘籍，223种，48册，1922年上海文明书局刊行。

二、小　说

（一）善本，21种，99册，清朝历代出版的刻本和石印本，部分有图像。

（二）石印大字本，17种，79册，清光绪年间和民国年间出版。

（三）石印小字本，4种，13册，清光绪年间出版。

（四）标点本，20种，33册，民国年间出版。

（五）新刊善本，8种，23册，文学古籍刊印社印本。

（六）铅印大字本，9种，35册，清光绪年间和民国年间出版。

（七）其他旧版本，181种，394册，清光绪年间和民国年间出版。

（八）明末清初小说丛书，36种，36册，春风文艺出版社出版。

（九）历史演义类，12种，41册。

其中有《历史演义丛书》（18种，蔡东藩著）、《影印明弘治本三国志通俗演义》等。

（十）各种单行本，97种，151册。

其中有《脂砚斋重评石头记》、《全像古今小说》（线装本）、《阅微草堂笔记》（平等阁批本）、《绣像荡寇志》、《水浒传会评本》、《影印贯华堂本水浒传》、

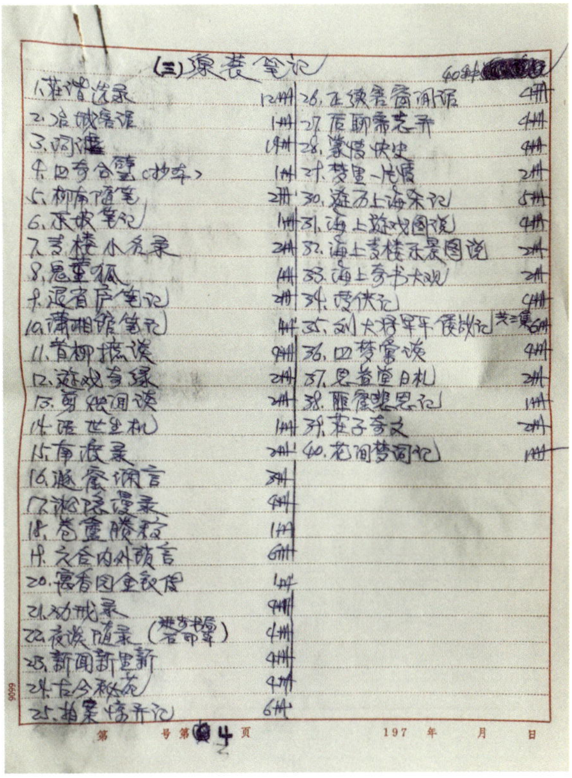
(三)稗类笔记 40种[redacted]

1.庄谐选录	12册	26.正续客窗闲话	4册
2.[illegible]	1册	27.后聊斋志异	4册
3.[illegible]	1册	28.[illegible]快史	4册
4.四奇合璧(抄本)	1册	29.梦里一片情	2册
5.柳南随笔	2册	30.游历上海杂记	5册
6.东坡笔记	1册	31.海上游戏图说	4册
7.青楼小名录	2册	32.海上青楼求景图说	2册
8.鬼董狐	1册	33.海上奇书大观	2册
9.退省庐笔记	2册	34.[illegible]侠记	4册
10.潇湘馆笔记	4册	35.刘大将军平倭战记(共三集)	6册
11.昔柳摭谈	4册	36.四梦窗谈	4册
12.游戏奇缘	2册	37.恩益堂日札	2册
13.剪烛闲谈	2册	38.[illegible]寻思记	1册
14.醒世生机	1册	39.庄子奇文	2册
15.[illegible]录	2册	40.花间梦词记	1册
16.[illegible]偶言	3册		
17.淞隐漫录	4册		
18.[illegible]	1册		
19.六合内外琐言	6册		
20.[illegible]金钗传	1册		
21.劝戒录	4册		
22.夜谈随录(进步书局石印本)	4册		
23.新闻新里新	4册		
24.古今秘苑	4册		
25.[illegible]记	6册		

第　号第[redacted]4页　197　年　月　日

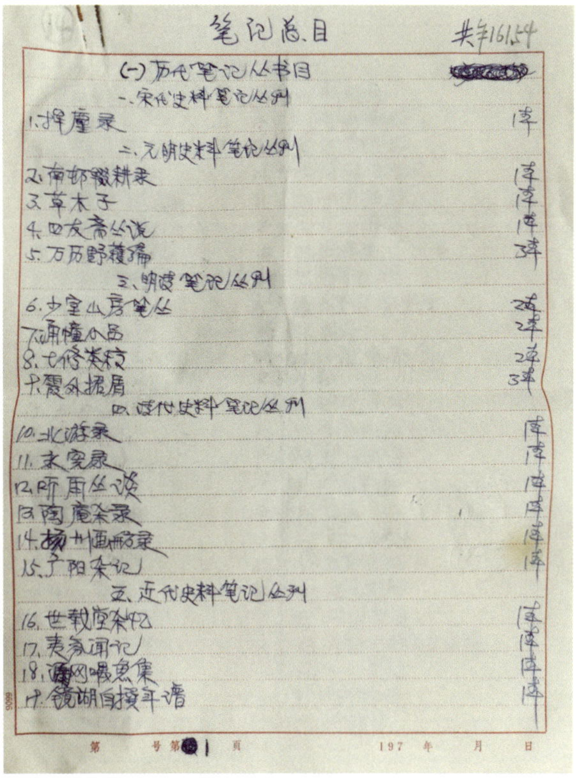
笔记总目　共计16154

(一)历代笔记丛书目 [redacted]

一、宋代史料笔记丛刊

1.挥麈录　1本

二、元明史料笔记丛刊

2.南村辍耕录　1本
3.草木子　1本
4.四友斋丛说　1本
5.万历野获编　3本

三、明清笔记丛刊

6.少室山房笔丛　2本
7.涌幢小品　2本
8.七修类稿　2本
9.霞外攟屑　3本

四、清代史料笔记丛刊

10.北游录　1本
11.永宪录　1本
12.听雨丛谈　1本
13.陶庐杂录　1本
14.扬州画舫录　1本
15.广阳杂记　1本

五、近代史料笔记丛刊

16.世载堂杂忆　1本
17.[illegible]闻记　1本
18.[illegible]　1本
19.镜湖自撰年谱　1本

第　号第[redacted]1页　197　年　月　日

谭寻抄录的数目

《金瓶梅词话》(线装本)、《何典》(1926年北新书局毛边纸本)、《痴华鬘》(民国十五年线装本)、《绘图今古奇观》(上海商务印书馆硬面本)、《铸雪斋抄本聊斋志异》、《三国志》(贯华堂藏版)等。

(十一)文言系小说,26种,64册。

1.山海经,1册,广益书局铅印本。

2.汉魏小说采珍,2册,中央书店铅印本。

3.搜神记,1册,商务印书馆铅印二十卷足本。

4.搜神后记,1册,丛书集成影印十卷本。

5.续幽怪录,1册,四部丛刊续编影印南宋刊本。

6.括异志,2册,四部丛刊续编影印宋抄本。

7.唐人小说,1册,汪辟疆编本。

8.古今说海,12册,进步书局石印本。

9.广四十家小说,6册,进步书局石印本。

10.国色天香,2册,大文书局铅印本。

11.聊斋志异外集,1册,广益书局铅印本。

12.淞滨琐话,1册,商务印书馆铅印本。

13.足本夜雨秋灯录,1册,商务印书馆铅印本。

14.夜谈随录,6册,旧刊本。

15.兰苕馆外史(里乘),1册,大达书局排印本。

16.池上草堂笔记,2册,大达书局排印本。

17.新民耳食录,1册,大达书局排印本。

18.闻见异辞、解酲语,1册,大达书局排印本。

19.右台仙馆笔记,2册,泰东图书局排印本。

20.昔柳摭谈,1册,沈鹤记书局排印本。

22.六合内外琐言,2册,广益书局铅印本。

23.客窗偶笔,4册,旧刊本。

24.正续子不语,2册,商务印书馆铅印足本。

25.然犀录,3册,商务印书馆铅印本。

26.虞初新志,1册,开明书店据康熙刊本校印本。

(十二)小说,200种,702册。

1.短篇类,10种,59册。

2.讲史类,40种,104册。

其中有《有夏志传》(嘉庆本)等。

3.人情类，66种，117册。

其中有《蝴蝶媒》（清初捎花轩本）、《白圭志》（纪评、乾隆本）等。

4.公案类，34种，81册。

其中有《影印金批水浒》等。

5.神怪类，20种，201册。

其中有《平妖传》（咸丰刊本）、《济公传》一至三十八集156册。

6.讽刺类，30种，52册。

（十三）西湖作品，10种，11册。

三、戏　曲

（一）总类，8种，11册。

其中包括《曲海总目提要》、《曲海总目提要补编》、《录鬼簿》（外四种）、《远山堂明曲品剧品校录》等。

（二）总集与选集，26种，46册。

其中包括《关汉卿戏曲集》，《汤显祖集》，《奢摩他室曲丛三种》（临春词、通天台、煖香楼），《吟风阁传奇卅二种》，《中国传统戏曲剧本选集》四卷，《少数民族戏剧选》以及汪笑侬、成兆才、程砚秋、荀慧生、梅兰芳、周信芳演出剧本等。

（三）单行剧本，23种，24册。

其中包括《古本董解元西厢记》等。

（四）戏剧史与戏剧史料，26种，31册。

其中包括《中国戏剧史长编》、《中国戏剧发展史纲要》、《中国戏剧发展史钩沉》、《京剧二百年历史》、《说书小史》、《中国话剧运动五十年史料集》（第一、二集）、《现存元人杂剧书录》、《永乐大典戏文三种校注》、《元明散曲小史》、《全元散曲》等。

（五）剧种介绍，14种，14册。

其中包括《地方戏剧集》、《中国戏曲研究资料初辑》（剧种研究）、《华东地方戏曲介绍》、《昆剧曲调》、《滇剧初探》、《越剧》、《东北蹦蹦音乐》、《河南坠子书》、《秧歌杂谈》、《木偶戏艺术》、《少数民族戏剧研究》、《中国少数民族戏剧》、《宋代歌舞剧曲录要》、《藏剧故事集》等。

（六）戏剧论文，28种，34册。

（七）国学小丛书戏曲类，6种，6册。

其中包括《宋元戏曲史》、《清戏曲史》、《曲学通论》、《顾曲麈谈》、《南北戏曲源流考》、《戏曲丛谈》。

（八）中国戏曲理论丛书，9种，9册。

其中包括《敦煌曲校录》、《敦煌曲初探》、《宋元伎艺杂考》、《也是园古今杂剧考》、《雷峰塔传奇叙录》、《宋元明讲唱文学》、《曲艺论丛》、《元曲家考略》、《傀儡戏考源》。

（九）附：散曲集，3种，5册。

其中包括《金元曲》、《词林摘艳》、《盛世新声》。

（十）古本戏曲丛刊，三集，共300种，364册。

第一集，100种，124册。

第二集，100种，120册。

第三集，100种，120册。

（十一）各地地方戏曲传统剧目汇编。有安徽、福建、湖北、河南、云南、上海等各数十种。

附注：所藏《古本戏曲丛刊》、《盛明杂剧》、《玉狮堂十种曲》、《清人杂剧》等均为线装本。

四、诗文集（附子书）

历代著名诗词集及选本，其中留有目录的107种，168册。

第二部分：说唱文学

总　目

一、弹词，249种，1205册。

二、鼓词，25种，74册。

三、木鱼歌，169种，172册。

四、龙舟歌，128种，117册。

五、潮州歌，158种，438册。

六、宝卷，106种，113册。

七、附录，26种，37册。

总计：861种，2156册。

分类目录

一、弹　词

（一）抄本，18种，115册。

（二）善本，13种，83册。其中包括清初2种、乾隆年间2 种。

（三）嘉庆年间，10种，68册。

（四）道光年间，12种，118册。

（五）同治年间，19种，165册。

（六）光绪年间，45种，316册。

（七）宣统年间，3种，26册。

（八）民国及一般本，35种，131册。

（九）云贵弹词，31种，23册。

（十）其他，53种，160册。

1.天雨花，1册，商务铅印硬面本。

2.玉钏缘，20册，幸福记石印本。

3.再生缘，1册，商务铅印硬面本。

4.再造天，2册，广益铅印平装本。

5.安邦志，2册，大达铅印平装本。

6.定国志，2册，大达铅印平装本。

7.凤凰山，2册，大达铅印平装本。

8.珍珠塔，4册，石印线装白纸本。

9.珍珠塔后集，4册，石印线装白纸本。

10.笑中缘，4册，石印白纸有图本。

11.西湖缘，4册，石印白纸有图本。

12.白蛇后传，4册，石印本。

13.白獭传(附:马如飞开篇)，2册，石印白纸本。

14.芙蓉洞(蜻蜓奇缘)、

15.探河源(蜻蜓奇缘后传)，共4册，石印本。

16.玉蜻蜓前传、

17.玉蜻蜓后传，共10册，石印本。

18.双珠凤，6册，石印白纸本。

19.双珠球，1册，铅印平装本。

20.刘成美全传(女军人)，1册，石印平装本。

21.云中落绣鞋，4册，石印白纸本。

22.还金镯，4册，石印本。

23.果报录，8册，石印白纸本。

24.雨雪亭，4册(合一本)，石印本。

25.天宝图，1册，铅印平装本。

26.七美图，4册，石印本。

27.九美图(九美夺夫)，4册(合一本)，石印本。

28.十美图(沉香阁)，1册，铅印平装本。

29.玉鸳鸯，5册(合一本)，　石印本。

30.一捧雪，4册，石印白纸本。

31.孤鸿影，2册，铅印平装本。

32.呼家将，4册，石印本。

33.云游记，4册，石印大字线装本。

34.韩湘子传，1册，木刻大字本。

35.廿五史弹词，6册，石印大字白纸本。

36.梅花梦，4册，有正铅印线装本。

37.太阳灯，4册，石印本。

38.水浒还魂记，8册，石印本。

39.马如飞开篇，1册，铅印线装本。

40.开篇大王，1册，铅印平装本。

41.再生缘（秦纪文演出本），2册。

42.再生缘，3册，中国古典讲唱文学丛书。

43.笔生花，3册，中国古典讲唱文学丛书。

44.十粒金丹，1册，中国古典讲唱文学丛书。

45.三国志玉玺传，1册，中国古典讲唱文学丛书。

46.武王伐纣平话，1册。

47.三国志平话，1册。

48.七国春秋平话，1册。

49.秦并六国平话，1册。

50.前汉书平话，1册。

51.新编五代史平话，1册。

52.新刊大宋宣和遗事，1册。

53.大唐三藏取经诗话，1册。

附注：弹词目详见《弹词叙录》一书。

二、鼓　词

1. 三国志，8册，久敬斋石印本。
2. 红楼梦，4册(合二本)，校经山房石印本。
3. 秦英征西，4册，广益书局大字石印本。
4. 正续紫金镯，6册，大成书局石印本。
5. 大破孟州，8册，广益书局大字石印本。
6. 五女兴唐，4册，广益书局大字石印本。
7. 韩信十大功劳，4册，大成书局石印本。
8. 五毒传混元合，锦章书局石印本。
9. 十三太保李存孝全传，4册，泰华书局石印本。
10. 三全镇，1册，中华图书馆石印本。
11. 西唐传，1册，中华图书馆石印本。
12. 鸿鸾禧，1册，广益书局排印本。
13. 六月雪，1册，大文书局排印本。
14. 双镳记，1册，广益书局排印本。
15. 秦琼打登州，1册，广益书局排印本。
16. 十二寡妇征西，1册，广益书局排印本。
17. 梁山伯与祝英台，1册，大达书局排印本。
18. 西厢记，1册，大新书局排印本。
19. 英雄大八义，1册，大达书局排印本。
20. 混元钵，1册，大达书局排印本。
21. 三元记/乌金记，1册，大达书局排印本。
22. 天赐双生牙痕记，1册，大达书局排印本。
23. 金镯玉环记，1册，大达书局排印本。
24. 王清明合同记，1册，大达书局排印本。
25. 鼓词汇集，5册，排印本。

三、木鱼歌

（一）烟粉类，61种，63册。

（二）灵怪类，8种，8册。

（三）喻世类，2种，2册。

（四）摘锦类，3钟，3册。

（五）历史类，83种，83册。

（六）短篇：粤沤，1册。

（七）其他，11种，12册。

此项书目详见《木鱼歌、潮州歌叙录》一书。

四、潮州歌

此项书目详见《木鱼歌、潮州歌叙录》一书。

五、龙舟歌

此项书目详见《木鱼歌、潮州歌叙录》一书。

六、宝　卷

（一）抄本（吴云青手抄），共57种，50册。

（二）其他抄本，共27种，39册。

1. 开坛宝卷，道光本。
2. 双花宝卷。
3. 红罗宝卷。
4. 天仙宝卷。
5. 西瓜宝卷。
6. 双修宝卷。
7. 七美图宝卷。
8. 山阳县（节义）宝卷。
9. 妙音宝卷。
10. 灶皇（附：财神）宝卷。
11. 天报宝卷。
12. 金簪宝卷。
13. 寻亲宝卷，道光本。
14. 循环宝卷，2册。
15. 碧莲宝卷，2册。
16. 娇凤宝卷，2册。
17. 金钗宝卷，2册。
18. 双印宝卷，2册。
19. 蕊香（双贵图）宝卷，2册。
20. 姣贞（花杀闪）宝卷，2册。
21. 普陀宝卷，2册。
22. 欧兜宝卷，2册。
23. 双报恩宝卷，2册。
24. 朱砂宝卷，2册。
25. 升天（目莲）宝卷，2册。
26. 流落兄弟宝卷，2册。

（三）刊本宝卷，共15种，18册。

1.金中宝卷。

2.十二圆觉经宝卷。

3.三茅真君宝卷。

4.达摩祖宝卷。

5.鱼篮宝卷。

6.刘香女宝卷，2册。

7.何仙姑宝卷。

8.儒童宝卷，2册。

9.五祖黄梅宝卷。

10.地藏十王宝卷，2册。

11.善才童女宝卷。

12.弥勒佛出西宝卷。

13.天医宝卷。

14.梁皇宝卷。

15.悉达太子宝卷。

（四）石印宝卷，共7种，7册。

1.仙姑劝世宝卷。

2.万应卫生宝卷。

3.佛说因果真经宝卷。

4.劝世二十四孝宝卷。

5.花名宝卷。

6.佛谕烈孝宝卷。

7.观音十叹宝卷。

附录一：变文与诸宫调，3种，3册

1.敦煌变文集，1册，铅印平装本。

2.西厢诸宫调，1册，国学基本丛书，影明本。

3.刘知远诸宫调，1册，世界文库，另订本。

附录二:影词

1.绣像镇冤塔，4册（合二本），清宣统元年锦府三元堂石印本。

2.绣像说唱苦忠义全传，4册，益友山房石印本。

3.绘图灵飞镜，4册，益友山房石印本。

4.李有才板话，1册，东北书局排印本。

附录三：弹词研究资料

1.评弹研究资料，2册，苏州市文化局编印。

2.评话艺术谈，2册，苏州戏曲研究资料室编印。

3.评弹赋赞，1册，苏州戏曲研究资料室编印。

4.评弹艺人谈艺集，1册，苏州戏曲研究资料室编印。

5.苏剧后滩，1册，苏州戏曲研究资料室编印。

6.弹词叙录，1册，上海古籍出版社。

7.评弹通考，1册，中国曲艺出版社。

8.曲艺概论，1册。

9.弹词宝卷书目，1册。

10.评弹艺术，1册。

11.说书艺人柳敬亭，1册。

12.宋代说书史，1册。

13.说书史话，1册。

14.粤调说唱民歌沿革，1册。

15.书帽集锦，1册。

16.扬州说书选（传统作品），1册。

17.评弹选集，1册。

18.评弹散论，1册。

19.曲艺论集，1册。

第三部分：综合类

总　目

一、书目与索引，52种，304册。

二、字典、辞典、类书，14种，31册。

三、文学史、文学理论、文学研究，56种，143册。

四、文字、语言学，12种，13册。

五、万有文库，85种，402册。

六、民间文学，110种，165册。

七、历史、传记，47种，51册。

八、地理、游记，15种，23册。

九、考古、考古笔记，19种，22册。

十、史地小丛书，73种，73册。

十一、百科小丛书，78种，78册。

十二、生活丛书，24种，24册。

十三、ABC丛书，约30种，30册。

十四、笔记，143种，150册。

十五、百衲本二十四史，820册。

十六、现代文学（数量不详，估计在200册以上）。

十七、外国文学，230册以上。

十八、文学大纲、世界文库，二种，16册。

十九、哲学、社会科学（数量不详）。

二十、连环画，逾200册。

廿一、作者赠书，130余种。

总计：仅据不完全统计约3100多册。

分类目录

一、目录与索引

1.丛书集成初编目录，1册，民国二十四年商务印书馆。

2.丛书集成初编目录，1册，古籍书店重印本。

3.丛书集成初编预约样张，1册，民国二十四年商务印书馆。

4.万有文库一集千种目录，1册。

5.万有文库二集目录，1册。

6.普通图书馆图书选目，1册。

7.汉、隋、唐、宋、辽、金、元、明九史经籍、艺文志（附索引），7册。

8.四库采进书目，1册。

9.四库未收书目提要，1册。

10.现存元人杂剧书录，1册。

11.子弟书总目，1册。

12.弹词宝卷书目，1册。

13.晚清戏曲小说目，1册。

14.晚清文艺报刊述略，1册。

15.宝卷总录（傅），1册。

16.宝卷综录（李），1册。

17.中国宝卷总目，1册。

18.中国小说书目初编，1册。

19.中国通俗小说书目，1册。

20.中国文言小说书目，1册。

21.古本小说简目，1册。

22.子弟书总目，1册。

23.晚清戏曲小说目，1册。

24.日本东京所见中国小说书目，1册。

25.伦敦所见中国小说书目提要，1册。

26.中国戏曲书刊目录，1册。

27.宝文堂书目，1册。

28.百川书志，1册。

29.贩书偶记，1册。

30.北京传统曲艺总录，1册。

31.西谛书目，1册。

32.五四时期期刊目录，3册。

33.生活全国总书目，1册。

34.全国新书目（1949年—1958年），5册。

35.全国新书目（期刊本），1959年起、1972—1975复刊本，共213册。

36.汇刻书目初编、二编，共16册。

37.丛书书目汇编，4册。

38.北京图书馆善本书目，8册。

39.上海市历史文献图书馆藏书目录，2册。

40.上海图书馆善本书目，1册。

41.李氏书目（北京大学藏），3册。

42.十三经索引，1册。

43.廿五史人名索引，1册。

44.同书异名通检，1册。

45.宋元学案人名索引，1册。

46.太平御览索引，1册。

47.十通索引，1册。

48.佩文韵府索引，1册。

49.室名别号，1册。

二、字典、辞典、类书

其中有《辞海》上下册，民国二十四年中华书局版;《辞海缩印本》、《中国人名大辞典》、《中国古今地名大辞典》、《最新中外地名辞典》、《缩本中华大字典》、《实用大辞典》、《中国大事年表》、《广群芳谱》、《艺文类聚》、《渊鉴类函》、《初学记》、《音乐辞典》、《中国音乐舞蹈戏曲人名词典》。按:其中部分珍藏本已捐赠出版博物馆。

三、文学史、文学理论、文学研究

56种,143册。

包括各种新旧版本的文学史,文学理论、文学研究著作。其中有:

红楼梦研究资料,有刻本、石印本、旧抄本、雕板本、影印原稿本等稀见版本,22种,38册。

晚清文学丛抄,8集,15册。

文学遗产增刊、中华文史论丛等。

按:以上所列56种,143册,系不完全统计。

四、文字、语言学

12种,13册。

其中有《字源》、《字监》、《北京话单音词词汇》、《元剧俗语方言例释》、《诗词曲语辞汇释》、《敦煌变文字义通释》、《修辞学发凡》、《恒言录、恒言广证》、《通俗编》、《增注中华新韵》、《开明活叶文选注释》、《诗韵新编》。

五、万有文库

85种,402册。

其中有《四库全书总目提要》40册,《康熙字典》12册,《段氏说文解字注》、《马氏文通》、《全唐文纪事》、《唐诗纪事》、《宋诗纪事》、《明诗纪事》、《唐诗别裁》、《宋诗别裁》、《元诗别裁》、《明诗别裁》、《清诗别裁》、《美利坚文学》、《英格兰文学》、《日本文学》、《本草纲目》、《谈天》、《农政全书》等。

六、民间文学

110种165册

1.论文与历史,9种,10册。

2.民间诗歌,18种,18册。

3.中国民间故事,44种,44册。

4.外国民间故事,26种,26册。

5.期刊3种:

民间文艺集刊,3册;

民间文学集刊,1册;

民间文学,1955年—1966年,46册。

6.丛书二种:

民间文艺资料丛书,6种,6册;

明清民歌时调丛书,4种,11册。

七、历史、传记

47种,51册。

其中有《清史稿》、《廿五史》(缩印本)、《中国历代通俗演义》、《世界通史》、《浙江通志》、《太平天国史料集》、《世界史纲》、《宋史新编》、《大金国志》、《元史新编》、《古史略》、《近代名人小传》、《中华民国名人传》、《当代中国名人录》、《国际人物志》、《世界通史》、《中国六十年大事记》、《西行漫记》等。

按:此外有少年史地丛书,及近代史资料多种,书名、数量不详。

八、地理、游记

15种,23册。

其中有《浙江通志》、《中华全国风俗志》、《河海昆仑录》、《徐霞客游记》、《马可波罗游记》、《旅藏二十年》、《新西行漫记》、《江苏六十一县志》、《江苏史地概要》等。

九、考古、考古笔记

19种,22册。

1.先史考古学方法论,1册。

2.穆天子传西征讲疏,1册。

3.四库全书纂修考,1册。

4.斯坦因西域考古记,1册。

5.敦煌古籍叙录，1册。

6.敦煌——伟大的文化宝藏，1册。

7.敦煌莫高窟艺术，1册。

8.中国的水神，1册。

9.古今典籍聚散考，1册。

10.先秦经籍考，3册。

11.殷虚甲骨刻辞的语法研究，1册。

12.梦溪笔谈校证，2册。

13.容斋随笔五笔，1册。

14.十驾斋养新录，1册。

15.癸巳类稿，1册。

16.唐人行第录，1册。

17.佛经文学故事选，1册。

18.先秦寓言选，1册。

19.历代笔记丛书目，19种，1册。

十、史地小丛书

73种。

十一、百科小丛书

78种。

十二、生活丛书

24种。

十三、ABC丛书

约30种。

十四、笔记

143种，约150册。

平装笔记，84种。

线装笔记，40种。

笔记丛刊，包括《宋代史料笔记丛刊》、《元明史料笔记丛刊》、《清代史料笔记丛刊》、《近代史料笔记丛刊》、《明清笔记丛刊》，共19种，26册。

十五、百衲本二十四史

配套书橱一顶，全820册。

十六、现代文学

其中有：《鲁迅全集》，二种，其中有1939年初版本；《鲁迅日记》、《巴金文集》、《茅盾文集》、《郭沫若文集》、《瞿秋白文集》、《郑振铎文集》、《洪深戏剧集》等人的文集、单本。

中国人民文艺丛书、文艺建设丛书、北方文丛、中国新文学大系、良友文库、创作丛刊等丛书各数十册不等。

周作人（全部）、蒋光慈、章衣萍等人的著作毛边本。

《青春之歌》、《林海雪原》、《红岩》等20余种新小说。

按：小说、诗歌、散文等至少在200册以上，未曾留下详细目录。

十七、外国文学

其中有外国名家名著逾百种，涵盖欧美亚各大洲各个国家，如集托尔斯泰、屠格涅夫、果戈里、普希金、巴尔扎克、高仓辉等人著作的译文丛书，29种，34册；陀思妥耶夫斯基选集，9种，12册；莎士比亚戏剧作品，约20种；泰戈尔作品，8种；希腊悲剧，4种；安徒生童话全集，12册；格林童话全集，10册；海涅、泰戈尔的诗集……

说部丛书，林纾等外国文学作品约110种。

小本小说、汉译世界文学名著等丛书，以及各种单行本。

苏联翻译小说《日日夜夜》、《静静的顿河》、《钢铁是怎样炼成的》、《普通一兵》、《青年近卫军》等数十种。

各国民间故事、童话，及理论著作若干种。

外国文学作品提要，3册。

按：有据可查的就有230多种。

十八、郑振铎《文学大纲》4册、《世界文库》12册

均为早期版本。

十九、哲学、社会科学

（书名、数量不详。）

二十、连环画

包括中外童话、动画、故事，其中有全套《三国演义》、《水浒》、《西游记》、《红楼梦》等，不少于200册。

廿一、作者赠书

其中不乏施蛰存、赵景深、胡山源、胡士莹、方平、刘知侠、王古鲁等专家、教授、学者的著作，以及日本波多野太郎等外国学者的赠书。总计130余种。

编后记

“书山有路勤为径，学海无涯苦作舟。”

这句名言用来描绘我的先父，可谓名副其实。回想当年先父一辈子在这浩瀚书海中凝神攻读和经年累月地伏案著作的情景，不由得令人万分钦佩！

约在六年前，我整理先父的资料时，发现了一批藏书的目录。那是在“文革”时期，父亲为维持生活，变卖藏书时留下的。这只是一批很不完整的书目，距今已有四十多年，如今纸张都已泛黄，实属得之不易，弥足珍贵。于是我产生了整理一份比较系统的藏书目的想法。可当我着手整理时，简直是看傻眼了，成千上万册的书籍，光读一遍书名也觉很不容易。

想干就干，好在原有的书目已有所分类，我就从最集中的古典文学和说唱文学开始整理。五年前，此项工作进行到一半时，我迁居外高桥，把家中所有物件打包装箱，因此不得不停顿下来，然后就一直搁置至今。

去年正值嘉定建县800周年，家乡图书馆、博物馆等在多项纪念展览活动中一再出现有关先父生平业绩的介绍。这一切不由得让我感到自己也该为家乡和先父做些力所能及之事，既是对家乡的点滴微薄贡献，也是对先父的一份最好纪念。

这次我终于再次下定决心，找出迁居时集中装箱的所有藏书目，和电脑中早已保存的一部分已经梳理过的藏书目，重新归纳整理成文。囿于如今已无法找到全部完整的藏书目，我考虑从反映先父藏书数量之“博”、范围之“大”、内容之“精”、层次之“深”着手，对已有的书目有取有舍，有繁有简，尽量展示全貌。经过一番努力，初步交出这份答卷。

当看到“宝卷”、“鼓词”等时，心中难免产生一丝伤感，父亲原来计划编著的《明清说唱文学研究资料》中的这两个部分已在进行中，却未能如愿完成，个中原因自不用细说。

整理这份藏书目，也让我回忆起自己的青少年时代，课余时间经常会在这书海中找寻自己喜欢阅读的古今中外各类书籍，尤其在寒暑假期间，更是享受饕餮的美好时光。读书使我终生受益。这正是“近水楼台先得月”啊！

本人才疏学浅，缺少这方面的知识和专长，所叙内容仅凭一得之见，难免有诸多不足之处，敬请读者们见谅，并欢迎大家指正。

2019年4月22日

被勾起的回忆

谭 篪

大概是2013年8月份，我在网上浏览与先父相关的资料时，忽然一篇《谭正璧先生谈“回译”》的文章跳入我的眼帘，署名是一个我陌生的名字——陈金生，该文原载2013年6月6日《文学报》。我迫不急待地把它下载到我的文档里，并反复认真阅读。不由引起我对往事的回忆。

原来陈金生老师是陈洁的学生，而说到陈洁老师，那是我所熟知的，他那浓重的无锡口音至今犹在耳边，他是父亲的忘年交，经常来我家和父亲畅叙，也可以算是我的朋友，因为我和他也可以无话不说。可惜的是，曾是《无锡日报》编辑部主任的陈洁老师——这位才华横溢的他——在当年“反右”运动中被骗而戴上了“帽子”，继而被开除公职。他只得在上海民办中学校担任高中语文教师（可能还不入正式编制），后来又失业，做临时工……更可惜的是，他也因此得病，后没有得到及时抢救治疗而早逝。为他送行那天，父亲刚巧在杭州，我们弟兄俩得讯后去参加了他的追悼会……心中怅怅然。

我写的《谭正璧、王子澄与〈中国文学大辞典〉》一文发表在《出版博物馆》上，其中有一部分内容恰恰与陈金生老师文中所述密切相关，陈金生这篇文章所叙说的也正是我想了解而不知所踪的——即父亲生前在自传中有关苏联汉学家阿列克塞也夫评论《中国文学家大辞典》的引文究竟来自何处。原来这事与陈金生老师有关，真是天助我也！庆幸之余，我更迫切地想联系到这位作者，在写两封信给《文学报》无果后，我专程跑到延安中路的报社，待我说明来意，编辑张晶莹热情地告知与陈金生老师联系的方法。我回家后即发信，没几天，电话那头就传来了他的声音，原来他，还有陈洁老师的夫人王老师也一直惦记着我们，却苦于无从联系。陈金生老师不久前还和王老师及其子女相聚呢！我早就耳闻王老师在那个年代遭到伤害，让我喜出望外的是耄耋之年的王老师还健在，这实是对九天之上的陈洁老师最好的告慰……

陈金生老师在此文中提及，父亲“接着指着我空缺未译的地方，让我先读出俄文拼音，他再思考、定夺中文意思。就这样，译文中‘开天窗’处被逐一补正了”。这让我回忆起一件事，大概是1953年我们刚搬家到上海后不久，家里有一台电子管的收音机，虽然其貌不扬，可还管用，在当年已算是希罕之物了。恰好那时上海中苏友好协会与华东、上海人民广播电台合办俄语广播学校，每天早上学习俄语的时间，父亲还有姐姐谭寻就会拿出俄文课本和笔记——记得那课本的封面是桔色的——坐在写字台前，跟着电台中的老师认真学习，“А、Б、В、Г、Д……”，“товарищи、Москва”……我在一旁听到，至今还依稀记得几个单词。父亲和陈金生交谈中听他用俄语读出书名，而能很快辨别出来，应该是得益于早年曾经有过的这次学习。

至于阿列克塞也夫的文章从何而来。我终于想起，有两位苏联汉学家，一位是华人，姓庞名英，还有一位是苏联人，姓李名福亲，他们因为研究汉学的需要而结识父亲，经常书信往来，探讨汉学研究中的问题，近日看到许多父亲收到的信件（保存在北京现代文学馆）。庞英于1961年4月11日的来信中说：“谭正璧教授：我在一月前曾托古典文学出版社给你转寄过一封信。……”又在1961年8月14日所写来信中对此事有详细叙述：

我本想将原刊寄上，但因为这是一种军事外国语学院的杂志，在市上没有公开出售过，所以私人手里都没有，就是一般图书馆也见不到。我好容易在“谢德林图书馆”找到一本，但不得借出。如果影印，需要两个多星期的时光，因怕先生等用，所以内子今天到图书馆把原文抄了下来给先生寄上。（因为她的钢笔发生了毛病，所以用铅笔抄的，望见谅。）……

由这封来信和陈金生老师的译文得知，寄来的这篇文章应该就是从苏联军事外语学院《学术文选》上抄写下来的。

陈金生老师这篇文章，因为报社排版时篇幅的关系，被删去了一部分，内容也很有意义，故今一并载录，以飨读者。（按：陈金生稿见本专题下文。）

事后不久，我得会陈金生老师和他的兄长陈晶龙，相见恨晚，说起陈洁老师无不唏嘘不已！我们都参加了追悼会，只是当时无缘得识。他告诉我还有许多值得回忆记录的内容，应该还要继续有关谭正璧的研究。只是这是一项艰难的工作，他们鼓励我一起努力，为了继承中华文化的优秀遗产，也为了告慰为此付出毕生心血的先辈。

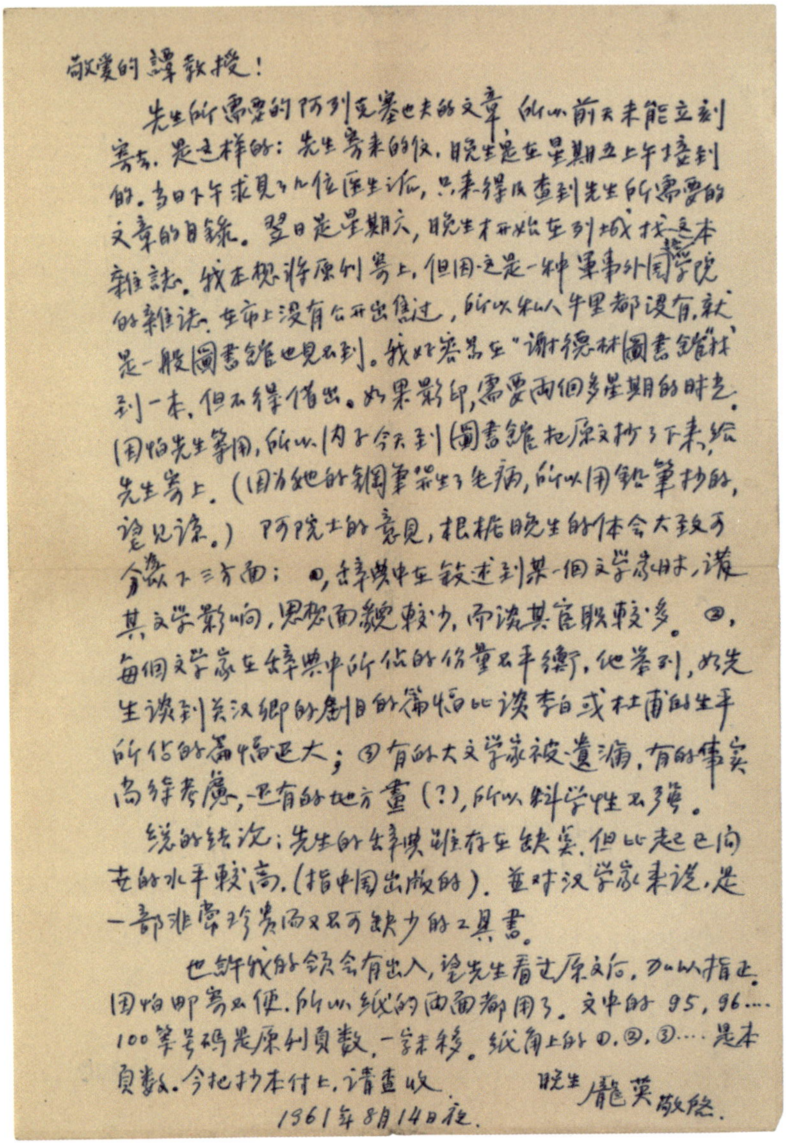
敬爱的谭教授！

先生所需要的阿列克塞也夫的文章，所以前天未能立刻寄去，是这样的：先生寄来的信，晚生是在星期五上午接到的。当日下午求见了几位医生论，只来得及查到先生所需要的文章的目录。翌日是星期六，晚生才开始在列城找这本杂志。我本想将原刊寄上，但因这是一种军事外国语学院的杂志，在市上没有公开出售过，所以私人手里都没有，就是一般图书馆也见不到。我好容易在"谢德林图书馆"找到一本，但不得借出。如果影印，需要两個多星期的时光。因怕先生等用，所以内子今天到图书馆把原文抄了下来，给先生寄上。（因为她的钢笔发生了毛病，所以用铅笔抄的，望见谅。）阿院士的意见，根据晚生的体会大致可分以下三方面：①，辞典中在叙述到某一個文学家时，谈其文学影响，思想面貌较少，而谈其官职较多。②，每個文学家在辞典中所佔的份量不平衡，比如说，如先生谈到关汉卿的剧目的篇幅比谈李白或杜甫的生平所佔的篇幅还大；③有的大文学家被遗漏，有的事实尚待考虑，还有的地方画（?），所以科学性不强。

总的结论：先生的辞典虽存在缺点，但比起已问世的水平较高。（指中国出版的）。并对汉学家来说，是一部非常珍贵而又不可缺少的工具书。

也许我的领会有出入，望先生看过原文后，加以指正。因怕邮寄不便，所以纸的两面都用了。文中的95，96……100等号码是原刊页数，一律标移。纸角上的①，②，③……是本页数。今把抄本付上，请查收。

晚生 龐英 敬启

1961年8月14日夜。

1961年8月14日，庞英致谭正璧信

谭正璧先生谈“回译”

陈金生

近日报载：评论家周立民发现，学术著作《灰色上海，1937—1945：中国文人的隐退、反抗与合作》在翻译上存在诸多细节出入，尤其是回译中国人名张冠李戴。如“王辛笛”译为“黄辛笛”，金性尧笔名“文载道”译为“道载文”等。华东师范大学教授陈子善也找出类似舛误，如“钱君匋”译为“钱君涛”，“周楞伽”译为“周愣伽”……无怪乎文章标题嗟叹“‘常凯申’的笑话又来了”（见《新民晚报》2013年3月2日记者乐梦融文）。

“回译”是翻译术语，指的是外国学者研究中国课题时，把中文原文译成外文，尔后中译者据此外文又译回中文。涉及人名的回译，差之一字，谬以千里。曾有译者把英文人名Chiang Kai-shek（蒋介石）回译成“常凯申”，错得十分离谱，叫人大为惊愕！

报上呼吁“回译须慎之又慎”。对此我感同身受——这缘于37年前，聆听过恩师谭正璧先生对我回译的面教。他“一字不苟”的精神，我感到今天回忆出来，也可视作一种“正能量”，对提升眼下时见回译硬伤的译作质量，应该是不无裨益的。

一、借书识荆

谭正璧先生是古典文学家、文史文献家、文学家和教育家，作品达150种之多，字数逾千万——如此著作等身，却鲜为人知，被称为“被遗忘的缪斯”。我爱好古典文学，十分仰慕谭老，一直无缘识荆。1977年高考恢复，我准备考研（古典文学研究方向），可是备考书籍奇缺。踌躇之际，高中语文老师陈洁伸出援手，引荐我去谭老家借书。

是日，我和陈老师走进青海路附近一条弄堂，往南再往西拐弯，隔墙可见电视台的发射塔，再通过逼仄的小弄，进木门、底楼，便来到谭老寓所。进门所见皆书，让人想到陆游《书巢记》的句子：“吾室之内，或栖于椟，或陈于前，或枕于床，俯仰四顾，无非书者。”

谭老的著作和品学修为，从陈老师处我早已耳闻。他，恂然一翁，艰难时世里生计窘迫（靠中华书局每月80元补贴养家，女儿无正式工作），然而坚守“书巢”，著书不辍，令人肃然起敬。

他，又是蔼然长者，操着嘉定乡音，热情接待了我们。陈老师代我开口向谭老借书，谭老连说“好、好”，并当即报出一串书名，女儿从书架上麻利地将书拣出。未几，《中国文学进化史》、《中国小说发达史》、《文法大要》等谭老力作共13本，已摆在我眼前。谭老还叫女儿取出《国学概论讲话》等五本著作赠我。我摩挲着发黄的书面，感谢不迭。

二、有本书叫《山有路》吗？

我怕多打扰，站起身欲告辞，谭老忽然叫住我，说有事想要我相助。原来有篇评论他著作的俄文文章，因身边无人通晓俄文，一直不知“讲点啥”。谭老得知我学过俄文，就托我帮忙翻译。

我忙拿起谭老递来的材料细看，是苏联汉学家阿列克塞也夫评论谭老煌煌巨著《中国文学家大辞典》的一篇论文。我边看边翻译了起来：

该书的作者谭正璧，或是出于谦逊，不认为编纂者（尽管包括他本人）是作家；或是基于活着的当代人除外的原则，他本人并未列入书中。这样，比引为荣耀和自我夸赞显得更为严肃。……

谭老听着，微微颔首。我还想继续往下翻译，不料两个音译的中文书名“шан ю лу”、“ван син тун пу”，反复拼读也不知所云。我不由低声探问：“有本书叫……《山有路》吗？”

谭老一听笑出声来，马上纠正道：这本书叫《尚友录》，还有一本叫《万姓统谱》。光靠拼音是翻不好的；“熟知其名，概知其书”，才能翻得准确。他嘱我回去慢慢翻，查查资料……

回家后，我当务之急便是要找到1934年出版的《中国文学家大辞典》，不料跑了几家图书馆，馆藏都没有这本书。为了让谭老早日知晓汉学家论文的内容，我决定先翻出初稿，那些需回译的部分拿捏不准，只得“暂付阙如”。

一周后，我把初稿交到谭老手上。谭老仔细地看完，抚掌叫好：不错不错，意思很明白，这个苏联人研究得还蛮深的呢！他接着指着我空缺未译的地方，让我先读出俄文拼音，他再思考、定夺中文意思。就这样，译文中“开天窗”处被逐一补正了……

三、一字不苟和积累知识

谭老谈回译的情景，历历在目，犹如昨日。他平凡朴实、切中回译肯綮的话语，时隔久远，以下根据回忆列出的文字，也许难以不爽毫厘，但核心意思不会走样，应当是没有悬念的（即引号内是确认记准的原话）。

谭老谈回译人名书名，概括来说，是“一字不苟”和“积累知识”。

他怕我听不仔细，还特地强调“不是‘一丝不苟’”。他说，如果中译者既精通外文，又熟谙中文人名，那么，回译就能“服服帖帖”；否则，单凭音译，一字之差就要“搞错人头”。

经谭老辨正的人名有黄为基（我译“黄为坚”，是《中国文学家大辞典》刹尾的一个，即第6846位文学家）；还有项籍、钱大昕、皎然和尚等。谭老虽已耄耋，但记忆力不输当年。当时我是先读出人名的俄语拼音，谭老听后多数能立刻说出姓名和具体哪几个字。

其中Сян Цзи（“项籍”，即项羽）的名字，我译成“襄姬”，直把谭老逗乐了。他提醒说，文中明明写他是著名军事家，翻成“襄姬”，实在发噱，“像是皇宫里的啥个人了”。我顺便问谭老项羽怎么列入文学家。他如数家珍地说：项籍在被围之夜，知大势已去，但依然热恋着美人虞姬，于是慷慨悲歌，歌了数阕，虞姬还和唱，最后项籍自刎而死。他唱的歌不就是文学作品么？尚存于《史记》里呢！所以，项籍我也收进文学家大辞典里——当然，汉学家对入选作家的标准有所异议，实属见仁见智。

谭老针对回译书名（篇名），着重强调“积累知识”。谭老说，外文文章引到中国文学家的书名、篇名，如果你掌握了一些基本的作家作品知识，回译也能迎刃而解。

我译到《Вэнь фу》（《文赋》）时，反复拼读，仍不知是何书名。谭老说，文中提到西晋文学家陆机，你如果有知识积累，应该能联想出他著名的《文赋》、《辨亡论》、《吊魏武帝文》等作品。有积累犹如有“中气”，就不会单凭拼音瞎猜。

经谭老纠错的书名，除《文赋》外，还有《艺文志》（我作《轶闻志》）、《宋诗选补遗》、《时类赋统编》、《疑年录》、《历代名人年谱》等。

四、摘录原文和调整补充

至于谭老谈回译句子，概括来说，是“摘录原文”和“调整补充”。

他解释说，句子翻译固然有很大自由度，但如果外文已注明引用中文句子，那回译就要不折不扣摘录原文，切忌信马由缰。

如我译到这样一句：

在上述已经提到过的关于孔子的文字中，甚至出现完全欠恭的句子：цзяо ци цзинь вэй чжи цо。

末了的俄文是引用中文原文6个字的音译。俄文拼写中文古文，又没加如同汉语的四声，拼读像读天书，连瞎猜都找不着门。

记得谭老当时立即取出《中国文学家大辞典》(他同时抱歉说，那天忘了让你把这本词典拿去参考的)，查到"孔子"条目的释文，读到这几句：

(孔子)至周见老聃，受其训言，骄气尽为之挫。

"骄气尽为之挫"六字就是准确译文。不摘录原文光瞎拼，定然无济于事。

我赶紧记下这六个字。谭老笑道：你看看，汉学家对孔子敬重到了这个地步，认为我"骄气"等六个字的语气，对孔子大为不敬呢!

还有些由中文译成外文，又按外文意译回来的句子，乍看没什么不妥，然而，拿中译文与中文原文一比照，就会发现有缺字掉句等出入。翻译"信、达、雅"原则中，首位是"信"，是忠于原作。因此，回译中文时，就要对这些"出入"加以调整补充。

如这一段，我是按照俄文意译出的：

有时某种非适当的幽默笑料也写进了文中，如："他(老子)五千个字产生五万、五十万字的影响！"。

细究其中的"他(老子)五千个字"，语义并不明确：是"老子一生总共写了五千个字"，还是"老子所写的每五千个字"？后来摘录中文原文，作了如下调整、补充，避免了歧义，意思更加清楚：

他的著作虽仅五千余言，而他的影响，比五万言乃至五十万言深而且大!

又译过这样的句子：

删去那些如"序言"中所说的"对我们(当代)中国文学没有影响"的人的文章?

这句我原先也用意译，自觉文从字顺。谭老看后马上指出：引号里的语句，表示源自中文原文，回译就要与中文原文毫无二致。《中国文学家大辞典》中称"序言"为"例言"，译成"序言"就"脱空"了；"对我们(当代)中国文学没有影响"，原文是"无影响于当时文坛"，只须照摘照录，修正原来译文，这也是遵循了翻译"信"的原则。

五、深得回译的真谛

在谭老当面悉心指点下，汉学家论文的中译较为稳妥，尤其是回译规避了鲁鱼亥豕的"低级错误"。曾任上海古籍出版社社长的王兴康在《文汇报》撰文推介谭老这部《大辞典》时，特意指出苏联汉学家奉其为"案头必备的参考书"——引号中的提法来自我的译笔，有幸被专家引用，实乃莫大的信任和勉励。

谭老不是翻译家，却深得回译的真谛，叫人感佩不已。上海外国语大学翻译研究所所长谢天振曾概括回译"必须找到原文，必须下这个苦功夫"、"功夫在翻译外"等要旨，我以为，谭老可谓已提早践行了。

谭正璧咏梅诗集合

谭正璧 著　谭 箎 整理

梅花四章有序

1932年

沍冰初解，和风已来，遥想邓尉山中，斯时正嫩芯满枝，冷香四溢，不禁悠然神往。犹忆幼年得残联"暗香浮动月黄昏"句，当时不知为何人诗，亦不知诗意何指，但甚觉其佳，为之低诵不置。岂我与斯花果有三生不解缘耶！证之近事益觉惘然。壬申孟春中浣八日。

一

雪里山中无限娇，春风吹暖瘦肢腰；
何因嫁作使君妇，徒解明珠慰寂寥。

二

美人本色太聪明，脉脉相看最有情；
一事惜君未悟解，珍珠无价玉连城。

三

恋情爱情两心知，柳絮因风不自持；
总忆小窗相对日，依依惜别立多时。

四

人容难若花容丽，花语何如人语直；
花丽人直都是幻，此生端的负花人。

咏梅四首

1936年

一

孤壤性格难谐俗，冷艳幽芳独出尘；
不与凡葩争几席，谁知空谷有佳人。

二

霜魂雪魄自个秋，独化春光桃李愁；
赢得孤山处士爱，此身不负几生休。

三

无言相对总含情，玉骨冰肌色最清；
不慕繁华甘淡泊，人间何处有知音？

四

憔尽孤高绝世姿，衡阳旅雁悔归迟；
不教早醒封侯梦，枉写横斜十万枝。

丙子孟春晦日适为总理忌辰 盛子俊才招游邓尉奈何春光已发 冷香零落殆尽满眼凄凉赋以志憾二首

1936 年

一

自是寻春去已迟，南枝零落北枝稀；
疾风狂雨真无赖，欺压芳菲总不知。

二

大好春光闲里过，晓风残月任蹉跎；
夕阳亭上空搔首，雪褪香消莫奈何！

苏游归来携得绿萼梅一枝

约1940年前后

一从春去无消息，苦忆梅花抵死狂；
迎得一枝清水供，依然不减旧时香。

本事诗十章

1972年5月

之七

花开盈陌无心赏，仰望长天羞见云；
一度身经香雪海，不知人世有红裙。

之九

夜半何来呜咽箫，不胜怨慕起心潮；
梦魂飞向孤山去，未见梅花见断桥。

无题八章

1972年5月

之五

深院何来怒马嘶，呜呜油壁溅春泥；
骄梅不为媚樱屈，仰首登车眉不低。

之六

国难家仇愤万千，凛然傲骨不求怜；
死生随分心魄定，历劫琼枝终见天。

咏梅十章

1972年7月中旬

一

不居海角即天涯，历尽沧桑未安家；
何事老来常落寞，卅年总是忆梅花。

二

泠然独立迎寒风，沽肆当垆柴巷东；
肌肤凝霜容酿雪，冰心不与凡卉同。

三

早缔三生慧业缘，罔知世有绿华仙；
一从虚负冰人恋，苦我浮生五十年。

四

少年不爱醉流霞，未到罗浮访酒家；
岭上梅花清澈骨，此生终负玉无瑕。

五

纵然侍立半言无，陶醉春风独一枝；
自念使君早有妇，相悔何忍解明珠。

六

春风桃李斗鲜妍，独占春光第一仙；
璞玉毂珠应自惜，不逢知己莫相怜。

七

毋烦仙侣指蓝桥，咫尺渔砚望不遥；
既是姻缘终好合，十年幽愤一时消。

八

偃旗息鼓万家哀，大好东南半劫灰；
独有孤山老处士，月明依旧美人来。

九

吟香往事太分明，再世重逢梦更清；
搬上红毹惊俗眼，几人能信有斯情。

十

骤风暴雨苦相侵，痛醉春风情念心；
底事仙葩终历劫，纵非堕网即飘零。

梁溪忆游

1979年

之二 梅园即景

湖光似水照楼台，坡上梅花耀目开；
一片茫茫香雪海，此身疑入梦中来。

梅园杂咏

七绝十四章有序

1980年7月10日

庚申孟夏中旬四日，久病初愈，应蒋、孙二君之招，偕吾女寻作无锡之游，得小住梅园者五日，始兴尽而归。承无锡报社洪美同志托蒋君向余索取记游诗稿，因赋此七绝十四章贻之，不独借以作鸿爪之留，亦有以酬同文之雅谊也。是为序。

庚申端月七日，半盲老人。

一

罗浮未见一琼枝，莫怨寻芳到太迟；
却好金莲塘上发，纵非香海亦香池。

二

未到端阳先吐红，天心台畔独临风；
天生不作妖娆态，羞伍崖南迎客松。

三

山庭步月夜迟眠，梦里骤惊林鸟喧；
推枕下床窗外望，白云朵朵又晴天。

四

抑扬顿挫耐人听，处处池塘阁阁鸣；
莫是群蛙开夜会？鼓吹声间木鱼声。

五

遍山未睹杜鹃开，移向高堂盆里栽；
姿态玲珑颜色丽，几回欲去又徘徊。

六

中宵明月映雕栏，银汉无波星斗闲；
林鸟酣眠枝上稳，不知身在白云端。

七

诗人总是惜婵娟，十梦梅花九不圆；
独有西湖林处士，一生常傍玉华眠。

八

长廊曲径尽徘徊，招鹤亭高缓缓攀；
百鸟投林红日下，杳然未见鹤归来。

九

绿满江南草正长，暖风拂处落花忙；
梅魂早与诗魂合，信口拈来字字香。

十

玉骨冰肌已杳然，江郎才尽忆当年；
氍毹一曲《梅花梦》，赢得场头泪万千。

十一

斜晖古木掩苍山，园里风光岂等闲；
真是几生修得到，琼楼高处不知寒。

十二

银灯照耀夜谈文，不觉更深月半沉；
林鸟高眠虫寂寂，吟笺堕地耳能闻。

十三

此来一事最称奇，杜宇无言只乱飞；
今日整妆将上路，几声似道不如归！

十四

十年动乱不平常，万卉摧残三径荒；
纵使回天资大力，犹留余孽令人伤！

【后记】历经十余年，好不容易将谭正璧所作的诗词基本收罗齐全了，自20世纪20年代至80年代，粗略统计下来竟有1500首左右，读着这些诗词，仿佛看到了那个时代的一位追求理想、追求光明的青年走过六七十年，直到耄耋之年的人生轨迹。而其中有不少写梅花的诗词，它寄托着一种情怀——梅魂不死——无限热爱祖国和民族的一颗赤子之心。我曾写成词二阕，缅怀先父，兹录于此：

忆江南·梅魂

2008年8月3日

之一

东风起，梅欲舞新春。红似烈火芬芳沁，白如雪花秉性纯。品格独坚韧。

之二

花烂漫，满园春芳菲。入画浏览人逐花，怒放含苞蜂采蜜。梅魂亵媚姿。

继承先辈的治学精神，为祖国文化事业作出新贡献

谭 箎

继2011年12月，嘉定档案局与上海古籍出版社在我的故乡——嘉定——联袂举办纪念谭正璧诞生110周年活动后，2019年3月1日起，嘉定图书馆又在二楼特展文献阅览室推出“文海沉浮，著作三身——谭正璧先生生平展”。7月16日，生平展经扩充内容后于一楼展厅展出，同日举行开幕座谈会。参加这一活动，我心中不由感到万分欣喜，在此由衷地感谢故乡嘉定这片养育我们成长的土地，感谢家乡的父老乡亲，特别感谢嘉定图书馆对这一展览的支持与付出。

想起终生默默耕耘在祖国文坛上的先父，心中五味杂陈。先父谭正璧逝世多年后，曾看到一些评价，复旦大学的《上海文学通史》中他被喻为“被遗忘了的缪斯”，这是何等崇高的褒奖；陈青生则称其为40年代“上海文坛历史小说创作的主要代表”……近二十年，我在搜集整理阅读先父作品的过程中，才愈来愈感到这些评说并非空穴来风。目前我可以说，已基本收罗齐全了父亲发表在各种刊物上的作品，其中读史读书随笔有八九十篇，这次北京东方出版社推出了《煮字集》，碍于篇幅，从中遴选了四十余篇，如该书书腰所称，“谭正璧先生文史随笔精华首次整理出版”，“史料加史识，熬煮一罐中国历史的高汤”。此书在编辑过程中不断补充了新发现的几篇，如《皇帝艺人》、《旧小说作者的“双包案”》、《读“西征随笔”》、《买书甘苦记》……为了出版的进度，我也在电脑上录入多篇，并由此感受到父亲的文笔竟能如此别出心裁引人入胜，读者看了以后就会知道这绝不是我的吹嘘。这次东方出版社还推出了父亲的《中国女性文学史》的增订本，黄霖教授为之欣然题字——“阴阳相生，文之大成”。因为周兴陆教授的竭力推荐，如我所愿收入了当年先父所写的《女性文学小史》（1935年作，刊于《女子月刊》）。

谭正璧《中国女性文学史》，东方出版社，2020年

父亲的历史小说，早年出版的《长恨歌》、《琵琶弦》已成为不少研究生的必选课题，除这两本书所收19篇外，就我现在收集齐的，尚有33篇未能结集出版。短篇小说66篇，诗词集16种约1500首，剧本包括5个长剧8个短剧，1919年前后的日记约三十四万字……这是一笔蕴含沉甸甸的历史、社会和生活的丰富的文化资源和宝藏。

父亲为我们留下的不只是千万字的文化的肥沃积累，更有那份不可多得的治学精神。

一、认定目标，锲而不舍

先父的父母早亡，依靠外祖母抚养的他，执着求学，“庵荒人静近五更，展卷挥毫犹未停，炉尽灯熄方入睡，忽闻院内捣衣声”。他断断续续地读到高小毕业后，考入了梦寐以求的龙门师范，虽然在这里经受了他人生中又一次重大挫折，但在一年的学业上收获颇丰，并确定了他自己的人生目标。

1926年，在《邂逅》的自序中，他回顾走上创作的历程时，写道：

自一九一五年至一九一八年，这四年中，我在没人指导之下，看了不少的种类复杂的书籍，因此做了几本不成模样的笔记，只向陈旧的因袭的读书方法上进行，而且因为没人指导的缘故，往往事倍功半。但我那时最感谢那本《涵芬楼文谈》，他指导了我不少的读书方法，而且使我知道世间——那时所谓世间，自然只指中国——有些什么书籍，我得以照他方法做去，辗转得了无限的国故知识。

我与文学的相识，在“五四运动”后一年，那时的求知欲，好似深山的饿虎，一见生物，以一搏为快，不暇拣择。在学校中教师指导之下，于是我方知世间有所谓“哲学”、“科学”、“文学”等种种学问，而且我那时的贪心实在是太狠了，什么学问都想研究到精通。然而究竟因性之接近，而热心于哲学和文学，而尤其嗜好的是文学。我所以不能不永远永远感谢吾师朱勺广和严佩松两先生。

离开龙门师范后的一九二二年，是我最勤于研究文学和创作的一年，这一年中，赏鉴了很多的本国及世界文学著作，而且由我的好友水君康民的督促，承慧频不辞烦劳的替我抄集，曾编成一本《人生底悲哀》。而且曾有数篇，被编入《小说年鉴》及用作学校课本的《短篇创作选》中，尤其增添了我的兴致和热忱。

王兴康老师说过：“谭先生的一生是奋斗的一生。他并非出身诗书世家，他没有多高的学历，能取得这样的成就，全靠自己的天分和对文学、文化事业的一片赤诚热爱，这是更加难能可贵的。”

此后他在从事教育的同时，拿起笔开始了他的文学研究和文学创作。

二、博览群书，严谨著述

父亲最大的嗜好就是买书，当然不是为了摆饰，也不只是为浏览消遣，而是认真研读做学问，而且他有超乎常人的记忆力。我发现父亲不只是书，而且对各种相关小报也不放过，正是在这种认真中发现了蛛丝马迹，才不断有新的成就。在《旧小说作者的“双包案”》中说到：“在民国二十七年五月二十一日出版的《时代日报》副刊《天向》上，登有署名‘老音’所作的一篇《胡适之先生的印象》，在这篇文章里面，他告诉我们，在海州出版的《镜花缘》，署名‘海州许乔林著’，不是李汝珍，这是一个‘破天荒’的发现。”

还不得不提他第一次创作的剧本《梅魂不死》，“记得写第一幕，连起草到誊清，只费了一整天和一个黄昏，第二幕就不起稿，挥笔直写，每天一幕，整个剧本在四天中写毕”。三万多字的历史长剧剧本，四天完成，不可思议。看似信手拈来，得来全不费工夫，而这完全是依仗了他平时认真的研读和积累的结果。

父亲写的许多书，都署“谭正璧编”，而不用“著”，这里既有他对前人的尊重，也有他的谦虚。金名先生曾说：“您说‘我以为文学史是编的，不一定要“作”’。您把这本大著（指《中国文学进化史》）称作‘编’。谭先生，世上只有把‘编’写成‘著’的，哪有把‘著’写成‘编’的？……”这类例子很多。

三、生命不息，笔耕不辍

因为自幼拼命读书，父亲中年时早已高度近视，那时没有超薄的镜片，给我的印象是好厚的镜片，中间一个小圈，但这阻止不了他读书做学问的渴求。中华人民共和国成立后，他放弃了文学创作，又全身心地投入文学研究中，除了出版的《话本与古剧》、《元曲六大家略传》、《清平山堂话本校注》外，被迫删减到六十万字的《三言两拍源流考》排好清样后又被搁置多年，直至“文革”后得见天日。

《明清说唱文学作品叙录》，这是他早年为弹词正名后的又一宏愿。为此他不惜重金收罗弹词、宝卷、大鼓、木鱼书、龙舟、南音等唱本和其他相关书籍。而在生活上从他的穿着就可一望而知，他几乎是以一己之力在为此奋斗，堪比当年编写《中国文学大辞典》之情境。我看到父亲在阅读相关作品时所作的内容摘要，用的是当年厚厚的日记本，有好多好多本，可见其功夫之深厚，工程之艰巨。现在已出版的《弹词叙录》、《评弹通考》、《弹词艺人录》（弹词三部曲），《木鱼歌龙舟歌叙录》即其中的一部分。宝卷、大鼓的原始摘录和上述的原始稿现在都保存在北京现代文学馆里。

“文革”时期，先父中止了正在竭力进行的工作，被扣上“莫须有”罪名，成为专政对象。我原以为他那些年里无所事事，也不知他如何挨过这“度日如年”的日子。不久前，我看到了他在那个年代写下的数百首诗词，才恍然大悟，祖国文学就是他的生命，无论何时，他都生活在祖国的文学中。“文革”结束后，已步入耄耋之年，渐渐失明的他依靠我姐姐谭寻，整理编写了《古本稀见小说汇考》、《曲海蠡测》等书，并受嘉定博物馆邀请多次参加有关活动。

无论是艰难贫苦的抗战年代，还是“文革”时期，都磨灭不了他的初心——献身祖国的文学事业。

父亲谭正璧对祖国优秀文化的执着和不懈追求，在他的《国学概论讲话》和《新编》中，可以清晰地看到，他始终坚信“国学”中“藏有精金”，“应从速发据”，“‘国学’这名辞虽然终将成为历史的陈迹，而它的本身的价值却是永远存在”，从他所编写的大量国文语文读本、中国文学史中更是屡屡可见。不久前我看到一篇作者署名九峰的短文《作家素描——谭正璧先生》，其中说：“我与他的认识，说来也真惭愧，还是最近一年内的事情，当今年春季，他和几个知名的作家，联合创办新中国艺术学院之时，我才厕身学生之列，得识这位先生。”“在学说上，他不像一些自命为新文学家们，一开口，就骂孔子，诽古文；相反的，他对我们说，要学问的根基坚固，你们还是多看一些古文好。所以在他所办的‘新’中国艺术学院里面，还有古文这一科。他是一个多产的作家，也是一个纯粹为写作而生活的作家，只要你随便在各杂志上翻翻，就可以证明我的言语为真实的！”

这次嘉定图书馆举办这个展览即是寄期望于今人、后人，能为传承和发展祖国的优秀文化、“教化嘉定”而继续努力，并发扬那股“耐饥煮字，穷愁著书”的严谨治学精神，在建设中国特色社会主义的道路上不断地作出新的贡献！

按：本文为作者在“文海沉浮，著作三身——谭正璧先生生平展”开幕座谈会上的发言稿，刊发时略作修改。

唐大郎的书画缘

祝淳翔

古人常说诗画一律，这话貌似有理，却颇有些笼统。大学者钱锺书在《中国诗与中国画》一文中，就以其贯通中西的腹笥，旁征博引，令人信服地指出，称中国诗和中国画“融合一致”实在是一种“错觉”，因为两者在传统美学价值、艺术境界方面，并不齐头并进、亦步亦趋。当然这论断与诗画是一对姊妹艺术的判断并不矛盾，两者不仅有着许多共通处，传统文人与画家还经常聚在一起，切磋交流，题诗作画。

说起“江南第一枝笔”唐大郎，出身嘉定书香门第，初次登上小报“舞台”，即以风流婉妙的近体诗蜚声一时。等正式成为职业报人，长年出入声色场所，将“二十世纪三四十年代上海滩上花花绿绿的都市生活，舞厅、酒楼、书场、戏院里的红尘世界，霓红灯下钗光鬓影，红氍毹上悲喜人生，以及亲朋好友、文人艺人的身边琐事”（李君维语）形诸楮墨，留下许多短章碎句式的掌故、笔记，却博得读者的长期兴趣与持续追捧。

唐大郎之父是前清秀才，一度在沪上鬻书为活。大郎本人也略通翰墨，在新闻界成名之后，常有认识或不认识的人慕名请他写字，他也一度在小报上刊布过鬻扇启事。此外，在书画家办展之前，也经常邀请大郎，于是各界友人们共聚一室，相与酬酢，彼此间结下奇特而亲密的友谊。

与邓散木、白蕉的君子之交

邓散木是海上著名书家，脾气秉性孤傲不羁，素以名字怪、行事怪而著称，却与唐大郎相交莫逆。大郎与之初识，大约在1937年初，从那年2月起，邓氏开始为

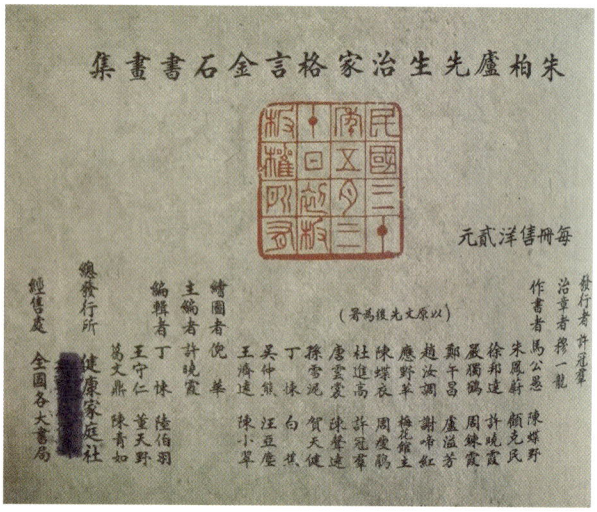

朱柏廬先生治家格言金石書畫集

民國三十年五月三十日制版 版權所有

每册售洋貳元

發行者 許冠羣
治章者 穆一龍
作書者 馬公愚 陳蝶野 朱鳳蔚 顧克民 徐邦達 許曉霞 嚴獨鶴 周鍊霞 鄭午昌 盧溢芳 趙汝調 謝啼紅 應野苹 梅花館主 陳蝶衣 周瘦鵑 杜進高 許冠羣 唐雲裳 陳蘗蓮 孫雪泥 賀天健 丁悚 白蕉 吳仲熊 汪亞塵 王濟遠 陳小翠
（以原文先後為署）
繪圖者 倪華
主編者 許曉霞
編輯者 丁悚 陸伯羽 王守仁 董天野 萬文鼎 陳青如
總發行所 健康家庭社 [redacted]
經售處 全國各大書局

图1 《朱柏庐治家格言金石书画集》版权页，1941年5月30日制版

《社会日报》供稿。3月的一天，大郎应《社会日报》主编陈灵犀之邀，与邓及其他友人一道餐聚，之后又在唐世昌（华宗）家碰面，一同聆听评弹女艺人谢小天的演奏。

> 灵犀招饮，席上遇施叔范、邓钝铁、王小摩三先生，施先生以诗鸣于时，邓先生则为当代书家，而王先生则以画名驰海内，诗书画一绝，今日乃荟萃一堂矣。三君皆豪于饮，陪席者尚有李培林、薛白雪、蔡兰言、王尘无诸兄与曹聚仁先生，然此数人，皆不能酒，予复涓滴不可沾唇，故席未终，予先辞去，应之方约会于丁家也。
>
> 自丁家而至华宗府上，则施邓王三君与培林随灵犀同至，此来转为听小天妙奏也。……
>
> （《铁报·已是狼年斋碎墨》，1937年3月15日）

一个月后的4月17日，唐大郎又在该报同一专栏写

道：

闻许多人言矣，粪翁书法甚高，颇欲乞其墨宝，特其下署为粪翁，粪字乃使人起恶心，故不欲求也。其实粪翁之下款署粪翁，犹为近年事，往者，固用钝铁之名，书画家恒厌熟人来揩油，邓君殆以粪字抵抗之，其法固妙，然虽足为揩油者惩，不能为化钱者劝，又将奈何？

这里活脱脱将邓氏的怪癖，呈现于读者眼前。但由于当时相交尚浅，贸贸然将粪翁的粪字作抵御揩油者之用，似未必是其本意。

当时钟来至1940年6月初，唐大郎在《小说日报》写其“云裳日记”，透露由于经常有人托他写扇，遂下决心“老一老面皮，订润例，丐粪翁为作”鬻扇小启。此小启骈四骊六，精彩纷呈，对大郎揄扬备至。见于6月9日《社会日报·高唐散记》：

大郎先生以绝世鬼才，挥上将神笔，喜笑怒骂，皆成文章；酱醋油盐，各随口味。断魂裙角，曾萦一笑之春；吐火山头，又皙三生之约。病到英雄，由来本色。人真名士，毕竟风流。迩者戏操斑管，遍写黄罗；铸出新型，惊倒苏黄米蔡。搬来旧作，踢开唐宋元明。诗有灵魂，尽堪激赏。书之优劣，非所短长。于是怀素楼头，不少有求之客；高唐梦里，平添无事之忙。某等交游有素，晤对生怜，爰效时流，为订润例：清风有价，箑取五元。廉士宜师，限以百把。郎不好名，藉节耕耘之力；金非谀墨，少助盐米之资。凡诸友好，咸使闻之，准此等由，须至启者，沈禹钟、白蕉、施叔范、粪翁同代订。

然而好事多磨，“卖扇之议，终不果行，枉费粪翁之一篇好文章矣”。理由是，“凡为友好，概得揩油，当世之书画名家，且不好意向朋友收钱，何况大郎，大郎岂真斤斤于阿堵物者？第以鬻书而屡受讪讽，益不复有登广告之勇”。

紧接着，又有一桩趣事。大郎的女友刘美英，一字惠明，“惠明二字，一似空门中人之法号”，乃美英自题。大郎突发奇想，称既然与她共赋同居之好，宜称“惠明上人”，便请粪翁“镌一印曰：‘惠明上人’”。但此印久等不来，遂在《小说日报·大郎俳体诗集》（1940年8月11日）里写打油诗催讨。诗曰：

曾请山人刻石头，山人许我且揩油。谁知酒后了无信，毕竟钱多容易求。风雅本来无我份，“章文”总喜为她谋。几时心血来潮际，愿破功夫一应酬。

延至9月8日，大郎终于在“云裳日记”里透露：“粪翁赏刻之‘惠明上人’一章，已由灵犀转来，既不谈润例，亦未论石价，看来都好揩油，盛意颇可感也。”事情终告圆满。

印章揩油的事，到了1949年后还有一次，也颇值一记。不过这次是替报社同事代请，大郎负责居间张罗，亦毕其全功。文章与诗写得情深意切，颇得意趣：

山人居士是当世印人的第一份，论书法亦有并代无俦之目，向来要请他刻印或作字，是非钱不与的，想不到齐甘的一篇文章，却博取了他一方篆刻，真是奇迹。但自此以后，就有许多人要我代他们向居士揩油，尤其《亦报》的同事林颂均先生（号龙儿），平日醉心居士的作品，他对我说，阿好请邓先生刻一块石头，我说，钞票呢？他说没有钞票，其意欲步齐甘之后，彰彰明甚。但我没有答应下来，其实我近来早上八点钟，倒是天天经过青岛路居士家门口的，因孩子上学，我便合坐一辆车子，把他送掉，我到报社，几次想叩门望望居士，又怕他在治艺时间，杜门谢客，因为他是有这个规矩的。

日送儿郎上学车，路经青岛过尊庐。
寻公颇想闲谈坐，谢客又愁正刻书。
竹杠者回敲得爽，人情下次碍难铺。
龙儿要我揩油去，竟说身边无钞票。

（《高唐散记·奉山人居士》，《亦报》1950年1月16日）

1954年10月25日，大郎在香港《大公报》报道邓散木近况，称这年九月底，“在毛主席当选中华人民共

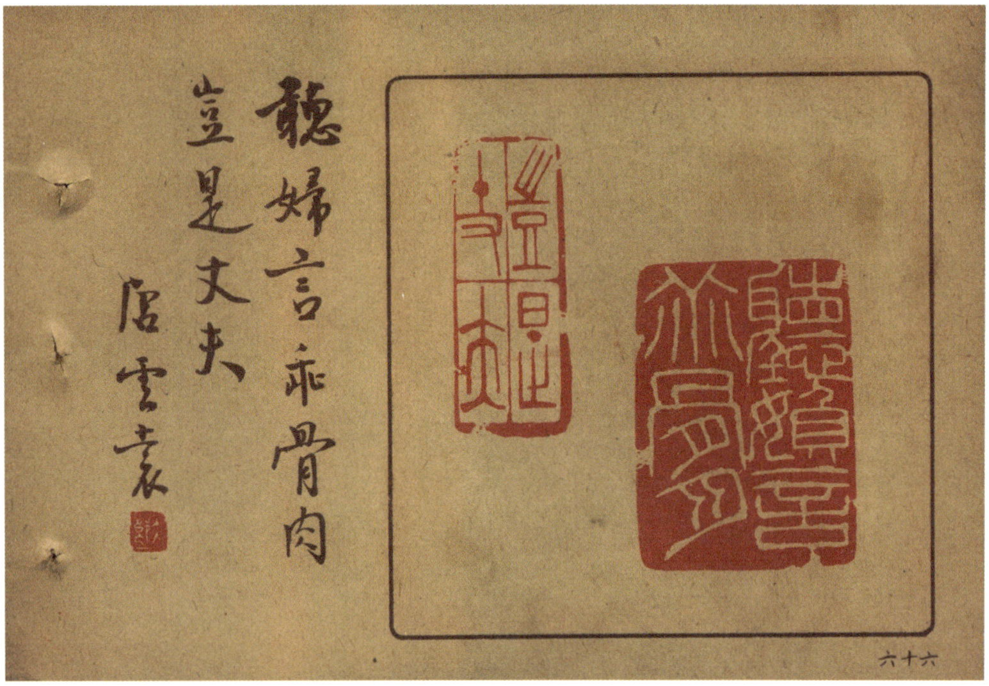

图2 唐大郎书法：听妇言，乖骨肉，岂是丈夫

和国主席的第二天，邓先生仗着一团高兴，费了一日一夜的时间，刻了两颗大印，一颗是七公分见方的，刻着‘中华人民共和国万岁’九个字；另一颗是六公分见方的，刻着‘毛主席万岁’五个字，很多人都称赏这两块石印，刻的气势雄浑，而边款上的字，也非常精纯，推为邓先生治印以来的精心杰构”。并说此两方印，已由邓先生“献与上海市文教主管机关度藏了”。

1955年邓氏赴京公干，大郎于10月6日香港《大公报》“唱江南”专栏写《散木北游》，报告此事原委：

远道书南鄙，要予访粪翁（散木旧号）。石烦重拓片，门竟出因公。九月游京国，经年返沪淞。我来余惘惘，他竟去匆匆。

有三个月没有遇见金石家散木先生了，前两天，港中的《壮游诗记》作者写信来，要我请他置拓一个石片，我便登门拜访。

张先生说（散木夫人，朋友都叫她张先生），散木于九月十七日入京，参加汉字改革工作，要十个月或者一年回来。他离沪还不到十天。

解放以后，散木这是第一次离开上海，从这里可见每一个人材，我们的政府，是会网罗无遗的。

此后，邓散木举家迁京，大郎与之远隔千里，失去随时登门访候的机会，不过相互间仍保持着鱼雁往还。如1961年底，大郎以笔名“流金”，在香港《大公报》写《邓散木的“夔言”诗》，除了报道去年散木因左腿坏疽而截肢的消息之外，更抄录其《病起》、《到家》两首“夔言诗”，表露“身体虽然残废，心志却依然健盛”的积极心态，令人肃然起敬。

1963年10月初，邓散木因病去世。23日，大郎在香港《大公报》发表《老铁杂忆》悼念亡友。文章不甚长，却笔致诙谐。如写散木曾给大郎刻肖像章：“圆面孔上，眼镜里两条眯细的眼睛，非常神妙，还题了四句诗：‘江东余子刻图章，来把圆规画大郎。似我文章顶刮刮，嗟渠相貌太堂堂。’”并称赞其诗“往往嘻嘻哈哈地纵笔即成，而读起来觉得风趣无伦”。后文还披露邓氏曾响应大郎之请，替贫寒的友人求书件的逸闻：

他在上海时，榜其所居曰“厕简楼”。在他的“写字间”的墙壁上，挂一个“三长两短斋书例”的镜框，这

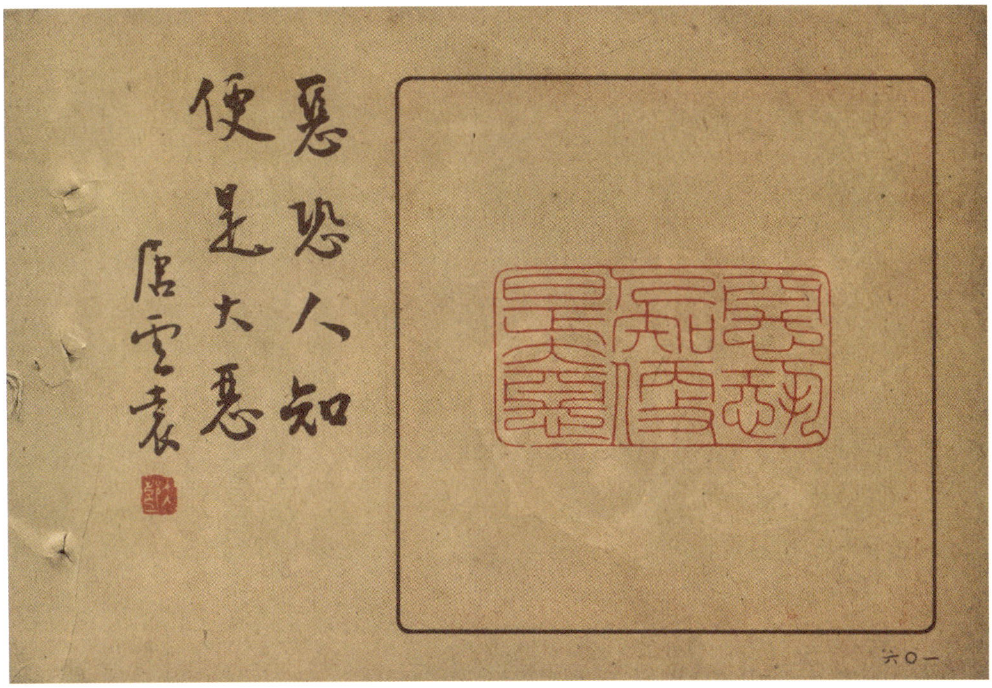

图3 唐大郎书法：恶恐人知，便是大恶

“书例”反覆说明，叫求书人不要揩油。这样看来，老铁是个斤斤计较于钱币的人了，其实不是。他还是因人而施的。有些寒俭的人，又真正爱好他的书刻，只要托个熟人去求他，他可以免费交件。我常常有这样的“生意”作成他，对他说：“老铁，写个小屏，但人家出不起你的定例，叫我讲讲斤头如何？”他会说：“讲啥斤头，呒没钞票我也写。”于是，不送钞票他也交货了。

回过头来，再说说书画家白蕉。

大郎是在1938年8月粪翁与白蕉等人在沪举办“杯水展览会”时，与后者论交的。当时展览共开五天，大郎“三次往观，最令人徘徊嗟赏，不忍离去者，厥为白蕉先生之诗扇。白蕉写扇，皆录其旧诗，书法之美，截句之佳，乃为两绝”。对于白蕉书法，则谦称：“愚书拙劣，而亦有人请执笔者，于是写自己之诗，示人曰：‘字是不好，诗则尚可诵，或不辱雅命。’今见白蕉诗扇，以例吾作，我当愧死，似我何人？能通风雅，以后慎之，不该再雅！”（《高唐散记》，《社会日报》1938年8月26日）

1939年8月9日晚，白蕉请陈灵犀邀大郎小饮。席间白蕉、邓散木与沈禹钟等人诗酒往来，相唔甚欢。12日，大郎以“唐僧”笔名在《东方日报》“怀素楼缀语”专栏，撰《云间白蕉鬻字》，实际是在替其作广告宣传：

云间白蕉先生，书法太傅右军，名重海内，论者推为当代一人，惟先生珍秘过甚，求者难得，夏间以便面应世，以来者过众，纸卷山积，先生深以为苦，交游因请重订值例，稍示限制。即日起廉润二月，仅收半费，过期照润，欲求先生法书者，勿失之交臂，收件处中汇大楼四一二号，及五马路之古香宝笺扇庄。予深嗜白蕉书法之美，当杯水展览会时，睹白蕉墨宝，辄逡巡不忍去，白蕉为人书件，多录其近诗，诗复清朗，似不食人间烟火，是则又为其他书家所勿逮。读吾报者，固不可不与白蕉先生一订翰墨之缘也。

可见两人的关系已相当熟稔。

到了1941年，大郎甚至有幸受邀，为丁悚组织的《朱柏庐治家格言金石书画集》写了“听妇言，乖骨肉，岂是丈夫”、“恶恐人知，便是大恶”的法书，白蕉也在其中题写了两页，而能与诸多海上书画名家“同台竞技”，大郎自是得意非凡（图1、图2、图3）。

此后经年，白蕉与大郎多次在饭局聚首，前者的个展消息、题画诗句、印石刻跋等等，亦频现大郎笔下。白蕉时有书联画轴相赠，彼此的友情日甚一日。

1947年春，唐大郎与白蕉、易君左、邓散木、余空我、施叔范等诸友共游嘉兴，烟雨楼前，众人联诗留影，兴致盎然。事见4月6日《高唐散记·白桃花》（图4）：

在烟雨楼前，郎静山先生为粪翁、君左、空我、白蕉、叔范及余留一影。诸君皆以能诗鸣于时，愚亦习韵语，顾不伦，然此影则殊足珍也。是日游湖上，诸君为联吟，因未置酒，故白蕉有“一湖水活春无酒”之句，粪翁对“四面花明醉不辞”嫌未妥，愚私念曰，“数载城沦艇有□”，不甚佳邪？惜不足数大雅耳。别嘉兴前，偕空我、静山、元幹诸兄及龚先生过苗圃，圃拓地甚广，距车站不过数十武，残照在天，桃树着花，远处瞭之，如霞如锦。有白桃花，视梅为腴艳，此行不及见梅花，得此亦足爽人心目。旋叔范亦至，叔范谓，闻白桃花名甚久，今始得见，因忆尘无有“白桃花下女儿坟”之句，悲此人直宜短命，少时读袁简斋诗话，记其述刘霞裳咏白桃诗云：“刘郎去后情怀减，不肯红妆直到今。”此人若生今日，必为徐讦、柳絮一派文人，因为白蕉、叔范、空我言之，在归车中，互为笑乐焉。

1949年后，大郎与白蕉的交游记录不多，偶在报端回忆旧交时，多誉其诗句意境之美，甚于书画成就。

与戈湘岚、胡也佛的交游

说起来，大郎是吃文字饭的，平日里笔耕不辍，故与邓散木、白蕉两位书法大家有较多共同语言。与此相较，他与许多画家的友情则纯来自欣赏，交流则谈不上。

1940年12月初，合众影片公司所摄电影《赛金花》在沪公映，恰逢画家戈湘岚、胡也佛将在大新画厅举办合作画展，邀大郎赴宴，恰好《赛金花》的主演英茵也来入座，遂写诗，一方面为画展预告，兼为英茵鼓吹：

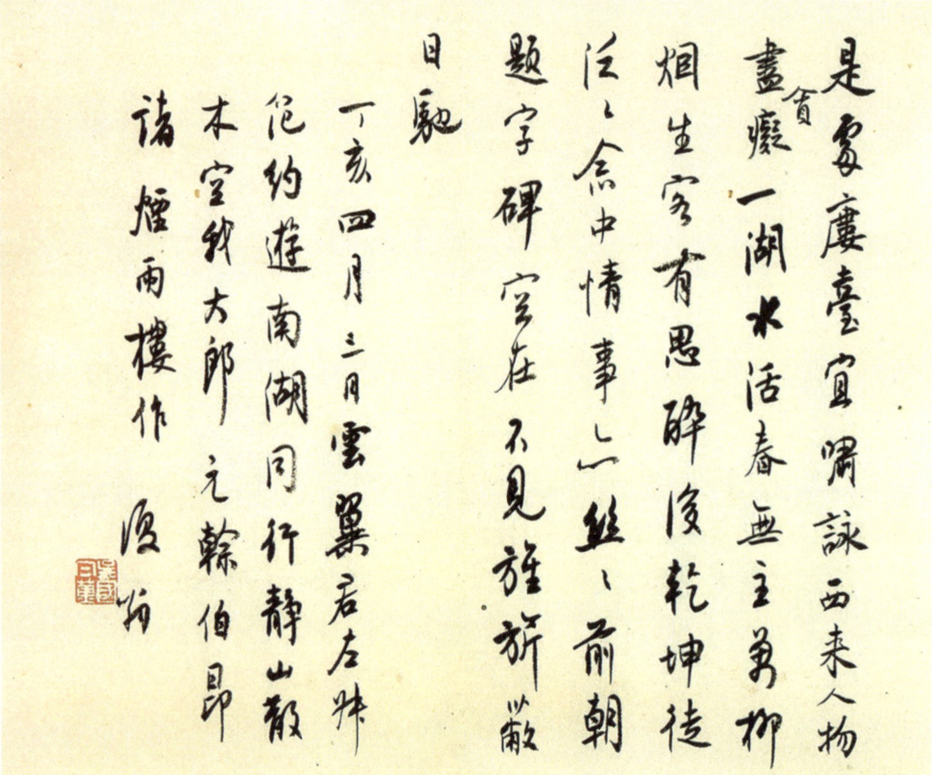

图4　1947年4月3日，白蕉南湖纪游诗稿（《海派代表书法家系列作品集：白蕉》）

“此是宣南掌故花，(成句)不须寻访到天涯。艺林诸士评量偏，绝称当年赛二爷。”(《狼虎集》，《东方日报》1940年12月8日)

此事端倪，则详记于次日的《社会日报》。大郎造语戏谑，令人莞尔：

戈湘岚、胡也佛二先生举行画展于大新画厅，期为月之十四日，盖在其石个展开幕后一日也。六日，二君招宴于丁先生府上，座中着一鬓丝，则为英茵女士是。英茵新作《赛金花》，近方公映，灯唇酒尾，忽睹斯人，使座客弥为兴奋。英茵之来，着黄呢大衣，抱一袖狗，狗为白色，毛结，亦奇洁，颇类爱好修饰之士。英茵藏之胸前，狗畏冷，以其颅贴英茵之胸弥切。及抵室中，放狗于沙发上，某漫画家，辄趋抚弄，不弄狗身，亦不抚狗尾，把玩不释特在狗颅。天衣率直，语画家以英茵怀狗之方式，而画家之所以必欲抚弄狗颅，其作用已显然可喻。画家闻言，大赧，其余人则大笑。顷之某君与英茵互尽一杯，梦云艳羡不胜，谓某君有福，乃获与赛金花同饮。愚指身旁之王引曰：“还有人同西施睏在一起的，汝对之将如何？”梦云有时，真幼稚得可怜，此人而能谈国际大势，亦前世事哉！

16日，大郎继续在《东方日报》“怀素楼缀语”专栏，为戈胡的合作画展作进一步宣传，将笔墨倾注于戈湘岚画马：

湘岚为戈公振先生介弟，与也佛并以绘画名手，驰誉当世。湘岚工作马，也佛擅写仕女，予尝识二君于慕老席上，湘岚恂恂儒雅，也佛则极寡言笑，其为艺术家之气度，两都不恶。是夕戈以其作示席上诸君，皆马也。马肥瘦不等，有肥似梦云，亦有瘦若听潮，而死活亦分，其徐行于青草岸上者，是为死马，驰骋于山岭水涯者则为活马，有人牵一马，此为拉马人，拉马人之面孔长而窄，不似西风，否则又为梦云笔下，调弄不肖之材料矣。有人站于马后，为拍马人，拍马人手脚有不可安放之苦，额汗涔涔，为状甚趣，总之戈君笔下自有妙绪，特以吾人测之，以情理之外，为趣尤永。

近顷友人嗜购书画者甚众，或谓买书画宜藏古人作品，亦有主张专搜近人手迹，以古人作品多赝鼎，近人总是真货，读者嗜近人书画者，不可不一见戈胡二君之件，盖为必传物也。

17日的《社会日报·高唐散记》则主要谈胡也佛的仕女图：

近顷胡也佛先生，陈列其作品于大新画厅，也佛尤工仕女，以前人笔法，而参以欧西新意，想像之丰，线条之美，见者叹为杰构，翼华曾往观赏，以赏鉴家收藏家之忠实口吻，亦力誉胡君作品之精，谓仕女“开相”既好，兼之肌丰腰细，上身短，下身长，无一笔不足以引人入胜。尝见一图，绘女子临风扃其扉，风大，则用力关门，门外落叶，随风势扫入户内，风逼女子衣，衣切其肌肤，厥状正似卡尔登阳台上之所见，盖女子身上高低隆陷之区亦既一览无余矣。此所以谓线条美，想像丰也。

胡戈合展，经大郎在报间大力推荐，故成绩颇佳。随后大郎亲赴胡也佛家造访，对两人的身世有了更深的了解。采访得知，“胡戈本为世界舆地社之职员，因叹今日之写字间生涯，收入且不足赡养其家，戈已去职，劝胡亦弃去，专理画业，以二君造就之高，赖此妙笔，必无虞冻馁。是夜，胡以存件见示，笔致之工细，意境之新奇，令人作观止之叹。……胡为越人，温文不擅词令，而气度自高，当世之号称书画家者，予识之已多，而未尝见躁释矜平，如也佛其人者。问其年，才三十人耳。”(《小说日报·定依阁余墨》，1941年1月11日)

大郎好友周翼华是戏馆经理，平时喜爱收藏书画。某日，他想托大郎找四位名家曹涵美、胡也佛、吴一舸、董天野合作画仕女图。其中也佛的画最先画好，大郎记之以诗：“柔条无力系纤腰，若有郎君隔水招；今日得来君一画，此生不复想藏娇。”(《海报》1942年6月18日)此可视为大郎与胡也佛因缘的后续。

至于戈湘岚，则要再过二十多年，才在香港《大公报》再次见到大郎的诗文。此即《海上拾句·悼戈湘岚》，语气颇显寂寥：

楮间江鸟罢飞鸣，戈马还休纸上腾。似我无知真可惜，嗟渠能活恐难承！秋高草长天容远，畜盛膘肥笔意清。地下悠悠应息恨，层楼在望况曾登。

今年四月，以绘马出名的国画家戈湘岚，病逝沪上。距花鸟画家江寒汀之丧，正巧一年。

三十年前，我已见湘岚作画，他的画比较工细，那些画上的马，只只都很漂亮、潇洒。这样的风格，我一向不太欢喜，但那时候已经有人誉之为戈活马了。

近年来，看到湘岚的画，往往有所转变：有些都以草原为背景，气势便来得壮阔；而他还不单画马，也画牛羊，描绘我们的农业生产，所以他的作品也就有了生活气息。

他卧病以前的最后一幅是为上海豫园画的。死后，他的家人把它送来给我看，对兹遗卷，缅怀亡友，久久怃然！

（刊于1964年4月29日）

与唐云友谊长久

杭人唐云的大名，在大郎笔下，最早见于1938年8月《东方日报》大郎以笔名“某甲”所撰专栏“随笔”，即与白蕉、粪翁等十多人合作发起举办的“杯水展览会”。但似乎直至1940年5、6月时，大郎才又在报端，记“钱塘画家唐云先生，兼工书，客岁，为其三十初度，尝邀余饭其寓邸，是日来宾近百人，而半为当世之书画名家”。话说至此，随即引出唐云、朱屺瞻、钱铸九等多人在6月11日至20日所举办的书画合展。12日下午，大郎前往观展，对“朱钱合作之雁荡竹涧”巨幅图卷印象深刻，“为之徘徊不忍去”。而对于唐云的画作，则着意于某画题句：“此老行藏何太迂？不甘朝市钓江湖。江湖今亦征渔税，幻个渔舟入画图。”称它“殆亦亡友尘无诗所谓‘若非湖亦税，我欲老于蓑’之遗意也”。至于其画，则称其“落笔如春云浮空，苍浑灵秀之气，有非工力之所可冀，性好古，而不拘泥于古，盖得天独胜者也”。虽高看一眼，却出自别人之口，颇露不敢造次之意。

1940年8月4日，《社会日报》所刊“高唐散记”则将唐云与白蕉、粪翁排在一处，称其为极熟朋友，文章写得峥嵘尽显：

愚之不嗜风雅，既如昨日所言，故不要求名家书画，此是原因，更有一重关系，我脾气太坏，要我自己买纸买扇页去求人墨宝，最不高兴，若空口说白话，对书家或画家云：“某兄，你替我写一点画一点来。”则书画家究非吾过房儿子，绝无此种“承欢”义务。既为情理所无，而我又不肯自己购置，于是有时虽欲搜罗一些，因此而废止矣。今年，白蕉、粪翁二先生，各见贻一扇，俱系赠送扇面者，唐云先生又绘一横幅，托灵犀转赐，亦连纸送来。此是极熟朋友，有此交情，当然例外。假使我今要毫无交谊之冯超然、吴湖帆他们，画点东西送我，而不化一钱，不费一纸，必将挨一顿臭骂无疑矣！

一年多后的1942年初，唐云又在沪办画展，大郎于《东方日报》“怀素楼缀语”栏，盛赞唐云，并援引内行人桑弧的话，为唐云的画事作出点评：

近人以画著称者，杭人唐云先生为予最服膺之一人，唐故世家子，不以售画为糊口之谋，顾孳孳矻矻于此道者终年不倦，其造诣益深，年才逾三十，而其所造，已足使艺苑中人敛手。予恒时与唐过从不密，偶见之，则一管在手，为人挥洒，余时，好纵饮，量奇宏，然多饮而不多言，尤不自矜其艺，气度之好，使人望之肃然也。战后，唐栖迟沪上，曾举行画展，观赏者无不争相购置，其画之为内外行一致推重，盖可知矣。昨日桑弧来告，谓唐于十六日起复欲假大新画厅举行个展五日，出品甚繁。桑弧之于书画，比予较为内行，其为予言关于唐云画事者，兹节录于下，聊代其此次出品作一介绍可也，其下为桑弧之言：

唐云于国画各种品类，无所不能，无所不擅，于山水派别，更无所不能，无所不精，其画鱼也，能得鱼之顾盼姿态，喜乐神情跃然纸上，且其点缀水草蝌蚪，饶有天趣，顾当代国画家，实无第二手，此次有枇杷一页，用笔用墨，元气淋漓，满纸甜秾之韵，使观者能动食指，有此笔墨功力，故有此感人之作。唐为一潇洒绝俗之画人，极擅画佛，每有所作，庄严宏伟，使人思宗教之思，盖其得力于老莲者甚多，画展中所作，多茹素虔愿而写，佛教徒定多欢喜辇归礼拜也。

（刊于1942年1月16日）

1944年，原本在舞场唱歌的张兰苓女士，潜心绘画，经女画家庞左玉介绍，拜唐云为师，于4月22日由周翼华“设宴于锦江，邀唐与兰为第一面”，那天宾客甚众，唐大郎在场作了见证。29日下午二时，正式拜入唐门，并在吉祥寺举行拜师礼。“是日燃香烛于大厅之左，唐云上立，兰苓拜于下，愚持门生帖子恭递唐云。唐云受，礼乃成。”5月1日下午，唐大郎亲自送张兰苓（文中陵令，又作令陵，为其学名）至唐云居所，几天后向读者传递当日消息：

……唐氏画室，位于忆定盘路之绿野新村，万张榆叶，一树紫藤，此即杭人唐云之居矣。其画室在三楼，南向，光线极充足。陵令以习字呈唐云，笔致遒而秀，用以作画自可造也。陵令请曰：愿先生使我从花卉入手，后及翎毛，以两者为受业性之所近。唐氏然之，遂伸素纸，调诸色，为陵令作萱花一，紫藤花一，于用笔之技，匀颜之窍，阐谈甚清，陵令则倾心接耳，领悟亦多。唐氏又曰：作画必通物理，譬如萱花，其花须凡六茎，若增减其一，往往为高明所笑。花卉然，鸟兽亦然，尝见有人写马，马方长驰，其左边二前后蹄皆凌空，而右边之前后蹄则着地，或笑曰：是马必颠且踬矣，顾不知马之行步，固似此方式也。愚私念曰：善骋之马，厥蹄往往仰天，顾此意甚亵，愚不敢告唐云，亦不敢为唐云之女弟闻焉！

坐唐云画室中，历两小时，始辞去，出门，陵令喜曰：唐氏真贤师，异日之所贶我者必多，则想见其依依绛帐之乐矣。

（《海报》1944年5月4日）

再过几日，大郎等人还在翼楼为女作家潘柳黛庆祝生日，那天唐云带着多位女弟子一起出席，大郎从而认识了其另一位女弟子朱尔贞，以后也时常在文中提及，也成就了一段佳话。

建国后，大郎与唐云还时有餐聚。至1961年9月3日，《新民晚报》刊出大郎的两首七言绝句，题为《唐云以笔二枝、砚一方见赠，作小诗奉谢》：“山水浑茫不敢近，暮年颇想学瓜茄。分明传世任家物，若与高唐总是奢。”“不须钱买石头坚，分取唐家一片田。从此晨兴无个事，与君随意寄诗笺。”此事又于一个月后转载于香港《大公报》，诗后多了一段注：“迩来，时晤画家唐云先生。有一次，在唐先生家里，他忽然劝我学书。我说，我连毛笔字也有二十年没有写了，到如今，家中毛笔不留一枝，砚石不剩一方，哪能学书？于是他从家藏的许多端砚中取出一块，又羊毫二枝，叫我带回去先练起字来。”

1964年9月底，香港《大公报》还有《唱江南·寄怀林风眠唐云景德镇一首》：

良喜诸君意兴粗，盛时新事映绘图；林家画笔唐家字，健饮何人笑老奴？

前两天有人托我代求唐云作画，当我赶到唐家，唐云却已离沪多日，往江西景德镇去了。

同去的还有林风眠、王个簃、朱屺瞻，他们都是画家。原来江西派了专人邀请他们到瓷都去盘桓一个时期，给景德镇的瓷器，作一些新国画：要反映社会主义时代新事物的图画。

这消息听得我真高兴。我在上海的画家中，是有些偏爱林唐二家的作品的。将来景德镇的瓷器上，有了他们的书画，我一定会收购齐全。饭碗上有他们的书画（唐云的书法，极为人称许），我会饭量激增；酒坛上有他们的作品，我虽不能饮，也会浮一大白的。

总之，两人的友谊一直在延续。甚至当大郎故世后，家里人亦请唐云题其墓碑，大书“诗人唐大郎云旌之墓”。可谓善始善终。

与赵丹、蒋天流相知

这里，还想特别介绍唐大郎与电影界两位书画能手赵丹与蒋天流的书画缘。

1961年3月3日，大郎在香港《大公报》撰《交游集·赵丹》，表明赵丹擅长国画：

阿丹银事最丰隆，向晚招牌特地红；革命歌声传聂耳，反侵业绩看文忠；带髭鲁迅形容似，矢志王郎气概雄；闲日调脂拈彩管，浓山郁水拟宾虹。

近年来，赵丹演的《林则徐》、《聂耳》等影片，轰动国内外。

一二月前，我在文化俱乐部的酒柜旁边，后面来了一个人，挤了我一挤，我回头看时，先怔了一下，再一认是赵丹！问他怎么留起胡髭来了？他说，你再看看，我像谁吧？我这才记起他正在拍《鲁迅传》里鲁迅咧，于是说，不化装，已经有点像了。

这一天，他端了一大杯啤酒，在观赏贺天健的富春山水的巨幅壁画。我因此问他，近来也画画吗？他说，有空就画。在我们的影人中，很少擅长国画的人，而赵丹却称能手。他喜欢写山水，对近代画家，黄宾虹是他钦服的一个。

当年12月2日，还有《唱江南·赵丹的“小型画展”》，进一步介绍：

绩裴锦里贮云烟，郁水浓山一卷连；莫谓涂鸦游戏耳，曾抛心力卅多年。

或借征程些许间，富春写后写黄山；我来袖得天都去，一袖还争七里滩。

画家张正宇来上海，住十三层楼（锦江饭店）。十一月中旬，我去看他，只见一房间挂的都是赵丹写的国画。数了一下，有三四十件，好像正宇在替赵丹开个人画展。

原来正宇非常激赏赵丹的作画才能。因为我是外行，他为我夸说了赵丹画事的工力和神韵。而此中精品，即是一副二三十尺临摹古代名家的山水长卷。

后来赵丹也来了，告诉我他的学画比从事影业还要早一些，因为爱好这一艺术，三十多年来，始终没有停止修练，即使在拍外景地时候，也要抽出工夫来，为祖国的锦绣山河，打下画幅。

这一天，赵丹送了我一张黄山从文殊院望天都峰的册页，我临走时又要了他一张富春江，这是那一年他拍《李时珍》过七里滩时写下来的。

次年2月16日，在《交游集·黄宗英》里则撰写一首七言律诗：“听歌每共阿丹临，各以襟怀惜后生；‘黄线’已殊曩日细，银丝偶染一颈青（宗英已有白发）；展颜犹泌如饧味（向有“甜姐儿”之称），下笔还多似沸情；真是文章推快手，云梯百尺顷完成。”诗注里提及：“赵丹在除夕夜间，为周信芳先生登台六十年纪念画了一幅祝画，题为‘百尺云梯’，现在她要替这幅画配一篇文章，写好了要我看一看。又说，文章当夜就好动手，叫我明天派人去取。第二天一早，果然就读到了她的文章，好一篇热情满纸的散文；不由得使我惊叹，宗英真是才女！”

上述三事，可充分窥见中国内地最当红男演员的闲情逸致。

女演员蒋天流老家在太仓，与大郎算是半个老乡。她除了演技一流，平时还书画兼擅。如《唱江南·天流书画》写道：

绝润毫端玉不如，定知绘事亦清疏；今年不向人求画，除是天流为我涂。

天流画与刘郎题，尽笔诗情或可齐；更待三年双管并，刘郎诗笔必然低。

上海电影界中，赵丹能画，蒋天流能书，都是人所共知的了。天流写的字，无论端楷行书，都温润一如其人。从去年起，她又去学画。

大约在去年秋天，天流约了秦怡、桑弧、吴茵、徐苏灵、齐闻韶等七八个人，请了国画院的画师张大壮，给她们教画。老师悉心教授，学生兴致甚高，秦怡更学得孜孜不倦，有一回她进了医院，一天想起教画之日，特地向医生请假，出来上课。

听同学们告诉我，几个月下来，蒋天流的收获最大，已能独自运笔，老师甚至称赞她若有“夙慧”。前天，我在电话里向她索画，她开始不肯，我一定要，她才说，你几时有空，到我家里来挑挑看吧。

（香港《大公报》1963年2月4日）

又如《闲居集·闻蒋天流伤腕，予往问疾》，除了透露蒋女士的近况，也谈到其师承：

重照银灯第一朝，骨伤右腕未伤腰；我来喜见伤痕减，君已能将画笔调；何不拥衾图寿永㈠，自甘伏枥亦人豪；回头与说《钗头凤》㈡，喜上眉尖又眼梢。

蒋天流退休已多年。今年夏天，电影厂忽然邀她重新拍戏，不料第一天就在摄影场上被人撞跌一交，以致右腕折骨。

我已一年多没去看望她了。她受伤的消息，听到得也很迟了。八月底，才特地往上海花园别墅望病。则不但伤已痊复，她又在重理画笔，满屋子挂满了她的画稿。上海的电影演员中，大家知道赵丹能画，而天流对此，更苦下功夫。她从岭南画家黄幻吾学画竹，画花卉，从无锡唐湘玲学山水、学仕女。两位老师都称赞她的进步甚快。

㈠出越剧《盘夫》唱词：“我还是收拾衾枕自保养。”

㈡《钗头凤》话剧，三十多年前天流演唐凤仙一角而红极一时。剧系故朱端钧先生导演。

（香港《大公报》1979年9月18日）

揆诸唐大郎的诗文作品，他所结交的书画名家还有很多，如丁悚丁聪父子、马公愚马碧篁兄妹、叶浅予、江寒汀、黄苗子郁风夫妇、黄永玉……大郎与之关系也很密切，尤其同丁氏父子几乎就和亲戚没什么两样。其他如齐白石、于非闇、沈尹默、林风眠等人的作品，大郎都是欣赏的。与齐、沈两位，还有过一面之缘。总算福分不浅。

由于工作关系，大郎还结识了众多漫画家，如与乐小英、江栋良、董天野是同事，与丰子恺是合作伙伴，与胡考、张光宇正宇兄弟、张乐平等人也是多年的老朋友。

至于唐大郎为何能与这些性格各异的人打成一片呢？除了艺术有共通性，艺术家互相有着天然的亲和力，再说大郎的职业是报纸编辑，与书画家是平等互利关系，此外，还因为大郎的为人是所谓“水晶肚皮”，即心无芥蒂，善与人推心置腹，故能广交朋友，相伴长久。

唐大郎与文华影业公司

——一些新近发现的照片释读

张 伟

收藏家刘钢前几年从某书商处收集到电影名导演桑弧的一批遗物，其中有几卷135胶卷，被刘钢用底片扫描仪还原了出来，内容丰富，从未公布过，承刘钢兄美意，让我先饱眼福，从容鉴赏。我知道桑弧和唐大郎关系默契，其友谊非一般朋友可比，因此，在看这批照片之前，就隐隐约有一种感觉，里面一定会有唐大郎的身影。等拿到照片，果不其然，欣喜万分，照片中果然有唐大郎，而且居然有好几张，并牵涉众多名人，其内容之精彩，远超我的预期。定下心来细细观赏，收获良多，现谨借《藹云》，就这批照片中唐大郎及其相关部分略述一二，以求教于大家。

一

唐大郎的这些照片——当然，如果准确地描述，应该是底片，都出自桑弧的遗物，但又都和文华影业公司有着千丝万缕的关系，故有必要先介绍一下"文华"。1945年8月日本宣布投降，上海的沦陷区历史也随之宣告结束，当月，国民政府即准备接收上海各业，其中包括电影界，并为之成立了上海电影事业接管委员会，成员由各方人员组成，抗战期间留驻上海的费穆即为委员之一。随后的几个月，是各方势力激烈角斗的时间，纷繁复杂，一言难尽。至1946年春，各方暂时安定，纷纷开始组建公司，准备拍片。其中影响比较大的，有阳翰笙、蔡楚生、史东山等于1946年6月组建的联华影艺社（1947年6月与昆仑影业公司合并），柳中亮、柳中浩兄弟于1946年7月组建的国泰影业公司，等等。而"文华"，也是当时上海影坛不可忽视的一股力量。程季华、李少白、邢祖文编著的《中国电影发展史》是这样介绍"文华"的：

> 这一时期的民营公司，除"昆仑"外，规模较大的还有文华影业公司。"文华"的创办人是吴性栽，他在战前办过"大中华百合"，与罗明佑合作经营过"联华"，"孤岛"时期又创办过"合众""春明"等公司。抗战胜利后，罗明佑曾要求与吴性栽再度合作，恢复联华公司，被吴性栽拒绝。1946年8月底，吴性栽在与人合资组织徐家汇摄影场的同时，又创办了基本上由他独资经营的文华影业公司，并于1947年2月开始进行制片。[1]

如上所述，文华影业公司的老板是酷爱电影的海上巨商吴性栽，而在第一线负责实际工作的则是厂长陆洁。在电影界，陆洁的资历比吴性栽更老，他是中国电影的第一代编剧和导演，中国的第一部长故事片《阎瑞生》和中国的第一本电影期刊《影戏杂志》，陆洁都是重要的参与者，时间是1921年。他还留下了一部《陆洁日记》，偏长记事而少于议论，更是影坛珍贵难得的文献和文物。如果说，陆洁是"文华"的行政负责人，那么，桑弧就是"文华"业务的主要沟通者，大凡编剧、导演、演员等公司主要业务人员的邀请和洽谈，大都由他出面办理，公司章程的修改定稿等重要工作，桑弧也是重要的参与者，1947年底，他还和龚之方一起，被吴性栽任命为"文华"副经理，桑弧负责拍片，龚之方负责制片。而唐大郎恰恰和吴性栽、陆洁、桑弧、龚之方等"文华"要人都是好朋友，来往密切，一次，他和佐临、

1　程季华、李少白、邢祖文编著：《中国电影发展史》（初稿）第2卷，中国电影出版社，1963年。

我的虛榮心

高唐

文華公司的編導陳容，如鋼似鐵，言是公認的事實，用不著我來替他們誇張，如黃佐臨，曹禺，桑弧，在戲劇上的造就，都是超然絕詣。中國的電影戲劇，目下已由幼稚時期到了健盛時期，他們都是功臣。他們以外，還有一個金山，最近我們看了「松花江上」的氣象萬千，我不能不欽服我的老朋友，十年來的努力，眞有兩下子。昨天是我愉快的一天，我同他們在一起吃飯，他們都同我很好，桑弧平時和我們常在一起，與佐臨認識亦已多年，惟有曹禺相交不過一載，但他們對我的瞭解卻是一樣的。我是因爲崇拜他們，由崇拜而生敬愛之誠，每次和他們在一起的時候，我會有一種「虛榮心」，覺得我也是第一流的人物。我所歡喜的朋友，他們的氣質都是不壞的，一個人氣質好了，心術必無問題。以前我總以爲凡在文學上或藝術上，具有超然絕詣的人，一定有美好氣質的，但是根據了近年的閱歷，我的想法不成立了！因爲「不可以其人而廢其藝廢其言」的人，眞的滔滔皆是！因此我更加喜歡我還幾位朋友，他們都是造就既高，人又太好。

高唐散記

图1　高唐《我的虚荣心》，刊1948年2月2日《铁报》

曹禺、桑弧等几位“文华”的朋友吃饭，吃得开心，谈得更愉快，回来他写了一篇短文记叙自己的心情，开头就是“昨天是我愉快的一天。……我是因为崇拜他们，由崇拜而生敬爱之诚，每次和他们在一起的时候，我会有一种‘虚荣心’，觉得我也是第一流的人物”[2]（图1）。所以，唐大郎的身影会在桑弧所拍这批和“文华”有关的活动照中出现，自是情理中事。

先叙唐大郎1947年10月在魏家花园里所摄的几张相关照片。这批照片放在一个底片袋里，袋上有桑弧标记的说明：魏家花园。那么，为何说这些照片摄于1947年10月呢？笔者查《陆洁日记》，发现有如下线索：“1947年10月20日，下午性假魏家花园举游园会，招待文华同人并同业友人。”[3]吴性栽经常举行这样的游园活动，有时甚至组团到外地游览，如此一来有助凝聚团队人心，二来也借此表示老板对员工辛苦的慰劳。而这批照片是否拍摄于1947年10月20日的魏家花园呢？很巧，在魏家花园的底片袋里还有一张张爱玲的照片（关于这张照片笔者有另文介绍），而唐大郎当年恰巧在专栏文章中写到了自己和张爱玲在魏家花园的谈话：

在停云主人的花园里，我同四贞她们去游览一周。……这花园是好的，就是水不好。后来我回到草坪上，看见张爱玲小姐，我同她谈起了这里的风景，我说：我怀念九龙的青山道上，一所犹太的别墅，前面是高山，后面是万顷波涛，其实这别墅也筑在山岩上的，岩石上牵藤附蔓，夹杂一丛丛的花朵，在临风招展，这一块地方，真耐人久坐。游香港的人，喜欢浅水湾，我是讲究清旷之美，要以青山湾一带为最。张小姐在香港耽了两年，这地方似乎没有见过，我又对她说：我今年一定要到一趟香港，是受了张小姐笔下的影响。[4]

唐大郎是1947年10月24日发表这篇文章的，时间和这次游园活动正好能对应起来；而且张爱玲一般并不参加这种游园活动，吴性栽知道她的脾气，举办活动也从不叫她，这次是难得的一次，据说也是桑弧介绍她与一位朋友认识，张爱玲才愿意出席。

1947年10月20日下午在魏家花园举行的游园会，是“文华”高层招待公司同人并相关朋友的活动，参加的人并不少，除了吴性栽、陆洁、桑弧、黄佐临、柯灵、龚之方、张爱玲等一批“文华”旧人外，还有曹禺、丁聪等后加入“文华”的新人，也有和“文华”关系密切的同业友人，而唐大郎和“文华”的关系尤其特殊。他和吴性栽很熟，对吴的经历如数家珍：

我同吴性栽先生是十五年以上的老朋友，他是上海的颜料商人，但喜欢弄电影，办京戏馆。电影事业他在大中华百合公司时候，已经开始，后来由联华公司的复身华安公司，乃至抗战以后的合众公司，都是他办理的，但他永远做幕后英雄，从来不出面。[5]

他和桑弧惺惺相惜，互相欣赏，关系非同一般，同业朋友把他和桑弧以及胡梯维，称作“三剑客”，他自

2　高唐：《我的虚荣心》，刊1948年2月2日《铁报》。

3　《陆洁日记》油印本，中国电影资料馆藏。

4　高唐：《高唐散记·张爱玲写香港》，刊1947年10月24日《铁报》。

5　刘郎：《定依阁随笔·天厂居士》，刊1947年10月8日《诚报》。

图2　1947年10月20日，唐大郎和李玉茹于上海魏家花园，曹禺摄

图3　1947年10月20日，黄佐临和曹禺于上海魏家花园

己则在报上撰文，明确写道："桑弧先生，是我最要好的朋友。"[6]唐大郎和龚之方，更是人称"孟不离焦，焦不离孟"的一对铁搭档，两人多年合作办报办刊，一个在前台辛劳奔走，一个专心驻扎后台，配合堪称默契。还有一点值得一说，在吴性栽发起的"文华"历次游园、交游等活动中，唐大郎都是积极参与者，甚至，他还在"文华"的好几部影片中参演露过面，当然都是群众角色。有此因缘，唐大郎出现在魏家花园此次游园活动中就毫不奇怪了。唐大郎为人处世坦荡真诚，毫无心机，有他在场，几乎不会冷场。那天，唐大郎在魏家花园也颇为活跃，除了和张爱玲交谈，并写下《张爱玲写香港》一文在报端发表外，他还和一位戏曲名家有所交流，并且涉及另一位文坛大家。1947年10月25日，距《张爱玲写香港》发表仅隔一天，唐大郎在报上又发表了一篇记载魏家花园活动的文章《题"我俩"的合影》，并将那幅合影制版刊登了出来。这"我俩"指的是唐大郎和京剧名家李玉茹，此外，说是文章，其实是两首诗，诗后并有小注。现照录如下：

先将名分说端详，未结深盟未过房。
她是京朝名旦角，我为才子出洋场。
照从所拍万家宝，档却硬拼唐大郎。
直也看来横也看，看来总不像鸳鸯。

从来名士悦倾城，一拍居然即合成。
多喜有缘头可碰，初无遐想腿能擎。
且看画里男和女，聊作人间我与卿。
为告追求她的道：看完吃醋是"钟生"。

有一天我同李玉茹小姐，在花园里碰着，这一张"小照"，是剧作家万家宝先生（曹禺）替我俩拍的，因为拍照的人是当世艺坛第一流人物，而又是难得拍照的，这照片便值得宝贵了。我高起兴来，题上两首诗，却是平平淡淡地写来，只有末脚两个字，想给读者解释一下，"钟生"者，上海人骂人为畜生之意也。并不是骂伊拉阿伯是钟雪琴。[7]

1979年，69岁的曹禺和56岁的李玉茹结婚，很多人感到奇怪，不知道他们是什么时候相识相爱的。其实，曹、李两位早在30多年前就已有很深的感情交往了，确切地说，他们相识相爱，就始于魏家花园这次游园活动的1947年。李玉茹在一篇文章中曾写道：

我初识曹禺，是在1947年春天。他当时正在构思一部以女演员为主角的剧本，常找我谈心，他的呆气让我觉

6　云郎：《桑弧》，刊1947年8月21日《光报》。
7　高唐：《题"我俩"的合影》，刊1947年10月25日《铁报》。

得他是个可信赖的朋友，他细致的感情又使他像个兄长与老师。我了解他被婚姻困扰着，很同情他的两难处境。曹禺来看我，一个穷读书人，并不受到我母亲的欢迎，我们只好另觅地方谈心。每逢这种时候，曹禺必得在我愚园路的公寓下边等我很久，我才能背着母亲出来。他那时总是骑一辆很破的旧脚踏车，带我到兆丰公园（按：今天的中山公园）去。我们互相爱慕，但也都知道，由于各种原因，这是不可能的事。[8]

很显然，1947年春天，刚从美国回来不久的曹禺和李玉茹因缘相识，很快就进入互相爱慕的热恋阶段。当时，曹禺住在黄佐临家里，并已由佐临推荐加入了“文华”，担任编剧兼导演；“文华”方面也已经决定开拍曹禺编导的影片《艳阳天》，剧本是1947年11月15日交稿的。12月31日，《艳阳天》正式开拍，这也是曹禺从事电影创作的首次尝试。这年秋天的10月20日，曹禺带李玉茹去魏家花园参加文华影业公司的游园活动，颇有携眷游园的味道。但当时曹禺毕竟尚有婚约在身，不便放肆，所以看见李玉茹和唐大郎在谈天，便怂恿两人就此留影，并且亲自充当摄影师，为他们拍下了这张合影（图2）。估计曹禺是借桑弧的相机拍摄的，故这张合影照就留在了桑弧的相机里。巧的是，他为唐大郎和李玉茹拍了照，而桑弧也为他拍了照，而且也是一张合影，是曹禺和黄佐临的合影（图3）。就在这一刹那间，几个领域的大师名家定格在小小的胶片上，留下了令人难忘的身影和故事。必须补充一句的是，1948年4月，李玉茹为“文华”的子公司华艺影片公司主演了一部彩色舞台艺术短片《小放牛》，由费穆导演。李玉茹也可以说是“文华”人了。

顺便值得一提的是，魏家花园的主人是上海房地产巨商魏廷荣，此人字停云，故魏家花园亦称停云阁。魏廷荣曾留学法国，精通法语，是天主教徒，在徐家汇一带拥有大量地产，他也是法租界公董局华董兼法租界华人商团司令，权势颇大，故魏家花园在当时名气很响，但只对亲朋好友开放。如1942年中日12名围棋名家，包括吴清源、顾水如、王幼宸、濑越宪作、桥本宇太郎等举行的规模盛大的联棋比赛，就在魏家花园举行；再如1943年，上海社会名流20人，包括著名画家郑午昌、吴湖帆，京剧大师梅兰芳、周信芳，工商巨子李祖夔等，发起成立“甲午同庚千龄会”（20人均生于光绪甲午年，加起来年龄正好一千岁），以庆寿为名，坚定抗战信念，誓不屈从日伪。这个民间爱国社团由于名家云集，在当时影响很大，其成立仪式也是在魏家花园举行的。魏家花园今早已不存，其所在地，据说在今肇嘉浜路、东安路口一带。

二

在桑弧的遗物中，还有一幅照片更引人瞩目（图4），人物众多，星光熠熠，且都和“文华”有着密切的关系，颇具文献价值。这张照片也放在一个底片袋里，袋上有桑弧亲笔写的标注：“36年十月，苏州”（图5），说明照片是1947年10月在苏州所摄。照片上有唐大郎现身，唐大郎排日在报上写专栏，很多活动都可以在他的文章中找到线索。我和友人正编《唐大郎文集》，基本把他的文章搜罗齐全了，有此便利条件，自然应该先查一下。果然，一索即得，而且有两篇，分别刊登于1947年10月29日的《诚报》和30日的《铁报》，先录为证，其一：

余游灵岩既毕，返车止于木渎，进食于石家饭店，乃无一肴不美，于是大快朵颐，鲍肺果然一绝，郑安娜女士语人，有生以来，乃未吃着过这样好的汤也。[9]

其二：

前两天去游灵岩，汽车出胥门东发，望见了胥江。……这一次汽车直放灵岩，连天平都没有去，邓尉更不是时候，从灵岩就回到虎邱的。这两个地方，都没有叫

8　李玉茹：《我和曹禺为何如此相爱》，刊2008年7月22日《东方早报》。

9　刘郎：《定依阁随笔·木渎镇上》，刊1947年10月29日《诚报》。

图4　1947年10月在苏州，唐大郎和文艺界人士合影

我失望，灵岩有一点像虞山，而虎邱的幽邃，更有些像杭州的烟霞洞。所讨厌的，名胜地方，讲故事的人太多，自有许多游人，欢喜听他们的一派胡言。[10]

按照唐大郎的习惯，记事一般都是事过后三五日才写文发表，故如果没有意外，“文华”安排的这次苏州之行，时间应该是1947年10月25日左右。还有一个证据，唐大郎在《木渎镇上》一文中写到了郑安娜，此人也恰在这张照片中留下了身影。

再回到照片本身，这是一帧11人的合影，其中大部分人可以辨认：第一排叼烟斗者为金山，二排左二、左三为郑安娜、冯亦代夫妇，左四为漫画家丁聪，三排左一即唐大郎，左二为张瑞芳，左三是龚之方，四排左一为魏绍昌，左二是张骏祥。照片中比较显眼的是金山、张瑞芳的出现，他们两人1944年在重庆结婚，当时都已经是中共党员了。抗战胜利后他们奉命去东北接收满映并组建长春电影制片厂。1947年，金山编导拍摄了反映东北抗战的《松花江上》，由张瑞芳、王人路等主演。当年10月，金山和张瑞芳正是带了《松花江上》的拷贝来到上海宣传的。这次苏州之行，应该是“文华”对远道而来的客人的殷勤招待。产生于黑土地上的雄浑风格，和当时上海影片的细腻秀丽确有很大差异，《松花江上》在上海一炮打响，反响奇佳，各路舆论对金山、张瑞芳也赞誉有加。唐大郎撰有一文颇具代表性：

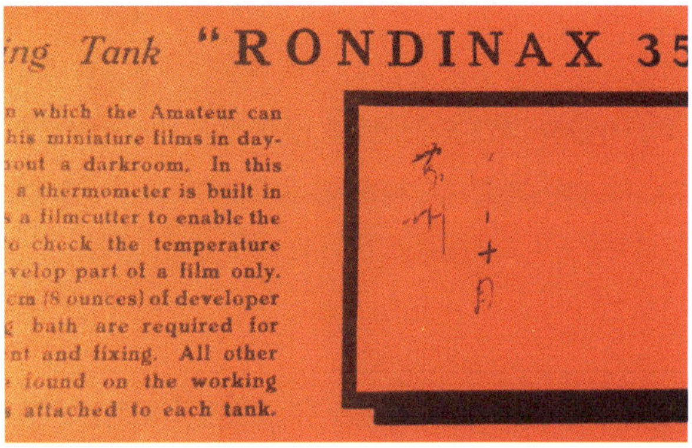

图5　桑弧题写标注的底片袋

在沪光看《松花江上》试片，壮丽不可名状，导演手

10　刘郎：《定依阁随笔·木渎镇上》，刊1947年10月29日《诚报》。

法，处处见得井然不紊，乃知吾友金山，近年来之进步，其造就正复惊人也。[11]

《松花江上》的那场试映吴性栽也看了，他同样赞叹不已，甚至想买断该片，为此他和金山讨论了好几次。虽然这个计划最后因故搁了浅，但随即在1948年春，“文华”和金山合作成立了清华影片公司，由吴性栽出资，金山负责运营，拍摄了《大团圆》、《群魔》两部影片。虽然，关于清华影片公司成立及其运营的真实内幕在学术界颇有争议，但公司毕竟成立了，也有影片出产；故就“文华”和金山的合作来说，最大的疑问还是影片《金锁记》的夭折事件。

张爱玲编剧、桑弧导演的《不了情》和《太太万岁》在1947年的大获成功，让吴性栽等“文华”高层对“张桑档”的合作充满了期望，今天已经很难说是谁最早动议让他们再次合作的，或者说，是谁建议这次改编《金锁记》，并由张瑞芳来主演的。但从媒体报道来看，1948年的年初，张瑞芳就已经将主演《金锁记》这件事传开了，当时影响最大的影刊《青青电影》直接以《张瑞芳为“文华”客串主演〈金锁记〉》为标题来报道此事：

桑弧是“文华”的基本导演，他在《太太万岁》后，又将与张爱玲三度合作，以张爱玲的成名作《金锁记》搬上银幕。《金锁记》是写一个女人的变态心理，主角七巧，个性方面似乎《北京人》中的曾思懿，但比较更神经质。这样一个演员，一时相当难找。恰巧张瑞芳在上海，她的《松花江上》片中的演技极得圈内人好评，于是经人介绍，由桑弧与金山商量，大家都是干艺术的，一拍即合，《金锁记》的女主角七巧决定由张瑞芳担任了。[12]

再从《陆洁日记》来看，至少在1948年春，张爱玲已经写好《金锁记》的剧本了，而且，“文华”方面很快决定请当时在上海口碑很好的张瑞芳出演主角曹七巧，以便给票房再上一道保险。对此，金山也一口答应。谁知，天算不如人算，没多久，金山以张瑞芳染上肺病为由，婉拒了“文华”的邀请，要求换人：

1948年3月20日　夜读张修改后之《金锁记》剧本。

1948年3月28日　培来告，金山夫妇去看她，言瑞芳有病需休息，请换人演《金锁记》。

1948年3月30日　接培林来商张瑞芳不演《金锁记》事。

1948年4月1日　晨到培林家，据告，金山言瑞芳肺有病，拍不动戏，要求延后一片。[13]

张瑞芳辞演《金锁记》的消息一传出，媒体自然众说纷纭，包括各种毫无根据的猜测。和桑弧、张爱玲以及金山关系密切的唐大郎，义无反顾地站出来，为他们澄清：

张爱玲写的《金锁记》，将由桑弧导演，张瑞芳主演剧中的七巧，打去年就决定了的，最近将要开拍，而张瑞芳因病住入医院。外间传说，张瑞芳的病是假托的，实在的原因，为了《金锁记》这剧本没有意识，因此无意拍摄，可是金山却在辟谣，他保证他太太实在为了病，决没有其他原因，更保证三个月以后，他太太复原了，一定履行诺言。在这过程中，我们捏笔杆的几位同行先生，有文章做了，不是揶揄张爱玲，说张爱玲的才气已尽，剧本写得糟，叫人家拒演，便是说请张瑞芳不演请白杨也碰了钉子。实际上都是莫名其妙的谣言。张爱玲写的《金锁记》小说，是必传的作品，把它改编了剧本，也是不朽的杰构，这是许多看过的人所公认的，我真要劝劝我们这些臧否人物的先生们，放出一点良心来，把是非曲直，弄得清楚一点，不要因为没有什么好写而胡里胡涂的糟蹋一个人才，尤其像张爱玲这一位不世出的人才。一个人能够爱惜人才，未尝不是气度之美的表现，何况现在挨骂的人，

11　唐大郎：《西风人语·松花江上》，刊1947年11月1日《罗宾汉》。

12　《张瑞芳为“文华”客串主演〈金锁记〉》，刊1948年1月《青青电影》第16卷第1期。

13　《陆洁日记》油印本，中国电影资料馆藏。

图6　1948年4月9日摄于浙江南北湖云岫寺

她连辨都不屑一辨，而事实也无须声辨的，叫我想想横箍竖箍，也箍不下去了。[14]

唐大郎辟谣，落脚点主要在张爱玲身上，至于金山为张瑞芳辞演《金锁记》，今天来看，确实存在着很多疑问，意识问题，未必不是当时的考量之一，毕竟金山和张瑞芳的身份，与主演《不了情》的陈燕燕和主演《太太万岁》的蒋天流，差异太大，考虑的问题和角度也势必更加复杂，内中是否存在着一些难以言说的内幕？这一事件，现已成为电影史和文学史的一个疑案，在有更为真实详尽的材料披露之前，只能存疑。

《陆洁日记》中还有几则记载和这次发现的照片有关：

1948年4月9日　五时三刻到培家，佐临、之方、大郎等已在弄口等候，同到北站乘六时半车行。硖石下车，天有雨意，饭罢开始小雨。午搭小火轮，雨渐大，三时到甪里埝登岸，群向村中小店争买雨伞套鞋。大雨中爬越一山岭，过岭已在南北湖边，渡过湖，再步登鹰巢顶，石滑难登岸，雨且更大。傍晚到达近山顶处云岫寺，寺尼正举行佛会，农妇信徒数百人集于佛殿，诵佛达旦，我等即借宿寺中。

1948年4月10日　五时登山顶观日出。早餐后离寺沿山脊行，翻山到黄沙坞，沿海边经晒蓝场，场因税大停工。再翻一岭回到湖边。饭后泛舟湖中，夜宿湖边一农家。

1948年4月11日　未明即起，越岭到甪里埝，回硖石搭火车。中午到杭州，先到开泰钱庄放下行李。饭后游湖，夜宿新新。

1948年4月12日　五时起身，六时偕佐、马两人漫步白堤游西泠。回寓时同人已起，同至蝶来与性会齐，同游九溪，登钱江大桥。饭于玉皇山，搭四时半车回上海。[15]

在此次发现的桑弧遗物中，确实有一个名为“南北湖”的底片袋，里面的照片也完全可以和陆洁所记一一对应。南北湖位于浙江省嘉兴海盐境内，三面环山，一面临海，有堤横贯东西，将湖分为南北两半，故名之。南北湖山不高，但层峦叠翠，水不深，然曲折蜿蜒，且离上海仅一百余公里，向有“上海后花园”之称。历代文人雅士亦多有所往，如文徵明、冒辟疆、黄宗羲、

14　刘郎：《定依阁随笔·放出良心来说话》，刊1948年4月6日《诚报》。

15　《陆洁日记》油印本，中国电影资料馆藏。

查慎行、朱彝尊等名士，都曾在南北湖留下过他们的踪迹。1932年，明星影片公司拍摄左翼影片《盐潮》（郑伯奇、阿英编剧，徐欣夫导演，胡蝶主演），外景地就选在南北湖所在的澉浦。"文华"此次组团前往南北湖，未知是看外景还是纯属游览放松，看来应该还是后者。《陆洁日记》中所记鹰巢顶、云岫寺（即今云岫庵）等等，都是南北湖最著名的景观。

桑弧所摄南北湖照片中有一张合影（图6），照片上天色阴暗，应该就是4月9日陆洁他们"傍晚到达近山顶处云岫寺"时的合影。前排左起为：陆洁、龚之方、黄佐临；后排左一为唐大郎，左三是魏绍昌。在桑弧遗物的这批照片中，几乎都没有桑弧本人的身影，这也可以从另一角度证明，这些照片的拍摄者就是桑弧。七十年后再凝视这些照片，照片上的前辈，都已消逝在时间里，只有那些如雷贯耳的名字，还回响在历史的叙述当中，不能不令人感慨万分！

图7 唐大郎和龚之方合影

图8 1948年4月10日午后和魏绍昌泛舟南北湖

照片中有一张唐大郎和龚之方的合影（图7），不知摄于4月10日的南北湖边抑或11日的杭州西湖边。关于唐大郎和龚之方的特殊关系，前已叙及，此处不赘。另有一张唐大郎和魏绍昌荡舟湖上的照片（图8），这应该可以肯定是在南北湖，即《陆洁日记》中所记"饭后泛舟湖中"之景。关于魏绍昌（一名魏兆仓），略可一叙。今天也许很少有人知道魏绍昌这个名字了，但其当年也是一个风云人物。他是浙江上虞人，毕业于光华大学历史系。父亲魏晋三开过钱庄，后任上海中汇银行的副总经理，魏绍昌本人毕业后也在信托公司上班，担任过襄理，故一度人称"银行小开"。魏绍昌喜欢文史，他交游颇广，家境又好，和很多电影话剧、戏曲曲艺演员都很熟，当时一些艺坛聚会，不少是他掏钱付账的。因为这些关系，他和陆洁、柯灵、张爱玲、桑弧、金山、冯亦代等等也都多有交往，故"文华"举办的活动邀请他参加非常自然。魏绍昌和唐大郎的关系也可称融洽，唐大郎曾在文章中提到过他：

> 愚嗜林庚白诗，屡屡于报间述之。有读者魏兆仓先生，比以书表，谓庚白之诗，刊载于当时之某刊物者甚多，此项刊物，渠收藏无缺。因愿以见赐，盛情可感。[16]

1949年后，魏绍昌进上海作家协会资料室工作，并出任负责人要职，上海作协资料室关于海派文学的书刊收藏在图书馆界名声卓著，他在其中起了很大作用。魏绍昌晚年著作颇丰，有《浦江漫笔》、《艺苑拾忆》、《东方夜谈》、《戏文锣鼓》、《江青外史》等书行世，并在民国旧派文学和红学研究等方面颇具声誉。唐大郎于1980年7月20日过世，魏绍昌是比较早撰文纪念的一个，他的《唐大郎逝世周年祭》写于1981年7月，至今仍是研究唐大郎的一篇重要文献。

---

16 《高唐散记》，未署名，刊1943年3月1日《社会日报》。

我和唐大郎先生的“一面”

陈金生

7月20日，在日历上只是一个再平常不过的日子，但于我而言，却是没齿难忘的一天。因为1980年的此日，海上著名报人唐大郎先生驾鹤远去；更因为我跟享有“江南第一支笔”美誉的唐先生有过难以忘却的“一面”之交。30多年来，每到这一天，我总会思兹忆兹，心雨婆娑。

说起跟唐先生的“一面”，要上溯到上世纪60年代之初。

那时我正读高中。有一天在语文课上读到伟人毛泽东的《改造我们的学习》一文。文中引用了一副对联——“墙上芦苇，头重脚轻根底浅；山间竹笋，嘴尖皮厚腹中空”，以批评在学习上华而不实、脆而不坚、自以为是的一些人。对联的描绘灵动形象，又不乏幽默之趣，使我兴味顿生，印象殊深。

关于对联的作者，课本上没有注明。而我，为能欣赏到对联作者更多的妙作，就在课外多方打听和查询，得知作者是明代文学家解缙。同时，练笔写了一篇小文《解缙的对联》，开头简略指出《改造我们的学习》中所引的对联，“原作者是明朝的文人解缙”（没具体到出自哪本古书）。小文糅合了解缙关涉对联的几则轶事趣闻，可读性较强。在1962年12月13日《北京晚报》副刊《五色土》上发表后，立刻被各地多家报纸转载。

大约一个月后，我忽然接到《羊城晚报》来函，说是有读者看到我那篇文章后，问及上述一联“最早的出处是在哪本书上”，要求报社联系到我，请我详细解答云云。须知，当时全国范围学习毛主席著作的热潮如火如荼，《羊城晚报》接到读者咨询，急如星火地来函，是用电报发给我的。

这一下，我着实犯难了：因《北京晚报》的拙文中讲述的对联出处，系我口头询问得来，现在要穷原竟委提供确凿的书名，就得另行花功夫去仔细查找了。

我连忙跑了几家图书馆，然而查找无果。这时，我高中的语文老师陈洁知道了我的困惑，不假思索立即建议我“去找《新民晚报》的唐大郎”。这是我第一次听闻唐大郎这个名字。不久我又得知，解放初期陈洁、唐大郎都是报纸编辑，相识很早，过从甚密。后来陈当了《无锡日报》编辑部主任，唐去《新民晚报》副刊《繁花》做主编，两人仍交往莫逆，无怪乎陈洁先生介绍我去找他的挚友唐大郎，以帮我纾难解忧。他蛮有把握地说：“即使解答不了，他也会帮你想办法的。”

隔天，我即带着《羊城晚报》的电报和陈洁先生的字条，到圆明园路50号新民晚报社址，求见唐大郎先生。

事后，我深感此举十分冒昧乃至唐突。我，寂寂无名的读者；而唐先生，赫赫驰名的报人，编务繁忙，报社又并非“自学咨询站”，他何必要去答复普通读者的咨询呢？——然而，唐先生偏偏揽下了这件分外事。相比之下，当时有些编辑高居深院，对普通读者不屑一顾，真有霄壤之别！

那天，正是严冬天气。从正对大门的宽大楼梯上一步步蹒跚地走下一位身材不高的老人，一张方阔脸，笑容微现，右手指间夹着香烟。他来到我面前，和蔼地问：“是你找我吗？”我点点头，忙说：“唐先生，不好意思打扰您了。”他指指右手边一间代读者装订晚报合订本的房间，请我进去，一起在沙发上落座。他吸起烟，听我谈起拜访原委是为了一副对联的出处，不禁笑起来，说："恐怕我也说不清楚啊！……不过我帮你去查查看。你等等。"说着返身出房间上楼，步履蛮费力的样子。约莫一刻钟工夫，他下楼了，略感歉疚地说："我查到了晚报登过的一篇文章，也谈到了这副对联，详细出处也没有注明。"他接着从上衣袋里抽出一支钢笔，说："我介绍你去找一个人吧，他是精通文史的老作者。"边在纸上写下了宛平路某弄某号金昆年云云。他又说："要是解决不了，再去这几个地方看看。"接着又写下了上海图书馆善本室某馆员、上海师范学院某教授等几个名字。唐先生还关照说："有事体可打电话到晚报副刊组，跑一趟报社老吃力的……"告别时，我俩的手势竟不约而同都是抱拳作揖，似乎成了熟稔的朋友。

就这样，我按唐先生介绍的名单，分别请益了金昆年、王乘六等专家、教授，去了上海图书馆善本室、上海师范学院中文系图书馆，翻查了《楹联丛话》、冯梦龙《解缙敏对》等古籍，千淘万漉，吹尽狂沙，终于觅得了那副对联的出处，给了《羊城晚报》读者以满意的答复……

记得唐大郎的女儿唐历，曾在《新民晚报》发表一篇回忆父亲的文章。文章说，父亲"除了呕心沥血地做诗……对别的知识面又几乎是完全不懂的"。

和唐先生的"一面"之缘，使我沦肌浃髓地体会到他热情帮助读者排疑解惑、如此周到地出谋划策——这"别的"方面，并非"完全不懂"，也是做到"呕心沥血"了。

又想到，唐先生在40年代开设的诗词专栏"唐诗三百首"，其小序谓："下走昔尝作唐诗，今将续为三百首，……绝不和他人'元韵'，亦不以'感怀'为题，写心中事，眼前事，力求音节铿锵，读者不妨以里巷讴目之，必欲范以旧诗格律者，则下走将汗流通体矣。"其怀才而能不骄，让人不胜感佩。

我和他的"一面"，虽如小微事一桩，然而见微知著："高唐"（按："高唐"为唐大郎先生常用笔名之一）之"高"——腹笥五车、古道热肠，值得我终生引为楷模。

"把心交给读者"，巴金先生是一方澄明的镜子；"一面"凸显关切之情，大郎先生何尝不是一杆炫目的"云旌"啊！

嘉定竹刻史谈

庄乘黄 著　顾建清 整理

按语：

庄乘黄先生，出生嘉定城区，名寿嵩，号清癯，室号雕龙，前清秀才，电影先驱郑正秋业师。尝任《申报》、《中华民报》、《快活世界》、《沪大周刊》、《嘉定导报》编辑，《新闻报》副刊撰稿人。曾执教国文于圣约翰大学、沪江大学、上海商业专门学校及吾邑勤业中学。清宣统元年（1909）与金念祖以嘉定旅沪同乡会名义创办《嘉言》报。民国九年（1920）嘉定振学会成员。精小学，善诗文，工书法，尤长篆书，擅刻印。著有文言短篇小说《严大将军》，剧本《庚子国耻记》、《恩太太》，史料《上海四十年演剧史》。撰发文史短篇凡五六百篇。

《嘉定竹刻史谈》为庄先生撰载于民国十五年（1926）1月4日至12日《新闻报》之竹刻之谈，署名"清癯"，每日一篇，共九篇。诸篇统概嘉定竹刻历史，并志其阅历乡梓竹人竹事竹艺。其于疁城竹雕之艺补苴罅漏、张皇幽眇，诚坚斋功前、味荃恨后，艺苑一大美事，宜足珍视。

一

嘉定自宋宁宗时置县，而以纪年为名。虽僻邑而吴淞灌注其西南，大海环绕其东北，故自归熙甫卜居安亭江上，而文章节义之士，先后辉映。迨唐（叔达）娄（子柔）程（孟阳）李（流芳）四先生继起，其文采尤足以彪炳宇内。以人物论，自当以有明为极盛。竹刻一道，向无纪述，欲考先氏所作，实难搜讨。即证之邑乘，亦不过撮其大略，语焉不详，亦可见昔人对于斯道之弗重矣。兹录其所志如下：

竹刻始于朱松邻，传子小松、孙三松，益臻神妙，而侯尧（按：应作峣）曾、秦一爵、朱幼芳、王永芳继之。国朝（指清朝）殷永清、杨褒、刘起辈，皆高逸之士，托兴奏刀，至竹根人物，推封氏（指锡爵、颖谷等）一门[，施天章、周颢尤卓著]。若顾氏（殆指顾珏）笔筒，过巧易坏，非传作也。竹刻以画手行刀法，朴老为贵。以工细争胜，古意已失。近来专尚托青，并刀法亦失传矣。（按：见清《嘉定县志》卷八风土志《土产·竹刻》。）

仅此鳞爪，阅者憾之。前三年吾友张君鸿年，得时湘华家藏妙本《竹人录》一册，为嘉庆时金坚斋（名元钰）所编纂，原本已失。因亟为付刊。葛君直三复任校雠之役。是书始得复现于邑中。而吾邑竹刻精粹之所由寄，不至湮灭无余，仅仅赖此。其书后有云："我家曩时藏有旧钞本一册，先大父味荃公曾题跋语，并撰《竹人续录》，自有清嘉庆迄光绪季年别为一卷。朱君味兰（按：即原甫）假去录副。未几，而朱君客死会稽，原本遂至遗佚，今且不知流落何所，实为艺林一大恨

庄乘黄篆书联：松下风为鲁和圣，囊中书有晋阳秋。
（上海翥云艺术博物馆藏）

事……”

据此，则是书转辗相抄，其间不无脱漏，已可概见。而自嘉庆以讫清季一段史实，失去不少，实为可惜。《竹人录》弁玄，有乡先辈李生甫（名赓芸）序，撰于嘉兴郡斋。有云：“《考工记》‘筑氏为削’，高密郑君注曰‘今之书刀’。盖书契既肇，简册斯兴，笔之削之，胥以刀用。此即筑氏之所为，而产于鲁者也。后之造纸，削与简均废。乃吾邑人独能以刀锓书画于竹，而无借于纸，殆得古人用削用竹不传之遗意，而益加精妙者。其技创于明人，至今传者不绝。”

二

以上特节其大略耳。若欲求其详，自有原书在，可无多赘。要之，竹刻可为吾邑代表者，明则朱松邻，清则周芷岩，两人而已。兹特分传如下。

松邻，名鹤，当建炎初，自新安徙华亭，六世遂东迁，复迁至吾邑。而云间陆祭酒，无松邻辄为不怿。长韵语，兼擅图绘，靡不精绝，而以雕镂掩。故人第知创始竹刻，为世宝贵，而不识其为余事也。按以竹为居学，直始于白门濮仲谦，顾不及松邻远甚。盖处地闲，斯动息有养，而心自无所放，由是其习耑，志乃不纷，养愈纯，则其艺愈熟，而寄其天趣于不可思议之域，此其所以绝于凡庸也。其所制簪匜图刻诸器，得之者不以器名，直呼之曰“朱松邻”。其为人所倾赏如此。子缨，字清父，又号小松，克绍其技，益臻工妙。邑令至旌其庐曰“练水逸民”。孙稚征，号三松，皆以刻竹名其家，比之山阴父子云。长洲郑若庸有松邻子一歌云：“峨峨九峰山，下有松树邻。幽人抱真独，结屋当山深。托迹大夫乡，里闬期相亲。循檐坠秋子，隔墙分早阴。拾花酿春酒，采苓供夕餐。风雨撼大海，夜半苍龙吟。秀色千万重，高下交相因。岂无杨柳堤，亦有桃花津。杨柳易消歇，桃花终委尘。何如东家松，阅历千载春。宁须百万买，相看不易心。扪虱坐忘世，时闻啼鸟音。青山映黄发，长啸凌秋冥。愿为坚雅操，勿为岁寒侵。”读此足以令人悠然神往已。

芷岩，名颢，字晋瞻，晚号髯痴，性孤介，以种菜自给，工诗，擅书画，尤长于竹，风雨雪月，皆入逸品，而所刻竹器，用刀一如用笔，不假稿本，自成丘壑。其皴法浓澹，悉能合度。王鸣韶撰《三艺人传》，而以芷岩冠其首，谓“无论竹篙、竹根，浅深浓淡，勾勒烘染，神明于规矩之中，变化于规矩之外，有笔所不能到，而刀能得之。笔之妙在神韵，其法度之变化，尚在纸上，颢之所刻，出于意想所不及。”钱少詹事竹汀云“芷岩运刀时，若丝发未称意，虽垂成，亦斧以斯之。”其用刀不苟，于此可见。而能于松邻父子外别树一帜，故得其手迹，人不以艺币。而艺且以人重，时当流俗披靡之余，而有此振奇厉节士，实不可以艺人目之也。芷岩尝游齐鲁间，与单朱翁交相得。朱将往江南，芷岩附其舟归。朱之兄方令嘉定，芷岩不知也。抵吴门始知之，不告而归。朱令异而往访之，避不见。迨朱去任，卒于苏，乃幅巾往吊而哭之。其逸情标举，而非跅弛负异者所得而托。迹其风轨，倜乎远已。芷岩无子，其犹子名笠，字牧山，亦工画，而以艺事游维扬间。邑人敬之，称“大周、小周”云。

三

吾述此两人，而不禁有慨于昔人之不能复作，而竹刻流传，其物已为仅见。盖前人作之，必后人宝之，其物乃能永久而长存。否则有荡为风烟，直随时变以迁流，而不归于澌灭者几希，况《竹人录》所揭櫫者，自道、咸以后，已无复有人以踵其后从事补辑。即有之，又不幸而失之，卒无由发露精光，以贻厥后。其可喟为何如乎！致令斯时而欲弥此缺失，几若俯仰无从，落笔不下。只得就一人有限之闻见，以谂阅者。至其详则有俟于搜访，非兹所能及矣。略述如下。

张学海　能刻竹根人物，自前辈以下，断推此老。瓘韶龄时，学海设肆于对河。见其须眉皓白，而背状如伛偻，盖年已七十余矣。而常在柜上雕镂不辍。琢一巨狮，高达寻尺以上，经半载余始成。厥形猛如欲动，此物恐为最后之绝作。瓘时坐其肆前之板上（俗云牌门），一日，妄谓：“雕此一狮，费如许之日力，得勿过久乎？”此老注目正色曰：“汝知我一生成物几何？此物犹嫌其速耳。”可知其诣精造，有非庸手所能及者。其柜下桌边，累累堆积，皆坚老之竹根，暇则必对此凝视。一旦得之，则以刀从事焉。据云其父所刻之狮，体皆平偃，而学海变而为雄踞，今日殆已无能证已。子春泉，长于细刻，雕件则已不能举。孙晓生，能继其业，惜早世。今张文玉斋，即晓生之妻所主也。

四

时甫堂　亦以竹刻世业，而擅篆棣之摹刻。其壮时能镂极工细之苍松、云树、山麓，而位置人物其间，所作往往与昔贤合，不落凡庸一派。今去世已近二十年矣。子湘华，性颖敏，惜弱冠时放逸不自持，以致残废，终日仰卧在床，失去行动自由。然犹能捉刀，虽不起身，而工楷、细竹、山水、仕女等，尚推胜手。盖能禀承家学，非无渊源者可比。今过时文秀斋，自内一望，见偃息而终日如睡者，即其主人也。

唐蔚如　此公不业竹刻，而可推斫轮老手，盖初饶有资产，性复散放，不事家人生业，而间能从事于斯道，则其品自入于神境，非复庸手所能至。惜其物今已散佚大半，欲得其精者，实已不易。忆十余年前，金陵哈少甫君（名麐）为余言：“每岁必至吾邑晤唐蔚如，渠之竹刻甚精，常得其物。而于顾漫云家，亦得其竹事。有一竹杯无脚，若置之则倾覆，如饮则常举，否则必无措，名‘不离手’。”可知哈君货其物以去不少。此公后家道中落，而其胸怀恬澹如故。瓘本姻戚，尝于茶寮酒肆遇之，其豪迈不减少年。去岁春间，以疾终，年已七十余。

五

李玉廷　此人为瓘之后邻，其先为小木（谓非大匠），嗜阿芙蓉，所居竹椽三楹，以茅盖之，非日亭午不起。置有车床一。凡棋筒烟甏而其圆形者，均经其手。外则翎筒镜壳，而须雕挖及镶以文梓者，则非此人不成。瓘幼时读书至午夜，其刀斧与轧轧之声，时聒于耳。盖其工作常在夜间，非止达旦不止焉。然出其手之物，亦已不多见。前三年，小儿医闵吉甫佩一镜袋，见其物甚精，似出李手。因其制为合青，非用钩刀不能坚久。忆其一面镌“光自他面有耀”六字，谓“得之于某肆”云。子海和，初游荡，不事父业。今虽能从事，无甚进业。

周雪坤　本习竹刻，而性尤超悟，能以三角刀刻人物。其法为前人所未创，盖一刀落后，不复重入，无论工细作品，均以此刀挥洒，不少停滞。尤奇者刻仕女之面，必以其形倒置，自颔而起，先划面形，而后入眉，以及鼻目。叩之，曰：“非此则不能偪肖，而传神阿堵莫由矣。”亦其妙手天成也。惜不永于年，患颈癌以没。

朱源甫 又字味兰，为癯之旧友。初本习典业，后弃职旋里而习传神，继乃刻印。居席栅礼耕堂，是宅为仁和王相国产。源甫系戚属，故得居其右，后以刀劈设肆。先辈葛味荃丈，榜其门闾曰“酉阳杂俎”，即今之嘉定银行旧址。其所作件，为竹刻别开生面，能以极薄之卷刀刻平浅之阳面人物，如烟匣、墨盒、荳蔻、小匜，均以此入手，得者诧为天工。而松子每粒可刻至五六十字，或以绘事施之，无不入妙。后业竹刻者，以其技足以盖人，竟至诉讼于庭。邑宰以竹刻本始于朱氏，常直之，而斥人为多事云。其子润东，现已出外，不复能习其艺。

噫！能举其业，足以昭示于人者，其他似等诸自桧以下，可无俟词费。已往者如葛友三、申玉甫，则物化已久。而今所堪翘而出之者，则时湘华残矣，申竹香老矣，潘松云入学界而为艺徒师，虽足以差强人意，而韩海臣、韩梅阁，则为人作傭工而不克自树。其他如叶晴翠、申瑞芝、云霞室、谢宏兴、范文元、清华室，则吾友张君鸿年所谓“竹贾而非竹人”矣。

六

兹将吾邑现在所有之竹刻为弥足贵者，略举一二如下。

梵僧 为旧友王君孟碌所藏，不知为何人手迹。癯在沪女中学当教授时，王君以此件出视，盖精品也。谓其尊甫子静先生出番物廿尊得之。其物光泽有腴润，高及五寸，而其顶有一竹星，是其特点。眉目婉好，而笑容可掬。口舌，视之奥而深，如可探其喉。衣褶复叠，举袂生风，而一足赤露。时王君子名大邦者，甫五六龄，见则攫之去，到手即堕地，砉然一声。余魂胆飞越，亟拾之起。王君以为吾佛有灵，归视之，则缺其拇趾一焉。即为之胶致，然其痕毕露，终不能掩，皆为之可惜不置。

帽筒 金君聿修所有。癯在约翰同事时，屡欲索观，未果。至今未见。闻系出周芷岩手，高及尺余，刻大草，极笔酣墨舞之乐，的为圣品。

松子 为唐君理勋所藏，共十八粒，光滑而有金石气。刻前后《赤壁赋》，为周良夫手迹，即今孔教会会长之父。其物世所尠见，前曾入南京劝业博览会，皆目为神品。

七

卧观音 为赵卓孙君所藏。观音皆垂立，而坐者已不多见。至卧者，则以此物为创，惜为癯所未见。

东方朔 为徐君岱山所藏。去岁徐君为其子受室，陈列厅事，乃得见之。眉宇诙谐，而其身倚斜，迥非凡手，惜未知其何人手刻。

笔筒墨床 张君鸿年藏有笔筒二，均极工细无匹。其墨床则出自唐蔚如，而其装置能活动，则亦寡二少双之品。

香筒 顾君纪常得自舅家。长及尺，上下镂文梓。周刻绝诗云：“不图花草不摹鱼，托直琅玕泼墨余；镂出妙香浮研席，春风秋雨伴琴书。”后刻“昌復题”。其字为草书，皆刻穿，直视之，不见其漏处。而一以斜刀深入，亦难得之物。

扇骨 顾梦飞君所藏。刻松林间有山岭插入，而人物楚楚，须眉毕现，无一不用深刀，真未见之物，闻系出之时甫堂手，未知确否。

八

癯闻见极浅，此不过举其一斑耳。癯之吾邑竹刻，在有明为原始时代，故推朱氏为元祖。至清则为进化时代，故以周为结晶。清季则为衰退时代，故所举无多。其盛时作者之直观，能深入物之生命，故能臻此绝诣。及其衰焉，生计困难，受其束缚，而有所表现，非特不能得社会之宝贵，而不能终其业，且常受其菲薄，而无志以及于此。今日之所以不振，尽由于此。有力者苟起而提倡之，则亦斯业之幸也。揔有以望之矣！

草此篇竟，有足连带以述者，不得不赘及之。吾邑竹刻为他处所不能媲美者，则为刀法。而善刻者未必能书，能书者又未必能刻，此人所亟欲知者也。兹先言刀法，以物理解释之。昔通所用以刻字者，为单尖劈，厚约分许，而削其一面，其口平，以角尖入竹，名曰行刀。而复以圆刀还之，则为圆柱形，削其一端，为斜面状而圆其锋，故所入处，其底不深而平，此其为用。能恰到好处，而字体之结构，及转折之姿态，均能与书者相吻合，无牵强之弊。近顷闽湘各地，亦有刻竹者，然较之吾乡，终不能及，即无此刀法也。第无善书者，则亦不能见其长。自张稚云以能写竹楷名，汪敏夫擅摹博古，两人死后，则几无人。钱季持之隶书、钱次阳之真书，两先生自归道山，而亦无以继。其族侄小池亦能书隶古，而隐于刀笔，所写绝尠。今则行楷几舍杨步青一人外，无有能为者。而能绘山水、人物及篆隶者，则唯家兄椿庭承其乏，亦可见人才之寥落已。

大刀则用之于合青托黄，实无足语。而细刻衍而至胥门吴松亭，能以极轻浅之刀，锓各种人物。若以光折之，且不能见，以指摹其上，则亦不能觉其凹凸。其法即得之吾邑，而能变化之。闻其子在沪仍业雕刻，不甚有名。进而至于江都于啸仙，此君二十年前余遇之于门人唐吉生家，能以针刻物，见其所刻扇柄多至六十四行，如擢发以敷，尚无余隙，则其精可谓至矣。乃以显微镜窥之，字字清朗，圆转自如，无一笔不露。忆其有一鼻烟盆，周不盈寸，刻《滕王阁赋》，当日本博览会初开，曾以是物往，咸惊为神工。某西人来沪验其眸子，则谓“与常人异”。时匋斋方督苏，得其刻最多。后此君遂入宦途，不知何往。而其法谓得吾乡一宗派云。

九

至刻大件，用刀不一，随意所施，非可以法所拘，故往往出于自煅，及剉其形以自适用。或谓：“吾邑所琢，以狮为胜，顾于物为不肖，厥义何取？”余曰不然。竹刻虽技也，而通于画，关于天才、时间、环境、生活四者为转移，可以神会，而不能以法传。非如象征一派可以科学眼光评论斯道也。不然，如今日卷烟商标之红狮，于物偪真，试问可取者亦复何在？前往沪南城东女校书画展览会，见王一亭君所绘之虎，全身背立，不见其首面，而其尾下垂，转入后足之前，尖端及腹，而背复臃肿，作蹒跚状。骤观之，几失虎形。吾友金君有章戏谓余曰“此殆雌老虎耶”。为之失笑者久之。然王君固大家也，不肯落正面形，非藏拙也。如欲形成以取胜，不几如虎头牌，令人一见而生怖乎？故善作者与善观者，莫逆于心，而不可以形迹求也。竹狮亦作如是观耳。吾邑所藏，想必不少。傥得集于一处，以供觀赏，溯其渊源，别其流派，聚识者于一室，相与上下其议论，俾后起者有所想象，而得其法式，亦一快事也。日前沪上盛庄夫人送某巨公寿礼，欲购一王母，索之于吾邑，均无以应。某肆以香山赝品充之，得者犹珍秘不惜重价，而况固自有真者在。特患无人而起而振之，故附揭之，以期勖勉。清癯又志。

授艺传灯：周颢艺术传承脉络考述

王光乾

一代宗师周颢的艺术的传继，是竹刻史和嘉定区域史上不容忽视的文化法脉。经考索，其亲传弟子有严煜、吴嵩山、杜世绶、徐枢、孙效泉、徐玉瑛、赵灿，还包括有师徒之实无师徒之名的周笠、王鸣韶；再传弟子有徐宣、赵敬；三传弟子有杨湘。

周颢（1685—1773），字晋瞻（一作峻瞻），号芷岩（一作芝岩，别署芝叟、芷道人），别号雪樵，因多须，自号髯痴，人呼周髯或髯周，清嘉定县马陆镇窑里村人。工诗文，擅书画，并长于琢砚、治印，尤精刻竹。同邑大儒、时人钱大昕《潜研堂文集》卷四十《周山人传》云：

（周颢）读书不应科举，而于画独有神解，仿古贤山水人物皆精妙。尤好画竹，兴酣落笔，风枝雨叶，无不曲肖。吾邑自朱松邻父子以画法刻竹，厥后有沈兼、吴之璠、周乃始诸人，皆精其艺。山人更出新意，作山水树石丛竹，用刀如用笔，不假稿本，自成丘壑。其皴法浓淡坳突，生动浑成，画手不能到者，能以寸铁写之，当时以为绝品。

概言之，周颢既是罕见的全才型艺术家，更是竹刻艺术上令人仰止的一座高峰。

作为一代宗师，周颢生前传授弟子颇多。再传三传，薪火相继，形成了百年不替的艺术传承脉络。虽承其艺者囿于嘉定一邑，且未成宗派，不克远扬，但亦蔚然可观，不容忽视。因此，周颢艺术的传承脉络于中国艺术史或为沧海一粟，于竹刻史和嘉定地域艺术史却是不可不探究的乡邦文化法脉。

本文拟结合所见志乘、谱牒、传世书画等史料，试图考索并勾画周颢艺术的传承脉络，并就所掌握材料尽可能地详细介绍其亲传弟子、再传弟子、三传弟子的生平和成就，且可从中体味昔贤授艺传灯的使命与担当。

一

对于周颢的弟子，多种史籍予以记载，但大多因有所侧重而语焉不详。欲窥全豹，并非易事，需进一步加以探究和整合。

最早记载周颢弟子的史籍是成书于清嘉庆十二年（1807）的《竹人录》，作者为嘉定籍贡生、当时竹刻鉴藏翘楚金元钰。该书卷上《严煜》云：

煜字敬安，居南翔寺。工画山水、花鸟，自写性灵，饶有生趣。从周芝岩学刻竹，得不传之秘。尤究心金石、六书之学。摹印宗何主臣，苍古有法。

《吴嵩山、杜书绅、徐枢传》云：

芝岩弟子，或以画传，或以刻竹传。兼擅两美者吴嵩山，居南翔寺，后流寓维扬，遂家焉。诸生杜书绅字颛书，号芳椒山人。徐枢，字宗岐，号云樵，笃于古谊。师殁，行心丧礼，居恒尤以品节自持，吾邑隐君子也。学画得芝岩正法眼藏，以刻竹为游戏，俱微妙可思，然皆少时偶一为之，今不复唱《渭城》矣。

其后又有金氏小字夹注：

云樵琢砚得芝岩遗法，尝贻予端溪片石，铭云：“温然者质，苍然者色。以归君子，天花洒笔。”予感其意，至今宝之。

由金氏所言可知，他所熟知的周颢弟子有严煜、吴嵩山、杜书绅、徐枢，且四人中至少徐枢与金有直接交往。周颢艺学博深，弟子得其一二门即可立身名世。严煜主要从其学刻竹，吴嵩山、杜书绅、徐枢三人都从其学画、学刻竹，而徐枢又得其琢砚之法。

四人中，严煜影响较大，被采入时人南汇冯金伯的《墨香居画识》卷一中：

严煜，字云亭，嘉定布衣，其画山水工夫甚熟，意味差薄，亦能写竹石。

此处，冯只论述了严的画艺，且评价并不算高。

清张承先、程攸熙《南翔镇志》，成书于嘉庆十一年，其卷七《艺术》之《严煜传》较《竹人录》、《墨香居画识》记载为详，可供参考：

严煜，字敬安，幼失怙。年逾弱冠始刻苦向学，中岁肆力于金石、六书。工摹印，刀法宗何主臣，颇苍古。又从周芝岩学刻竹器，尽得其秘。并绘山水、花鸟，俱澹远生动。

吴嵩山又见于清程庭鹭《练水画征录》，沿袭《竹人录》所载，并无新的信息，誊录无益。

徐枢亦载于嘉庆《嘉定县志》卷十七《艺术》之《周颢传》：

弟子徐枢，字宗岐，号云樵。画亦为时所珍惜，其写竹亦能逼真。

又见于光绪《嘉定县志》卷二十《艺术》之《周颢传》：

门人徐枢，字宗岐，号云樵。工山水，善制砚。

杜书绅仅见于《竹人录》。光绪《嘉定县志》卷二十《艺术》之《周颢传》述周颢弟子，除前述严煜、徐枢外，尚有杜世绶：

杜世绶字紫佩，诸生，善墨竹。

杜世绶又见于清张承先、程攸熙《南翔镇志》，附于卷七《艺术》之《杜世柏传》中：

（杜世柏）从弟世绶字紫佩，诸生。工诗，精绘事，惜年不永。

又，清程庭鹭《练水画征录》亦有《杜世绶传》：

杜世绶字紫佩，一字颛书，号芳椒。善画竹，芝岩弟子。

从《竹人录》、《练水画征录》所载杜书绅、杜世绶的字号来看，二者当为同一人，但苦未发现其他直接而有力的证据。程庭鹭去其世时代未远，所言或当可信。翥云艺术博物馆藏杜氏《万竿烟雨册页》，所绘为山间河涘、风霜雨雪中的竹影九帧（初为十二帧，后散佚不全），可知其从周颢受山水和画竹之法。

此外，除徐枢里居未详外，其余三者均为南翔人。之所以如此，是因为周颢曾长期寓居南翔。《墨香居画识》卷一《周笠传》称："（周笠）与芷岩并得盛名，世目为'槎南二周'。"上海博物馆藏周颢《雪山行旅图》题款云："丁丑冬日写于槎南精舍。"因境内有上槎浦、中槎浦、下槎浦三条干河，南北走向，贯通全境各支河，故南翔镇别称三槎、槎溪、槎上，简称槎。二则史料中显示的周氏叔侄的寓居地"槎南"，当为南翔南部。

二

《练水画征录》、《练水画征续录》由熟谙嘉定画史的本籍著名画家程庭鹭先后于道光二十九年

(1849)、咸丰六年(1856)纂成。在《练水画征录》中，程氏将吴嵩山、徐枢、杜世绶、孙效泉、徐宣五人附于《周颢传》之后，将他们作为有传承关系的一组人来叙述。吴嵩山、徐枢、杜世绶三人信息，前已详列，兹不重述。孙效泉、徐宣二人介绍均极简：

孙效泉，亦善竹刻，芝岩弟子。

徐宣，字镇蕃，徐枢弟子。

孙效泉之名古籍中仅见于《练水画征录》，近人、今人转述皆未出其藩篱。

嘉定博物馆藏有《徐逸岩临周芷岩山水册》，末题：

壬寅小春，于沁雪山馆见芷道人剩稿，戏执笔效之，遂成十二幅，逸岩。

钤“镇蕃”名章，与前述“徐宣字镇蕃”吻合。可以断定，徐逸岩即徐宣，逸岩应为其号。

册末有同邑贡生杨凤朝题跋：

子云：“智者乐水，仁者乐山。”凡得诸心而寓应手者，非笃于性情不能工也。逸岩徐子，品格温醇，天资高迈，胸中殆有丘壑，而抽毫吮墨，规橅前名家画帧，直欲升其堂奥。兹小春以青囊余暇，仿佛吾疁芷岩先生遗册，其浓淡清雅，纯任自然，俾披是帧者，恍仰高而临流，寻幽而选胜，翛然不作尘土想。余愚且拙，于斯道茫乎未有闻，而逸岩耽玩斯道才一二寒暑，而意匠如是。是真能觅我以仁智，而并令芷岩先生遗册更垂不朽云。乾隆四十七年小春月，梧冈杨凤朝拜跋。

“青囊”，医术的别称，从而表明徐宣的主业是医师，余暇时覃心绘事。《临周芷岩山水册》大约为其学画两年左右的一件作品，虽杨凤朝不吝夸赞，但总体来看仍颇嫌稚嫩。

又有徐逸岩叔父徐玉瑛题跋：

芷岩老人师山水出入宋元，而尤法乳于虞山一派，故其苍润秀逸，笔墨之表时有灵气往来，不可方物。尝称其令侄南溪先生画，谓：“其古厚处我殆不如，其秀逸处自谓过之。”此论尝服膺而弗失。于闲窗得其指授，临摹数十册，不能仿佛一二。今逸岩舍侄以所临画册乞余小引，读其前后十余幅，真能得其法派者。从此精诣，造堂而哜胾矣。因次其平昔所授之语以复之。时壬寅小春上浣，愚叔玉瑛。

徐玉瑛除对周颢画艺予以赞扬，对徐逸岩临作给予鼓励外，更透露出一个重要信息，即他在绘画上曾得周颢亲授，乃至对其画论“服膺而弗失”，并尊称其为“芷岩老人师”。这足以证明，徐玉瑛也曾向周颢执业问艺，列其门墙。

关于徐玉瑛，程庭鹭《练水画征录》有其传：

徐玉瑛号渭田，乾隆己亥举人。工诗画、刻竹。著有《吴疁画雅》。

光绪《嘉定县志》卷十九《文学》亦存其传：

徐玉瑛字育万，一字渭田。……玉瑛举乾隆己亥乡试，能画，工铁笔，与时起荃、王有香、张欣告有“四先生”之目。

在《练水画征续录》中，程庭鹭又将赵灿、赵敬、杨湘合为一传，从而揭示了周颢艺术传承的另一条支线：

赵灿，字彩章，号渔塘，岁贡生，居祁冈。善画竹，授其侄敬字惺斋。杨湘，字竹涛，画竹师惺斋。芝叟渊源，相承勿替，赖此数人耳。

赵灿、赵敬传略又见光绪《嘉定县志》卷十九《文学》、民国童世高《钱门塘乡志》卷八《文学》，后者记载尤详：

赵灿，字采章，一字渔塘，宋宗室默庵十六世孙。少从世父廷臣游。工举子业，文格一本先民，卓然成家，诗亦隽永。兼善画竹，师事周颢，能得其秘。虽尺幅寸缣，人多珍之。游庠后屡踬场屋，年四十四始食饩。及贡成均，已届六旬。就选训导，未任卒。

赵敬，字明卿，一字惺斋，乾隆戊申岁贡。幼从世父灿游。工画竹，课读暇时，规橅先哲，一梢半节不苟，无粗豪醉墨染其笔端。书法出入颜欧，得者珍之。兼精书法、音律、篆刻，尤好程朱家言。著有《琅玕秘诀》一卷。

杨湘传略，又见民国张启秦、陆世益《望仙桥乡志稿》之《艺术》，以及清末童世高编纂的《钱门塘乡志》卷八《流寓》，前者记载为详：

杨湘，字敦裕，号竹涛，嘉庆庚辰恩贡生，居杨甸角。父凤彩，字备五，饶于资，笃于谊，有陈太丘风，为人端平和婉，宗党尊信。竹涛工墨竹，师赵明经惺斋。……竹涛能守师法，晚岁用喜道人之石而加以风篠雨篺，见者谓相得益彰云。

杨湘在继承周颢、赵灿、赵敬的画墨竹法的基础上，晚年兼采张泉（喜道人）画石法，与所绘墨竹搭配，人称相得益彰。

杨湘出身于嘉定旧家望仙桥杨氏，该族有清《练川杨氏家谱》存世，其中卷二《世系前编》有杨湘小传。传云：

湘字惇裕，号竹涛，生乾隆癸未五月二日，嘉庆己卯恩贡生，卒道光戊戌四月十九日。

由此可以确定，杨湘生于乾隆二十八年（癸未，1763），卒于道光十八年（戊戌，1838），享年76岁。

嘉定博物馆藏《竹石合笔册页》是杨湘与同邑书画家钱元章（拜石）的联袂之作，杨画竹，钱画石、画树并题识。末有同籍文士周之锦题跋，对杨湘墨竹推重不已，虽不无夸诞，亦可见其在当时颇有影响。周跋如下：

古来惟雅人能爱竹，亦惟雅人能画竹耳。吾嵺家隐君芝岩工山水，而墨竹尤妙当时。迄今，藏其作者珍如拱璧。余尝拟之。盖其胸有成竹，故信手挥洒，真髯苏所谓兔起鹘落、稍纵则逝者矣。今杨君竹涛、钱君拜石两先生亦以此事擅名，传青士之丰神，仿绿卿之标格。心钦久矣。客岁，月泉先生以此册跋语见委。展玩之余，如出一手。虽尺幅中，而一种潇洒出尘之致尽见笔端，非枝枝节节而为者。洵称合璧，月泉其宝诸。乙未又六月，周之锦书于紫来山馆。

民国童世高《钱门塘乡志》卷八《流寓》之《周颢传》记载：

（周颢）尝馆（钱门塘）白若里赵氏斋。性疏散，弗拘绳尺。与人豪饮，终日不醉。乡人索画，无不应者。年八十，归老于家。

白若里赵氏即赵灿家族。可见，周颢传艺于赵氏，缘于赵氏对其礼敬有加，奉为师席，极有可能将其长期供养在家。

赵氏再传于杨湘，则因为二姓为亲戚关系。清《练川杨氏家谱》卷二《世系前编》载杨湘之父杨凤彩小传：

凤彩字备五，号东皋，太学生。生乾隆五年三月廿八日，卒嘉庆廿一年十一月一日。室时氏，生乾隆二年，卒乾隆卅年八月廿五日。继室赵氏，岁贡生灿女，生乾隆十四年，卒嘉庆九年正月七日。葬淡二图盈圩，亥山巳向。子长克明，次湘，时氏出；次沅，赵氏出。女适庄式夏。

可见，赵灿之女为杨凤彩继室，杨湘虽非赵氏所生，但依然与赵灿形成祖孙关系，与赵敬则形成舅甥关系，从而为其向赵敬求教创造了亲缘条件。

民国张启秦、陆世益《望仙桥乡志稿·流寓·赵敬传》云：

（赵敬）女适杨凤彩，尝馆婿家，课诸外孙。

此志记载与清《练川杨氏家谱》冲突，家谱为族人所辑第一手资料，尤可征信，当以谱为是。嫁女于杨凤彩的不是侄子赵敬，而是叔父赵灿。因此，并非外祖父赵灿设馆望仙桥杨家课诸外孙，而是舅父赵敬设馆杨家课诸外甥，杨湘则定为诸外甥之一。而杨湘也求知若渴，又曾长期留居钱门塘白若里，随赵敬潜心学习，因而被写进民国童世高《钱门塘乡志》卷八《流寓》：

（杨湘）尝寓白若里，从赵敬学画墨竹，传其术以名世。

至此，可知周颢弟子又有孙效泉、徐玉瑛、赵灿，再传者有徐宣、赵敬，三传者有杨湘。

三

除上述具有明确师徒名分的弟子外，周颢还对其侄周笠在绘画和竹刻上有指导之功，与同邑后进王鸣韶分享画理和心得，对其画艺之提高大有裨助。

《竹人录》卷上《周笠传》云：

笠字牧山，芝岩之犹子也。工山水，《墨香居画识》称其“体韵精研，气格融炼”，与芝岩并得盛名。少时兼精刻竹，以芝岩为法，悉中规矩。后寓邗上，遂肆力于画。晚岁家居，作水墨花卉，生趣盎然。

嘉庆《嘉定县志》卷十七《艺术》之《周笠传》载：

周笠，字牧山，画法得从叔芝岩指授，后游广陵，见宋元真迹，刻意临摹，遂臻绝妙。尹文端公闻其名，命乘舟泝江，绘《长江万里图》进，御览称善。

光绪《嘉定县志》卷二十《艺术》之《周笠传》载：

笠，字牧山。从颢学画，气韵妍炼。后游扬州，客马氏玲珑山馆。见宋元真迹，临摹绝肖。两江总督尹文端命乘舟泝江，绘《长江万里图》，进呈御览。

然而，与周颢、周笠叔侄有直接而深入交往的王鸣韶，在所著《嘉定三艺人传》中说：

笠少于颢十余岁，少同学画，同刻竹，各得其意，不相袭也。生意远出，神气内涵，万点当虚，千重叠起，浑厚中自露秀色，令一见叹绝者，笠之所长也。各体具备，苍健雄深，微露乱头粗服之致，颢之所长也。刻竹作画，两者尽之矣。

作为十分了解周颢、周笠叔侄的人，王鸣韶并没有指出周笠曾向周颢学习绘画和竹刻，但由二人的年龄差来看，年长十余岁的周颢悉心指导周笠，或周笠主动向先获心悟的周颢学习，都完全契合情理。

清钱大昕《潜研堂文集》卷四十八《鹤溪子墓志铭》载：

鹤溪子姓王氏，名鸣韶，字鹗起……性落拓，澹于荣利，而好为诗古文，兼工书画。外舅诗宗眉山、剑南，真书似裴柳，行书似李北海，鹤溪子尽得其传。又与邑高士周晋瞻、牧山谈画理，遂精其艺，与陆孝廉即仙称“二妙”云。……生于雍正十年某月日，殁于乾隆五十三年某月日，春秋五十有七。

“周晋瞻、牧山”，即周颢、周笠叔侄。王鸣韶画艺之师承，笔者所见史籍均未有记载，但从钱大昕为其所撰墓志来看，与周颢、周笠二人探讨画理，对其绘画水平之提高，有重要的促进作用。后来，鸣韶成长为出色的山水画家，与同邑宫廷画家陆遵书（即仙）合称“二妙”，与太仓王廷元、王廷周、王三锡合称“后四王”。人论其山水，认为兼具“石谷（王翚）之密致，墨井（吴历）之超逸”（《墨香居画识》卷五）。

由墓志可知，王鸣韶生于雍正十年（1732），卒于乾隆五十三年（1788）。而周颢生于康熙二十四年（1685），卒于乾隆三十八年（1773）。王少于周47岁之多，年齿类似孙祖。因此，所谓与之“谈画理”，无疑是后进向前辈的请益。而周对王的指点也必然是中其窾要，否则怎能令后者“精其艺”呢？“精其艺”三字，细咀其意，应是王融通了周分享给他的画理和心得，才使自身的绘画水平产生了质的飞跃。

四

综上所述，周颢亲传弟子有严煜、吴嵩山、杜世绶、徐枢、孙效泉、徐玉瑛、赵灿，还包括有师徒之实无师徒之名的周笠、王鸣韶；再传弟子有徐宣、赵敬；三传弟子有杨湘。

严煜，主要从其学竹刻。

吴嵩山，主要从其学绘画、竹刻。

杜世绶（书绅），主要从其学绘画、竹刻，山水与竹均有声于时。

徐枢，主要从其学绘画、竹刻、琢砚。徐枢将画艺再传于徐宣。由传世作品来看，徐宣应该主要学山水。

孙效泉，主要从其学竹刻。

徐玉瑛，主要从其学绘画。由史料推测，应主攻山水。

赵灿，主要从其学绘画，主攻墨竹，并将墨竹授于从侄赵敬。赵敬再将此艺传于杨湘。

周笠，绘画、竹刻得其指授，二人以叔侄之名兼有师徒之实。

王鸣韶，向其请益画理，得其点拨。从其艺术成就来看，应是主要从周颢研讨山水之道。

又及，近人吕舜祥在其《嘉定的竹刻》一书中说：

浦灿字方山，号鹤汀，秀才，周芷岩的学生。画松善学洪谷子（荆浩），虬枝夭矫，孤干蟠穷，一室高悬，长风飒飒。刻竹和用墨颇得相合。

笔者在《竹人浦灿研究》一文中已考知浦灿生于康熙二十一年（1682），长周颢三岁，且得享大年，晚岁与周共举“八老会”。浦与周就艺学而交流，甚至向周请教，不无可能。但未知吕公将其定为“周芷岩的学生”所据何在，笔者至今也未发现任何证据，姑存以俟考。

附：周颢艺术传承脉络一览表

	亲传				再传				三传			
	姓名	里居	科名	受业	姓名	里居	科名	受业	姓名	里居	科名	受业
周颢	严煜	南翔		竹刻								
	吴嵩山	南翔（寓扬州）		绘画 竹刻								
	徐枢			绘画 竹刻 琢砚	徐宣			绘画				
	杜世绶（书绅）	南翔	诸生	绘画 竹刻								
	孙效泉			竹刻								
	徐玉瑛		举人	绘画								
	赵灿	钱门塘（寓望仙桥）	贡生	绘画	赵敬	钱门塘（寓望仙桥）	贡生	绘画	杨湘	望仙桥（寓钱门塘）	贡生	绘画
	周笠	马陆（寓南翔、扬州）		绘画 竹刻								
	王鸣韶	城中	诸生	绘画								

参考文献：

1 （清）徐宣绘《临周芷岩山水册》，乾隆四十七年（1782），嘉定博物馆藏。

2 （清）杜世绶绘《万竿烟雨册》，乾隆二十八年（1763），翥云艺术博物馆藏。

3 （清）杨湘、钱元章绘《竹石合笔册》，道光十五年（1835），嘉定博物馆藏。

4 （清）钱大昕著，吕友仁点校：《潜研堂集》，上海古籍出版社，1989年。

5 （清）冯金伯纂：《墨香居画识》，影印清刻本，载周骏富辑《清代传记丛刊》艺林类第7册，明文书局，1985年。

6 （清）金元钰纂：《竹人录》，载黄宾虹、邓实纂《美术丛书》，浙江人民出版社2013年影印本。

7 （清）张承先、程攸熙纂，朱红标点：《南翔镇志》，载《上海乡镇旧志丛书》，上海社会科学院出版社，2004年。

8 （清）吴桓、王初桐等纂，赵文友标点：《嘉庆嘉定县志》，载《上海府县旧志丛书》嘉定县卷，上海古籍出版社，2012年。

9 （清）程庭鹭纂：《练水画征录》、《练水画征续录》，光明书社民国二十八年（1939）铅印本。

10 （清）《练川杨氏家谱》，约光绪年间据道光十一年（1831）版续刻，上海图书馆藏。

11 （清）程其珏、杨震福等纂，王光乾点校：《光绪嘉定县志》，载《上海府县旧志丛书》嘉定县卷，上海古籍出版社，2012年。

12 （民国）童世高纂，许洪新、梅森标点：《钱门塘乡志》，载《上海乡镇旧志丛书》，上海社会科学院出版社，2004年。

13 （民国）张启秦、陆世益纂：《望仙桥乡志稿》，载《上海乡镇旧志丛书》，上海社会科学院出版社，2004年。

14 吕舜祥：《嘉定的竹刻》，载《云庐丛刊》，1958年油印本。

15 王光乾：《竹人浦灿研究》，载《疁城文博》2017年第1辑。

16 上海博物馆：《竹素流芳——周颢艺术特集》，上海书画出版社，2016年。

本文原刊于《都会遗踪》第28辑，略有改动。

嘉定竹刻史拾屑三则

潘彦霖

一

古木幽篁图臂搁、柳溪高士图臂搁刻者再认识

昔年，阅光先生所撰《海派画家赵梦苏研究》一文，见其叙赵氏竹刻成就云：

存世竹刻作品罕见，笔者所见者有《虬松图笔筒》《古木幽篁图臂搁》《柳溪高士图臂搁》。《虬松图笔筒》作于丙寅年（1926）。后二者作于丙子年（1936），为其晚年力作，意境古寒苍凉，今藏于嘉定竹刻博物馆（属嘉定博物馆）。

彼时，光先生将嘉定博物馆所藏古木幽篁图臂搁、柳溪高士图臂搁定为赵梦苏作品并非率尔。其主要依据：一是两臂搁的款文“古木幽篁，梦苏老人”、“柳溪高士，丙子重九梦苏写”直接点明了作者是赵梦苏，且画风、书风确能与赵氏风格吻合；二是，馆方设置的说明文字也将其定为赵梦苏之作。这本似顺理成章的结论，为人阅读，为人转述，为人采信，多年来几乎已成定谳，光先生也毫不例外。

顷阅《疁城文博》第1期（1985年4月25日）所载乡贤胡叔常《我爱家乡竹刻》一文，顿觉今是而昨非，以前貌似毫无疑问的结论轻而易举地被推翻，亟需重构和更正。兹将胡文誊录如下：

嘉定竹刻，历史悠久，颇享盛名。深雕的山水人物，维妙维肖，精雅绝伦；浅刻的花草鸟虫，栩栩如生，得者无不朝夕欣赏，有引人入迷之感。多年来，吾酷爱收集文物，尤其是家乡的竹刻，每见佳品总是想法设法收藏之，珍如拱璧。

约在三四十年代，偶得一弯曲竹根，为刻竹的上品，吾恳求嘉定老画家赵梦苏老师画了一幅《枯木竹石图》，由西大街刻竹名手潘行庸刻成两片臂搁。其神态逼真，不失名家笔法。藏之多年，视若珍宝。

后来，在赵老师家见到一只竹刻笔筒，上面刻枝竿三二，衬以竹叶，旁有一只纺织草虫，栩栩如生，真是爱不释手，遂丐“万文元竹刻社”万啸云精仿之。遂成大小两具，虽不及原刻精致，然亦难能可贵。1956年4月，二哥厥文见之，颇为欣赏，为之题记。其文章古茂，足以传世，特录之：

“嘉定竹刻，始于明代，盛于乾嘉。当时或由名流忿世借以自隐，或以书画大家刻竹写意，如侯峒曾、周约之辈都是前明遗老，不甘仕进；钱大昕、程庭鹭等乃系一代名人。每制一器，凝神默想，兴至奏刀，有经年而成者。是以瑰奇古茂，精雅绝俗，获得者珍如拱璧。逮清季，则已强弩之末。万君文元系画家赵大痴高足，精研竹刻，孜孜不倦。叔常三弟在大痴处见旧藏草虫笔筒，托为仿刻，然其形态已不若原刻栩栩如生矣。迩近以政府培养，行将人才辈出，再仿精品，当更能神似也。一九五六年四月，古疁胡厥文。”

书后，又请上海玉石雕刻厂张迎尧同志翻刻其上。刻毕，两者相较，字体笔法，竟与原稿完全相似，叹为观止。

上述臂搁贰枚、草虫笔筒一只，于1960年借家乡成立博物馆之际送交收藏。“文革”后，落实政策，发还原藏竹刻水盂、罗汉、山水竹杯、佛手、臂搁等，亦均转嘉定博物馆保管，以便嘉定竹刻爱好者得有欣赏机会。

由本文可知，胡叔常曾于20世纪三四十年代“偶得一弯曲竹根”，请赵梦苏绘画，请潘行庸操刀，共制成两枚臂搁，后于1960年捐赠与嘉定博物馆。其所述竹材特点、画稿作者、数量、收藏单位等信息，均与嘉定竹刻博物馆内所展示的古木幽篁图臂搁、柳溪高士图臂搁契合无间。然不同处有二：胡文所述画面为《枯木竹石图》，与臂搁所刻不尽相符；胡文所述二臂搁成于20世纪三四十年代，与年款“丙子”（1936）也存在误差。之所以如此，是因为1985年胡老已与此两枚臂搁阔别25年之久，且时年已78岁，记忆略有差错，实属正常（胡老生于1907年，卒于1986年）。文中所提到的“草虫笔筒一只”也在同年捐赠给嘉定博物馆，而今也陈展于嘉定竹刻博物馆中，即竹刻络纬笔筒。

因此，可以明确地说，古木幽篁图臂搁、柳溪高士图臂搁是由胡叔常觅材，赵梦苏绘稿，潘行庸刻制的一对佳作。1960年，为赞助嘉定博物馆的成立，胡老将其无偿捐赠。从此，化秘玩为共享，易独乐为众乐，正如胡老所言“以便嘉定竹刻爱好者得有欣赏机会”，其襟怀不可谓不博大。

2006年，嘉定竹刻博物馆成立，嘉定博物馆将大量馆藏竹刻精品陈展其中，本文所讨论的两枚臂搁均在其中。为求真求实，为更好实现胡老的遗愿，应当按照史实，修正此前对该笔筒定名的错误，并广而告之。

二
于苏州蔡先生处经眼的竹刻

苏州蔡先生沉潜文玩市场数十年，书画、玉器、竹木、瓷杂过手无数，遂练就非凡的鉴赏力，兼制团扇，风韵古雅，闻名遐迩。

近两年间，先后于蔡先生处经眼嘉定竹刻四件，虽非珍品，亦可记之，以志眼缘。计有无款阴刻竹石图线板、阴刻山水线板（一对），潘行庸贴黄梅影相框、仿倪瓒山水臂搁。其中，贴黄梅影相框则被嘉定朱先生收入囊中。阴刻竹石图线板尤为笔者瞩目，其虽为实用器，却非庸俗物，石峻嶒，竹秀朗，兼包浆红润可爱，堪称

潘行庸贴黄梅影相框，1935年作

小器大样，不可多得。

嘉定所产的竹刻线板（一作线版）为旧时妇女绕线置针的实用器，应主要流行于清末民国时期。《申报》1876年1月14日第4版，刊有署名“说莲学人”的《竹线版铭并序》，可为明证。其文曰：

> 吾嘉以竹刻名于世，业此者竞尚新奇，有以竹两片粘合作定胜状，外敷以筠，曰“贴青”，虚其中设小竹屉，盖闺房中用以绕绒线置针焉。因戏为铭：如茧待抽，如蕉待剥。似侬虚心，度与鸳鸯绣幅。

三
何济翔1948年所见的嘉定金鼎康的竹刻收藏

顷阅顾国华主编之《文坛杂忆全编》（上海书店出

版社，2015年），见第二册载何济翔所著《嘉定金鼎康收藏竹刻精品》一文，是珍稀的嘉定竹刻史史料。为免同好检索之劳，誊抄如下：

余有幸于一九四八年得一睹嘉定金鼎康先生尽毕生精力收藏之明清以来嘉定竹刻名家精品。嘉定以竹刻名于世。金先生为嘉定人，富有资财，而生平酷好嘉定前辈竹刻名家作品，竭全力搜集之，不下七八十件。

是年夏，余固有事至嘉定，同行者五六人，慕先生藏作之名而造访焉，乃求一观。先生于城郊筑一小园，以为憩息之所。是日，先生邀余等至园中。园有一轩，先生于轩中陈列数方桌，出其精品依次列于桌上。

凡分三类：第一类平面雕刻，如搁手、笔筒等。所刻书画均绝精美。第二类浮雕，如名为“兰亭修禊”者，乃就一巨型毛竹根部截而为之，高可尺许，其上刻崇山峻岭、茂林修竹、清流激湍、流觞曲水、巨岩崩岁、松竹交荫，而人物聚于其中，各有所为，均极生动，宛若一幅修禊图也。人物均透刻，刀法精绝。第三类立体雕刻，更显神工鬼斧之妙。有一“太白对月饮酒像”，太白欹侧而坐，作举杯邀月状，其面目及衣褶均刻划入微，神态奕奕；又一“麻姑献寿”；又有一“蚱蜢”，翅薄如蝉翼，作振翅欲飞状。色色精绝。

金先生自谓：彼盖不惜重资,凡乡先贤名作必尽力购得之，其中有自故宫流出者。物之所聚，于是金先生乃为嘉定竹刻大藏家矣。金先生既有资力，足以办此，又精于鉴赏，宝物乃聚于一人，亦物之幸也。

盖嘉定竹刻，明清名家辈出，为一代珍宝。作者大抵为当时名下士，如朱小松等。不求闻达，读书余暇则以竹刻为乐。必先量度作材之所宜，审视再回，然后奏刀。有不如意，即弃之。其刻成一物，动辄经年，有经营三数年始成一物者，故其精若此。非脱略名利，孰能至此乎？此皆金先生为余等言。但故宫收藏甚少，岂皇室只以金玉为重耶？

金先生又谓：此等藏品，藏之亦颇费心机，既勿使燥而裂，又勿使湿而霉，保爱之，寒热以时。日寇侵华时，金先生则悉数寄存于上海之银行保险库，得免兵燹之灾。

金先生诚嘉定竹刻之功臣矣！今不知其所藏归于何所？

余著此文，希闻者宝爱之，勿使我国仅有之名竹刻不存于天地之间也。

竹刻艺术：人文嘉定建设的一张名片

徐征伟

竹刻艺术是一种融合了造型、书画、雕刻、文学多种艺术于一体的综合艺术样式，其所拥有的精湛的技艺、多样的器型、深厚的文化底蕴和独特的审美价值，使其成为我国工艺美术百花园中的一朵奇葩。嘉定竹刻作为中国竹刻艺术的优秀代表，不仅拥有五百年的发展历史，更因其明显的地域性和可贵的原创性，在2006年入选第一批国家级非物质文化遗产名录，成为展示嘉定地方文化建设及其成果的一张城市名片。

一、五百年的嘉定竹刻见证了嘉定人文历史的独特历程

1. 嘉定竹刻的历史

嘉定竹刻诞生于16世纪初，创始人朱鹤，他把书画艺术融入竹器的创作之中，开创了将深浮雕与透雕相结合的深刻技法。朱鹤的儿子朱缨、孙子朱稚征继承了家学并将这一技艺发扬光大。经过朱氏三代人的努力，嘉定派竹刻得以确立并获得社会的认可。

从朱稚征开始，嘉定竹刻不再局限于一家之学，他打破门户之限，将这一技艺传与沈汉川、禹川（大生）兄弟，同时学习这一技法的还有秦一爵等人。在明清易代之际，嘉定竹刻学习者人数渐多，除沈氏、秦氏外，又有王易、周乃始、殷永清、王永芳等人。这些人身处不同社会阶层，但都是学有专长，他们的竹刻创作为嘉定竹刻的发展起到了承先启后的作用。到了清康熙、雍正时期，出现了吴之璠、封锡禄、施天章、顾珏等大师，嘉定竹刻了进入了全盛期。乾隆、嘉庆时期，周颢、王之羽、邓孚嘉、王梅邻等，在继承中有创新，特别是周颢，“用刀如用笔”（钱大昕语），将嘉定竹刻的审美提升到了一个全新的高度。

近代以来，因为社会变迁，嘉定竹刻由艺术品向实用器转型，原有的艺术性减弱，但仍涌现了程庭鹭、张学海、时大经等名家。晚清时期，翻黄工艺引入嘉定，传统嘉定竹刻增加了一种新样式。这一时期，竹刻创作者的身份从原先的文人学者为主变成了竹刻业经营者为主，众多竹刻店的出现，使得竹刻作品可以进入寻常百姓家。民国时期，执嘉定竹刻牛耳的人是潘郯（1886—1961），他是嘉定竹刻历史上最后一位大师。1949年后，以潘行庸为代表的一批竹人，成为嘉定竹刻新的历史阶段中承前启后的人物。

2. 代表人物与代表作品

500年来，嘉定竹刻的风格传承有序，技艺代有传人。竹人们有的出自书香门第，有的是医学世家，有的是匠门之徒，虽是底层学者与下层平民，但都是有理想有追求的人物，清嘉庆、道光时嘉定学者程廷鹭说他们“托兴奏刀，皆高逸之士”（《逸松遗献录》）。

据史料记载，嘉定竹刻史上先后涌现了120余位优秀竹人，其中代表性竹人有“三朱”（朱鹤、朱缨、朱稚征）、“两沈”（沈大生、沈兼）、吴之璠、封锡禄、顾珏、施天章、周颢、邓孚嘉、王梅邻、程庭鹭、潘行庸等。

朱鹤，号松邻，活跃于明正德、嘉靖年间（1506—1566），传世作品有竹雕松鹤笔筒，现藏南京博物院。朱缨（1520—1587），号小松，有竹雕刘阮入天台香薰，1966年上海宝山顾村明朱守诚墓出土，现藏上海博物馆。朱稚征，号三松，作品有竹雕仕女图笔筒，现藏故宫博物院；竹雕高士图笔筒，现藏上海博物馆。沈大生，字仲旭，又字禹川，有竹雕庭院读书图笔筒，现藏

（明）朱缨竹雕刘阮入天台香薰，上海博物馆藏

上海博物馆。吴之璠，号东海道人，活跃于清康熙年间，有竹雕刘海戏蟾图笔筒、竹雕二乔并读图笔筒、竹雕松阴迎鸿图笔筒等，现藏上海博物馆。封锡禄，号廉痴，有竹根雕罗汉，现藏上海博物馆。顾珏，有竹雕迎驾图笔筒，现藏故宫博物院。周颢（1685—1773），号芷岩，有竹刻松壑云泉图笔筒、竹刻竹石图笔筒、竹刻竹石寒泉图笔筒、竹石图紫檀笔筒等，现皆藏上海博物馆。邓孚嘉，字用吉，有竹根雕陶渊明赏菊、竹根雕蟠松洗，现藏上海博物馆。王梅邻，字茂林，活跃于清乾隆后期至道光初年，有竹雕山村归客图笔筒、竹雕神骏图笔筒，现藏上海博物馆；竹雕翠筠逸兴笔筒，现藏嘉定博物馆。程庭鹭（1796—1858），号序伯，有竹刻寒木图臂搁，现藏上海博物馆；竹刻松风琴趣图臂搁，现藏嘉定博物馆。潘郯（1886—1961），字行庸，嘉定博物馆收藏其多件作品。

3. 嘉定竹刻世家

500年的嘉定竹刻史上，涌现了多个竹刻世家。世家对于竹刻艺术的传承和发展，发挥了重要的作用。重要的世家有以下一些。（一）朱氏：代表人物是朱鹤、朱缨、朱稚征，是嘉定竹刻的创始者与奠基人。（二）沈氏：代表人物是沈汉川、沈大生、沈兼（字两之）、沈尔望。沈氏师法三松，是“三朱”一脉的正传，在嘉定竹刻传承史上功绩巨大。（三）封氏：代表人物是第一代的封锡爵、封锡禄、封锡璋三兄弟，第二代的封颖谷、封始豳、封始镐、封始岐、封小姐，以及其后裔封文官、封品官、封三元官、封云生等。后人评价“吾疁竹根人物，盛于封氏”（《竹人录》）。（四）王氏：王氏第一代传人王之羽，是康熙时竹刻大师吴之璠的弟子，早年“日从鲁珍游，尽得其运腕之法”（《竹人录》），名冠一时。他的传人有子王质和侄儿王鑑、孙王玘、曾孙王梅邻，王梅邻是清嘉庆、道光年间嘉定竹坛上一个重要人物。（五）时氏：一共有七代，第一代是清乾隆时期的时钰与其兄时学庭，第二代的时其吉、时其祥、时其泰，第三代的时澄之，第四代的时汝鉴，第五代的时以成，第六代的时大经，第七代的时湘华，到时湘华已是民国时期了；时湘华的弟子是潘行庸。

4. 嘉定竹刻传承谱系

嘉定竹刻技艺传承的途径有家族传承，也有师徒相传，传承关系基本清晰。在嘉定竹刻的大格局下，又形成了多个流派，可谓云蒸霞蔚，精彩纷呈。嘉定竹刻的流派，按对嘉定竹刻深有研究的乡贤吕舜祥先生（1890—1976）的《嘉定的竹刻》所分，大体有：

简老朴茂派。始于朱松邻，效法者除朱氏子孙外，还有侯崤曾、周乃始、沈禹川、秦一爵、沈大生、沈兼、沈尔望、侯松音、侯友鹤等。

竹章篆刻派。如杨褒、杨谦父子等。

薄地阳文派。创之者为吴之璠，继之者如王之羽、朱文友、王鉴、王质、王玘、王梅邻等。

奇峭生新派。创始于封氏兄弟，特别是封锡禄，继之者为封颖谷、封始镐、施天章、封始豳、封始岐、封品官、封文官、封三元官、封云生、封积源官等。

工细入微派。首始于顾珏，继之者为赵学海、学海妻吴氏、子得三，此后的周锷、王纪常等也属此派。

用画法刻竹派。提倡于周颢，此后的吴嵩山、周笠、杜世绅、徐枢、严煜、孙效泉、浦灿、徐宣等同用此法。

讲究刀法派。如时钰、时其吉、时其祥、时澄之、时汝鉴、时以成、时大经、时湘华等。

直起直落派。好刻折枝花，直起直落，枝叶比附，重花叠叶，薄如轻云，如邓孚嘉、马国珍、邓士杰、邓渭、张步青、朱世瑑等。

工巧人物派。如蔡时敏、贺其吉等。

竹刻照相派。如张宏裕等。

刻印法派。用刻印章的方法来刻竹，如瞿中溶、程祖庆等。

竹根大件派。以竹根刻狮子、寿星等大件，如张学海、时大经等。

5. 选材和制作

选材和制作是竹刻艺术中有着因果关系的环节。竹材的好坏，往往决定竹刻作品的品质高低。嘉定竹刻的制作工艺流程特殊、复杂，要求很高。

嘉定竹刻创始之初，采取就地取材的办法。从前嘉定农家几乎户户都在屋后有竹园，竹子的品种也有十几种，但大都为小型竹。当时竹人们往往选择本地出产的一种较为大型的竹子——护居竹，将其刻成香薰、诗筒，用于随身携带，或书桌小件摆设。圆雕就选用竹根，根据其外形构思创作，制成人物、鸟兽等小件。

明代已有竹刻大件，但由于取材不易，故数量极少。从清代康熙时期起，嘉定从事竹刻的竹人数量大增，读书人家注意讲究居家摆设，对竹刻大件的需求量上升，大件逐步成为主流，于是对体型大的毛竹需求大大增长。因理想的竹材取得不易，竹人须根据季节，深入浙江等地竹林，尽力搜求。在伐竹和运竹时须十分小心，保证竹材不受到外伤。因此竹人们都以重价雇佣当地山民掮运下山，并及时处理，再小心地运回嘉定。

竹人在选好竹材后，就要进入制作阶段。制作大体由煮晒、制坯、起稿、粗刻、加工，再修整抛光这几个环节，才算完成。据文献记载，一个理想的作品，往往要经过数月甚至经年才能完成。

6. 雕刻形式和技法

嘉定竹刻的雕刻形式丰富，奏刀之法（俗称技法或刀法）多样。从文献记载可知，嘉定竹刻有别于其他地区的竹刻就在于刀法的不同。在不同时期，雕刻的形式是一脉相承的，但不同竹人在具体运用中有着各自的特色。

雕刻技法大体可分为圆雕、透雕、浮雕、薄地阳文、陷地深刻、阴刻等数种形式。圆雕，也称立体雕，通常表现人物、动物、花果与树桩等。透雕，把画面的留白处镂空，突出物象，虚实分明。浮雕分高浮雕（也称深浮雕）、浅浮雕两种，最浅的浮雕称为薄地阳文。陷地深刻是阴刻之一种，又称阴翻阳。阴刻，通常用来直接刻画点线，也常用于刻字。

竹刻使用的刀具种类大体可分为：圆刀（圆口平刀、圆口槽刀）、平口刀（方刀）、三角槽刀、斜口刀等几大类，在实际创作中各司其职。基本刀法可概括为冲刀、切刀（也称“直起直落”法）、刮刀、挖刀、割刀、凿刀（旧称大刀法）、铲刀数种。作品在创作过程中离不开修整打磨，打磨虽不是刀法，但也是创作一件理想作品不可忽缺的环节。

7. 样式与题材

嘉定竹刻常见样式有：簪匣、仙佛像、笔筒、香筒、蟹、蟾蜍、诗筒、竹章、酒杯、竹根人物、果蓏、臂搁、扇骨、翎筒、镇纸、竹杖、墨床、竹肖像等，分属竹筒雕与竹根雕二大类。

嘉定竹刻的题材，可以归纳人物类、动物类、花木蔬果类、历史故事类、山水类与书法类。

8. 嘉定竹刻在我国工艺美术界的地位与影响

嘉定竹刻在中国工艺美术史上是以一种创新者的姿态出现的。它的开创、全盛、高峰、守成各个时期，在继承优秀传统的同时，又有着不断的创新。从开创时期“嘉定三朱”在传统民间雕刻工艺基础上吸收院体绘画与浙派绘画（所谓“北宗”）的营养，同时兼顾到文人艺术的品格与趣味，使竹刻艺术拥有了一种新的文化生命。在全盛与高峰期，前人创造的“深刻”传统得到进一步的开拓和提升，工艺技巧和雕刻形式都有全新的发展。封锡禄、施天章等更是以绝艺服务皇室，不仅影响到了宫廷审美趣味，同时也推动了清宫雕刻工艺中文雅风格的形成，并对其他材质的雕刻产生了巨大影响。周颢则以画法融入刻竹，开创了“合南北宗为一体”（《竹人录》）、“用刀如用笔”的新样式，受到文人学者的大力推重，影响深远。

嘉定竹刻的地位与影响，重要著作如《竹木牙角雕刻》的主编李久芳在《明清时期竹木牙角雕刻导言》中说，明代嘉定“朱氏三代刻竹，开创了有明以来竹刻结合绘画技法之先河，对后世竹木雕刻产生了巨大影响”，“清初许多著名的竹木雕刻大师都出自明代嘉定派门下”，清中期的竹木雕刻，“仍保持着嘉定派刻竹之遗风”。而在清代后期的竹刻艺术中，《中国竹刻艺术》的编著者谭志成、叶义认为嘉定竹刻“始终仍处于领导的地位”。《刻竹小言》的作者金西厓，在剖析梳理明清竹刻简史时曾由衷地发出“练水（嘉定别称）诚为竹刻之乡矣”的感叹。2012年，上海博物馆策划举办了中华人民共和国成立以来首次竹刻艺术大展“竹镂文心：竹刻艺术特展”，“嘉定独旨”是该展的开篇。

二、嘉定竹刻在嘉定地方文化建设中的历史地位与作用

1. “竹人”与竹刻艺术在嘉定人文历史上的地位

嘉定自南宋嘉定十年十二月（2018年1月）建县以来，已有800年的历史，素称民勤俗朴之乡。在读书人与普通民众共同的努力下，成就了教化嘉定的美名。以下层平民为主体的嘉定竹人们，自觉遵从家乡崇尚教化的优良传统，以各自的聪明才智，为家乡的文化与教育事业，添砖加瓦，锦上添花，为嘉定地方文化建设与经济建设作出了巨大的贡献。（一）竹人们创造的竹刻制品称为“竹器”，是嘉定地方知名物产。清康熙《嘉定县志》卷四《物产》称其因“制作精巧绝伦，为世所珍”，民国《嘉定县续志》卷五《物产》称“竹刻为艺术上精品，吾邑最负盛名”。（二）竹人们因为人格与技艺，为嘉定人文增光添彩，为嘉定赢得世人尊崇。“竹人”这一历史人物中的新品类得以在嘉定出现并成长，是嘉定在地方文化建设上的重大成果，证明了嘉定的人文历史确实具有自身的特点与优势。

2. 开展竹刻研究对于嘉定文史研究人才的培养

清代嘉定先贤金元钰（？—1831）的《竹人录》，成书于嘉庆十二年（1807），十五年刊印，是最早对嘉定竹刻开展整体研究的专著，被学术界称为嘉定竹刻艺术的“圣经”。1950年代嘉定知名学者吕舜祥的《嘉定的竹刻》一书，补充介绍了《竹人录》成书以后近150年的嘉定竹刻历史。这两本专著成为后人了解研究竹刻艺术的必看书。

1949年以后，特别是改革开放以来，随着国家对传统文化的重视与地方文化建设的发展，嘉定竹刻受到人们的重视，研究工作也得以开展，出现了一批研究人才与相关研究成果。其中，专著有：1990年代郑孝同主编的《嘉定竹刻艺术》，2010年燕小明、陶继明主编的

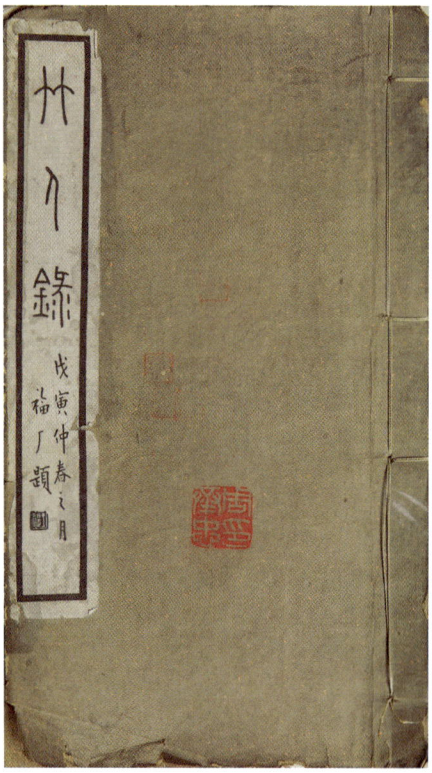

（清）金元珏撰集《竹人录》，1938年浙江鄞县秦氏睿识阁刊印本

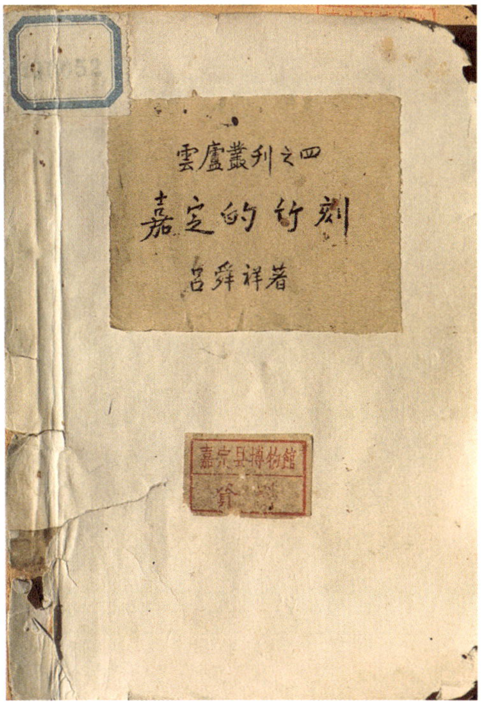

吕舜祥著《嘉定的竹刻》，1958年12月油印本

《海上绝技——嘉定竹刻艺术》，2007年由嘉定竹刻协会研究团队与台湾翦淞阁合作编辑出版的《竹器：嘉定竹刻海外遗珍》；发表于国内竹刻论坛，或发表于专业学术报刊的论文计有30余篇，其中产生一定影响的有张伟忠的《竹刻发展的写意化倾向之我见》、《嘉定竹刻的技法与雕刻形式》、《刻竹屑语》、《对几件传世笔筒的释读》，徐征伟的《美名岂是寻常事　绝艺从来出胜流——述嘉定竹刻的成功兼及其传承与发展》、《嘉定竹刻的文化与美学》、《略伦明清嘉定竹人》，王光乾的《〈竹人录〉作者金元钰研究》、《嘤其鸣矣，求其友声——探寻竹刻名家周芷岩的交游圈》等。

三、1949年后，特别是改革开放四十年来，嘉定竹刻的传承与保护

1. 1949—1970年代末的曲折发展时期

1949年后，竹刻艺术得到了党和政府的重视，竹刻艺人的地位有了改善。为了恢复和继承传统的嘉定竹刻，1955年，嘉定县人民政府组织，由老艺人潘行庸为主，召集李志庸、叶怀生、叶田生、范勋元、张荣奎等流散竹刻艺人，成立了嘉定城区手工艺竹刻生产小组，并招收了张迎尧、范其昌等一批计六位有志青年入社从师学艺。1956年，城区竹刻生产小组改为竹刻生产合作社。这一年，应中国作家协会的邀请，嘉定竹刻作品选送中央美术服务部展出，并获嘉奖；张迎尧创作的上冬校笔筒同年在江苏省青年美术作品展览会上展出，受到好评。1957年，潘行庸作为嘉定竹刻艺人的代表出席了在北京举办的第一次全国工艺美术艺人代表会议，受到了时任国家副主席的朱德的接见。1958年，为了介绍和宣传嘉定竹刻艺术，吕舜祥的《嘉定的竹刻》一书油印出版。1959年，新建立的嘉定博物馆开馆，嘉定名人顾景炎、万一鹏、葛成慧等向博物馆捐赠了他们珍藏的竹刻精品。也是在这一年，因竹刻产品苦无销路，难以为继，竹刻生产合作社并入上海玉石雕刻厂，艺人们转而从事牙雕、玉雕的生产与创作，嘉定竹刻走入低谷。

2. 1978—1999年，嘉定竹刻复苏的春天

改革开放以后，政府大力恢复嘉定竹刻艺术传统，嘉定竹刻迎来了复苏的春天。1980年初，嘉定县工艺品公司组建竹刻生产小组，拨专款着手培养竹刻人才，民间艺人丁黎良、张建忠、杨玉龙等3人经考核被录用，后请范勋元、张荣奎、顾振乐等对3人作专门指导。下半年，招收王威、刘伟忠、赵伟良等3人为学徒。是年起，嘉定恢复竹刻生产。1982年，正式成立嘉定竹刻社。1983年，时任全国人大常委会副委员长的嘉定籍人士胡厥文热情地关心嘉定竹刻的发展，除了呼吁恢复竹刻传统工艺外，并题词：“嘉定竹刻有高超的艺术，风雅绝伦，宜加扶持，俾垂久远。”在县领导与胡厥老的关怀、扶植下，嘉定竹刻有所发展。

1987年4月，嘉定县文化馆业余艺术学校举办竹刻培训班，由范勋元、王威执教，王乐平、张伟忠等青年成为学员。同年，嘉定县教育局教师进修学校的小学美术教师培训班，增设嘉定竹刻技艺课，培养竹刻辅导教师；教育局青少年学生课外学校举办竹刻兴趣班，在中小学生中进行竹刻艺术教学。10月，嘉定博物馆举

办“嘉定民间工艺展览”，展出古今各类竹刻80余件。1988年10月，经政府部门批准，嘉定博物馆竹刻工艺部成立，着手培养竹刻新人，王威任组长，王乐平、张伟忠、苏玉蓉为组员。1990年，嘉定博物馆在孔庙东庑推出“嘉定竹刻艺术”基本陈列，向世人公开展示竹刻艺术。经过前后十年的努力，嘉定竹刻重新回到了人们的视野，它的队伍建设也已初具规模。1995年，在嘉定江桥镇成立了嘉定竹刻研究会，聘请竹刻老人范勋元为顾问，嘉定竹人张伟忠成为会员，著名画家、嘉定籍人士陆俨少题写了匾额。是年秋天在嘉定首届美术节期间，“嘉定竹刻研究会（筹）会员作品展”在孔庙当湖书院举办，成为第一次展示现当代竹刻艺术的展览。

1990年代，市场经济还刚起步，而国内收藏市场也没有关注到竹刻作品。因为竹刻工艺部成员有完成年度经济指标的要求，在生存压力下，王乐平与苏玉蓉先后无奈离开了竹刻工艺部，自谋生路；王威后来也留职停薪，经营其他物品以谋出路。在前后约十年的时间里，只有张伟忠一人还在坚守着，并在1999年年初，在州桥老街开设了专营当代竹刻的“新篁馆”。这段时间里，为数不多的几个竹人分散在戬浜、外冈、马陆、曹王等地，业余从事竹刻事业。张伟忠在坚守嘉定竹刻传统技艺的同时，又转而向常州留青技法代表人物徐秉方学习，经过他的努力，留青技法在嘉定落地生根并焕发出新的生机，从此，嘉定竹刻的表现形式更为丰富多样了。

3. 2000年至今，嘉定竹刻艺术的新时代

新世纪的来临，预示着一个新时代的开始，嘉定竹刻因为竹人们的坚守，又重新进入世人的视野，在各个方面都得到了长足的发展与进步。

2002年，张伟忠的圆雕刘海戏蟾及浮雕灵辙笔筒被上海工艺美术博物馆收藏，周铿的透雕松下观图笔筒、庄龙的留青达摩过江臂搁参加上海市文联、上海历史博物馆联合举办的“纪念毛泽东同志《在延安文艺座谈会上的讲话》发表六十周年《近现代上海文艺史掠影》展”。2003年，蒋玉铭的留青书法《般若波罗密多心经》在第五届中国工艺美术大师精品博览会上获金奖。2004年，张伟忠的新篁工艺品有限公司受邀参加上海博物馆举办的“博物馆与非物质文化遗产活动周”活动的展示与表演，张伟忠的留青人物佛篝被评为首届上海工艺美术精品。

2005年8月，文化部启动“国家级非物质文化遗产保护工程”，随后嘉定区成立了非物质文化遗产保护办公室，嘉定竹刻被列为首批保护项目申报上海市级非物质文化遗产。9月，嘉定竹刻经上海市文化广播影视管理局审批通过，将其列入国家级非物质文化遗产代表作予以申报。10月，嘉定博物馆“嘉定竹刻艺术”专题陈列迁至法华塔院内对外展出。12月20日，嘉定区竹刻协会成立，有会员60余名，燕小明任会长。是年，张伟忠通过上海市专业技术资格统一考试，成为嘉定第一个获得工艺美术师资格的竹人。

2006年初，嘉定区文广局制定并启动“嘉定竹刻保护五年计划”。4月至7月，由嘉定区文广局与区教育局联合主办，嘉定竹刻协会承办的首届嘉定竹刻培训班，在嘉定区文化馆开办，参加培训的学员有70余名。5月，“嘉定竹刻”名列文化部公布的“第一批国家级非物质文化遗产名录”。6月10日至12日，竹刻协会12位会员的19件作品，参加了中国遗产日上海系列活动暨2006年上海民族民间艺术博览会，张伟忠的留青水仙插屏获金奖。10月，竹刻协会会员的20余件作品参加2006杭州世界休闲西湖博览会第七届中国工艺美术大师作品暨工艺美术精品博览会，张伟忠的留青水仙插屏、蒋玉铭的楷书《爱莲说》插屏、苏玉蓉的荷花插屏，分别获得2006年“百花杯”中国工艺美术精品奖的金、银、铜奖。11月10日至12月10日，由嘉定区文广局主办的“城市的记忆——嘉定竹刻艺术特展”在陆俨少艺术院举行，同时举办“竹刻艺术讲座”及“竹刻研讨会”，出版了图录《嘉定竹刻》，中央电视台、《人民日报》、《光明日报》、《中国文化报》、《中国日报》、香港《大公报》以及上海电视台、《解放日报》、《文汇报》、《新民晚报》等媒体对此作了专题报道。

2005年嘉定竹刻入选第一批国家级非遗名录后，

嘉定文史资深专家、嘉定博物馆陶继明先生起草了《关于筹建嘉定竹刻博物馆的建议》，并在年底提交2006年嘉定区“两会”。这一提案得到了区政府领导的高度重视。“两会”后，根据当时区文广局局长燕小明的要求，陶继明先生又在调查研究的基础上，撰写了更为详尽具体的《关于建设嘉定竹刻博物馆的策划书》，建议地址定在历史上竹人和竹刻店较为集中的老城区，认为嘉定竹刻博物馆有理由成为州桥历史风貌区内的一景，作为州桥历史风貌区内的文化集聚区的重要组成部分，建成后的竹刻馆将成为嘉定竹刻展示、研究、交流的平台，是展示嘉定文化软实力的窗口。2007年初，嘉定竹刻博物馆建设项目正式立项，成为区政府年度文化实事工程。嘉定博物馆研究人员徐征伟起草了《竹刻博物馆的陈列大纲》，后经几次专题论证会议讨论修改定稿。

2007年12月28日，嘉定区人民政府斥资800万元人民币筹建的嘉定竹刻博物馆，于州桥历史文化风貌区内正式开馆，由国家级文博老人王世襄题写馆名。开馆期间，举办“嘉定竹刻艺术高层论坛”，出版图录《嘉定竹刻博物馆》。随后，嘉定区人民政府设立的由王威、张伟忠领衔的“嘉定竹刻名师工作室”也在嘉定竹刻博物馆内正式挂牌成立。

嘉定竹刻博物馆成立后，竹人们创作热情高涨，佳作纷呈，王威、张伟忠等的作品纷纷入围省市级、国家级美术作品专题展。张伟忠的作品于2008年、2009年与2010年连续三年入围中国嘉德春拍“现当代雕刻艺术”专场并成功拍出，王威的作品入选上海朵云轩拍卖有限公司“2012年非物质文化遗产及动漫专场拍卖会”，嘉定竹刻成为收藏市场的新宠。

2009年初，王威、张伟忠获批准，成为上海市非物质文化遗产传承人。8月，张伟忠获上海市人民政府批准，成为第二届上海市工艺美术大师。2018年5月，王威被国家文化与旅游部公布为第五批国家级非物质文化遗产代表性项目代表性传承人。

嘉定区竹刻协会与嘉定竹刻博物馆建成以后，每年都举办嘉定竹刻培训班，并不定期举办当代竹刻艺术展览，结合展览编辑出版展览图录，与此同时，嘉定区教育局下属机构与有关学校，先后开设竹刻学习小组，将竹刻教学引入校园。围绕嘉定竹刻的新气象，各种媒体也给予了关注与报道，有关嘉定竹刻研究的成果也时见报刊发表。这一时期，嘉定竹人先后成立工作室，计有：新篁馆（张伟忠）、绿玉轩（蒋玉铭、苏玉蓉）、竹缘堂（王威）、竹韵堂（王乐平）、博竹斋（庄龙）、竹汀斋（丁黎良）、竹�斋（周铿）、草竹轩（张旦秋）、安竹楼（唐兆宽）、三宜阁（罗一农）、研竹轩（潘峰）、明典堂（王珍）、多艺轩（张建忠）等13家。一系列的举措与努力，标志着嘉定竹刻艺术进入了一个新时代。

500年，在整个中国工艺美术史上，只是一段较为短暂的时间，但作为一种艺术形式来研究的竹刻，不论是重要竹人、传承脉络、表现形式、创作技法、创新精神还是社会声誉，嘉定竹刻都占有不可替代的地位与影响力。也因此，嘉定竹刻被工艺美术界、收藏界及学术界认为是中国竹刻史上同时也是中国雅玩史上最大的流派。

嘉定竹刻的历史是一部嘉定文化教育史的缩影，也是嘉定社会生活史的亮点。如何在保护与传承、创新与发展之路上走出一条时代的新路，如何处理传统与现代、高雅与通俗、生存与发展之间的矛盾，是当下嘉定竹刻需要面对的现实境遇。

回顾嘉定竹刻的历史，总结嘉定竹刻走过的风雨历程，我们坚信，在党和政府的关心与扶持下，在社会各界对传统优秀文化的热诚与期待里，更在竹人们对嘉定竹刻艺术的执着追求中，嘉定竹刻一定会拥有更美好的明天。

清末民初练西黄氏的自治实践与家族转型

齐超儒

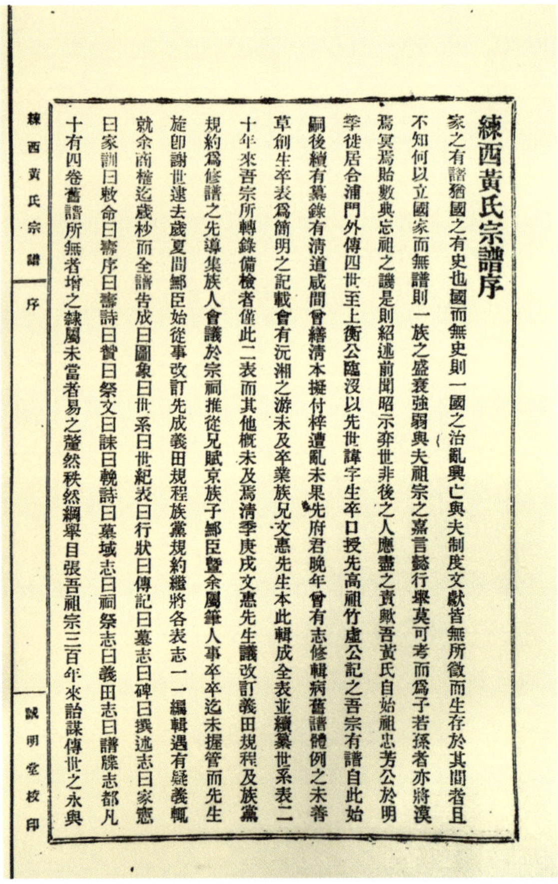

練西黃氏宗譜序

家之有譜猶國之有史也國而無史則一國之治亂興亡與夫制度文獻皆無所徵而生存於其間者且不知何以立國家而無譜則一族之盛衰強弱與夫祖宗之嘉言懿行舉莫可考而爲子若孫者亦將漠焉冥焉貽數典忘祖之譏是則紹述前聞昭示弈世非後之人應盡之責歟吾黃氏自始祖忠芳公於明季徙居合浦門外傳四世至上衡公臨沒以先世諱字生卒口授先高祖竹虛公記之吾宗有譜自此始嗣後續有纂錄有清道咸間曾繕清本擬付梓遭亂未果先府君晚年曾有志修輯病舊譜體例之未善草創生卒表爲簡明之記載會有沅湘之游未及卒業族兄文惠先生本此輯成全表並續纂世系表二十年來吾宗所轉錄備檢者僅此二表而其他概未及焉清季庚戌文惠先生議改訂義田規程及族黨規約爲修譜之先導集族人會議於宗祠推從兄賦京族子鄒臣暨余屬筆人事卒卒迄未握管而先生旋卽謝世逮去歲夏間鄒臣始從事改訂先成義田規程族黨規約繼將各表志一一編輯遇有疑義輒就余商榷迄歲杪而全譜告成曰圖象曰世系曰世紀表曰行狀曰傳記曰墓志曰碑曰撰述志曰家憲曰家訓曰敕命曰壽序曰壽詩曰贊曰祭文曰誄曰輓詩曰墓域志曰祠祭志曰義田志曰譜牒志都凡十有四卷舊譜所無者增之隸屬未當者易之釐然秩然綱舉目張吾祖宗三百年來詒謀傳世之永與

練西黃氏宗譜 序 誠明堂校印

图一 《练西黄氏宗谱》书影

表1 练西黄氏主要人物世系表

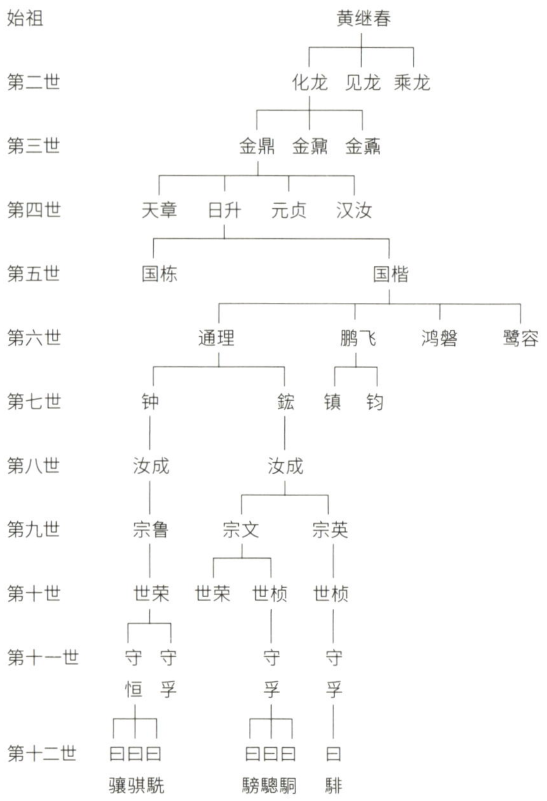

注：本表根据民国六年（1917）修《练西黄氏宗谱》卷二《世纪表》整理而成。

晚清以来，在“千年未有之大变局”下，中国社会在各个领域都历经了一次全面的变革，尤其是清末新政的开展，对于传统的家族产生了巨大的影响。以往有关近代家族转型的研究，更多地关注家族在修谱、祠堂建设、宗亲组织等方面的变化。本文希望通过对嘉定黄氏家族历史的考察，探讨商人家族如何借助地方自治的开展，获取新的社会权势，完成由商人家族到近代新式精英阶层的转变。

一、累世蓄积：练西黄氏的地方际遇

根据民初编纂的《练西黄氏宗谱》（图一）记载，练西黄氏的来历，可以追溯到战国时期的春申君黄歇：“吾黄氏之先，盖出帝轩辕之苗裔，自咎繇之胤嬴姓，封黄始以国为氏，其后楚有春申君黄歇，功著东南。”[1]

1 民国四年修《练西黄氏宗谱》卷十四《谱牒志》，第1页。

表2　嘉定黄氏家族行业情况表

行业 世系	南北货	竹业	酱园	典当	衣庄	钱庄	布庄	粥铺	染坊	洋货	米酒	医业	务农	教读	糟坊	食肆	电报局	总计	男口
五	1																	1	9
六	3																	3	15
七	3	1	1	1											1			6	8
八	5	1			1													7	18
九	1		3	1		2		1			1	1	2	4	1	1		18	28
十	1	2	4	1	4	3	2			2	5	2		10	1			37	43
十一			1		2				2	6	1		1	4	1		6	24	54

注：(1)南北货包括北货、南货；布庄包括棉花业、绸缎业；衣庄包括嫁妆铺；米酒包括米庄、酒庄；教读包括在学堂、书院、中小以及大学学校任教。
(2)一个人从事几种行业，分别记录。本表只是根据宗谱记载统计，与黄氏行业的实际情况存在差距。

不过，练西黄氏在嘉定地区的繁衍，是从明末的黄继春（字忠芳，1589—1677）开始的，“当明季由江东（黄浦江东高桥里）迁今居后，江东分为宝山县地，而忠芳府君以迁居讫，注籍嘉定，故我黄氏之在嘉定者，奉忠芳公府君为始迁祖”[2]。此后，黄氏遂世为嘉定人。黄继春生有三子，形成嘉定黄氏一支三脉的基本格局。在这三个分支中，以长子化龙（字海云，1612—1692）一支人丁最旺，其他两支，次房见龙（字瑞云，1632—1688）传至六世已无后，三房乘龙（字起云，1646—1709）更是只有一子。化龙有三子，只有长房金鼎（字禹九，1638—1707）与次房金鼒（字君调，1644—1722）能够延绵不绝。其中，后世从事工商业及获取科举功名的主要集中在金鼎一支。

（一）工商业兴家

黄氏迁入嘉定的同时，开始积极融入嘉定地方社会。始迁祖黄继春“力敦善行，矜式里闾”，康熙三年（1666）知县余敏举乡饮宾，特别赠予“齿德兼优”的匾额。[3]黄继春在乡饮酒礼中获得推举，意味着地方社会对于黄氏的认可。但黄氏在嘉定地方社会中地位的提升，与五世祖黄国楷（字膺若，1713—1777）有着密不可分的关系。

黄国楷因“经营北货”而发迹。所谓“北货”，即将山东、奉天各口岸贩运的腌腊、油饼等物品，运回嘉定销售，时人也称为“走山东”。黄国楷最初只是一个帮工，“后外家子弟习于泰侈，公屡进忠言，不见听，乃退自营运，卒以勤俭起家”[4]。当时，货物的运输通常是靠人力，家谱中曾对黄国楷“走山东”的情形有过记载：“尝自浏河雪中步归，履迹皆赤，比脱履，始知屐齿入肉，冻甚不觉也。”[5]其中的艰辛可想而知。正是通过“北货”的经营，黄氏“始稍富裕”。在随后的几代中，很多子孙继承家业，从事工商业。在经营方式上也是常见的父子、兄弟之间的合作。黄国楷的三个儿子中，有两个继承父业。除经营“北货”被人所知外，黄国楷还以“黄孝子”的形象出现在县志《孝义传》中，其父日升（字天成，1672—1741）晚年患病，寻药未果，于是黄国楷将自己大腿上的肉割下为父治病。[6]

以“北货”起家的黄氏，在行业选择上，不仅仅局限于此，而是呈现出多元化的局面。黄氏族人在酱园、钱庄、衣庄、布庄、酒铺、粥铺、洋货等领域都有所涉及。其中，第七代、第九代至第十代从事工商业的，在黄氏男口数中占有较大的比重。直到晚清时期，这一局面才开始有所转变，以“教读”为业的人数开始增加，也出现多人在电报局工作的情况。但不能否认的是，工商业的经

2　民国四年修《练西黄氏宗谱》卷三《显祖孝子仁府君行述》，第13页。
3　民国四年修《练西黄氏宗谱》卷二《世纪表》，第1页。
4　民国四年修《练西黄氏宗谱》卷三《祖德述闻》，第1页。
5　民国四年修《练西黄氏宗谱》卷三《祖德述闻》，第1页。
6　民国四年修《练西黄氏宗谱》卷三《显考省斋府君行略》，第3页。

图二 黄世荣

营在黄氏家族前期发展的过程中，起着决定性的作用，财富的累积，为家族繁盛提供了重要的物质保障。

（二）争取科举功名

以经营商业起家的家族，在获得一定财富累积后，大多会通过获取科举功名，用以保持家业兴旺。凭借从事“北货”而获得成功的黄国楷，他的下一代中就已经有人开始获得功名，他的三个儿子都取得了监生的资格。不过，这一时期监生资格的获取，并非通过科考正途。黄国楷长子黄通理（字九皋，号省斋，1736—1812），其父“走山东”时，刚刚十八岁，弟妹皆幼，“不得不以治生为急，因弃举子业”[7]，后通过捐纳的方式获得监生资格。黄国楷的次子和三子，也都是通过这一方式获得资格。到了第七代，与依靠捐纳获取功名不同，这一代已经有好多人通过正途成为贡生、附生。

从第八世到第十世，有38人获得科举功名，其中，中举者只有3人，其他多为监生、生员、附生等低等功名。七世祖黄鋐（字仲西，号石香，1777—1851）“少以州试第一入县学，一再应省试不售，遂不往别”[8]。与黄鋐同代的黄钧（字正夏，号次欧，1782—1835）成为廪贡生后，七次秋闱不中。[9]值得注意的是，获取功名后，很少有人出仕，更多的是选择继续从事工商业，比如七世祖黄钟（字在东，号损之，1766—1835）附贡生，曾与钱大昕交游，“博涉汉宋儒书，识量闳达”[10]，先是以教读为业，后以典当为业，在西门外及城中各有一家当铺。此外，还经营酱园、糟坊业。其中，晖吉酱园经营一直持续到清末，所产的飞鹰牌酱油曾在1911年意大利举办的万国工业美术博览会上获得金牌。[11]九世祖黄宗起（字韩钦，号止盦，1831—1897），监生，候选府同知，仍继承父业，经营典当、酱园及糟坊业。黄宗起之子黄世荣（1848—1911，图二）获廪贡生后，仍从事酱园和糟坊的经营。像这样的监生与生员，虽然功名较低，但在法律与社会方面被认为是平民中的领导集团，也是一个重要的社会“过渡性”群体。[12]

据统计，在获取功名的50人中，有22名从事北货、酱园、钱庄、衣庄、布庄、酒铺、粥铺等商业。黄氏族人之所以会有这样的选择，一方面，由于生员在法律与社会的意义上是“末举”的身份，在这些生员中除了廪生每年能够享有津贴外，如果家庭不富裕，仍需要寻求各

7 民国四年修《练西黄氏宗谱》卷三《显考省斋府君行略》，第3页。

8 民国四年修《练西黄氏宗谱》卷三《显祖考子仁府君行述》，第14页。

9 民国四年修《练西黄氏宗谱》卷三《显考竹虚公府君行略》，第7页。

10 民国四年修《练西黄氏宗谱》卷二《世纪表》，第8页。

11 民国《嘉定县续志》卷五《风土志·附赛会》，《上海府县旧志丛书》，上海古籍出版社，2012年，第2866页。

12 何炳棣：《明清社会史论》，联经出版事业股份有限公司，2014年，第39页。

种工作得以生存。[13]以工商业起家的黄氏，在没有取得更高功名的情况下，经商自然成为族人主要的选择。另一方面也与黄氏家族对待科举的态度有关。对于子孙多次应试不中，黄国楷之妻曾劝诫："书不可不读，穷达听之而已。"[14]道光十四年（1834），黄镇（字景贤，号补之，1780—1845）长子黄汝熙因勤学苦读，导致生病卧床不起。为此，黄镇命次子汝杰放弃科举，在他看来，"为学以明理，非徒弋取科第也，苟能束身名教，言动不失绳，是即学矣"[15]。此外，明清时期"弃儒就贾"的普遍趋势，也多少对黄氏族人的职业选择产生了一定的影响，士和商的界限变得模糊，一方面是儒生大批地参加了商人的行列，另一方面则是商人通过财富也可以跑进儒生的阵营。[16]

"在明清时代的中国，钱财本身不是权力的根本来源，它必须转化成官员身分，才能充分感到钱财的力量。"[17]尽管黄氏家族中没有入仕者，但依靠捐纳和科考取得的功名，还是为黄氏在地方社会赢得了声誉。经商与科举并重，成为黄氏家族在地方社会崛起与壮大的重要根基。

（三）联姻地方望族

婚姻网络作为家族社会交往与发展的一个重要手段与途径，各家族互相之间多联结起明晰的姻亲关系，在社会地位的提升与巩固方面发挥着重要的作用。因从事工商业，财富的累积使得黄氏在嘉定地方的社会地位开始提升。社会地位的提升，往往成为家族亲缘圈扩大与巩固的契机。[18]黄氏与嘉定著姓望族的联姻正是从黄国楷这一代开始。其兄长黄国栋（字上衡，1707—1776）"以儒为业"，虽未考中任何功名，但在婚配方面，妻陈氏为同邑方泰镇望族。[19]随着工商业的发展以及科举功名的不断获得，黄氏在嘉定的社会威望越来越高，由于家族人口兴旺，婚姻圈的范围也越来越广，联姻的对象大多选择嘉定周边门当户对的士绅家族（见表3）。

从表格统计的数字来看，黄氏家族在早期阶段，由于自身功名等第不高的原因，通过女嫁绅士进行联姻的方式较多。进入清中期，随着家族科举功名的获得和社会声望的提升，黄氏与功名等第较高的望族家庭之间有所联系。秦氏、胡氏、钱氏、廖氏、程氏等嘉定的世家大族都成为黄氏联姻的对象。如黄通理之女嫁给监生秦景礼，黄汝成娶监生秦文骥之女，黄汝恭继妻为监生胡聿乾次女，黄汝翼娶廪生程庭鹭的妹妹，黄宗善继妻为举人钱侗孙女，黄世祚之女嫁给廖世经。黄氏的联姻范围不仅局限于嘉定，还包括周边的太仓、上海、昆山等地。如黄汝熙之女嫁给太仓状元陆增祥之子陆继德；黄汝楫之女嫁给上海监生光禄寺署正李文涛，黄宗濂娶昆山监生同知衔杨馨之女。

通过建立合适的婚姻圈，黄氏的社会地位在地方甚至更大的范围内得到巩固和扩大，强化了在嘉定地方

表3　海云公长房禹九公支功名及联姻情况表

	男口	监生	附生	贡生	举人	生员	男娶绅士女	女口	女嫁绅士
五世	2						1		
六世	4	3						7	6
七世	5	1	1	2			4	10	5
八世	11	8	2	1			5	14	11
九世	26	6		3	1	1	17	24	11
十世	34	1	6	1	2	2	19	38	5
十一世	48		2	2			5	7	

资料来源：民国六年修《练西黄氏宗谱》卷二《世纪表》。
注：(1)一人历经几种功名者，按最高功名计，不重复计算。
(2)各代男女口数以成年人口计，夭殇者不计。
(3)男娶士绅女中，含继娶、侧室。
(4)表中士绅，含国学生、庠生、举人、进士、官员，勅赠官职者不计。科举废除后，高等小、中学堂及师范毕业生不计。本表只是根据家谱记载统计，与黄氏联姻的实际情况尚有差距。

13　何炳棣：《明清社会史论》，联经出版事业股份有限公司，2014年，第40页。

14　民国四年修《练西黄氏宗谱》卷三《显祖考子仁府君行述》，第13页。

15　民国四年修《练西黄氏宗谱》卷三《显考补之府君行述》，第15页。

16　余英时：《中国近世宗教伦理与商人精神》，九州出版社，2014年，第284页。

17　何炳棣：《明清社会史论》，台北：联经出版事业股份有限公司，2014年，第39页。

18　冯贤亮：《晚明的县域社会与绅士家族——以嘉善陈龙正为中心》，《苏州大学学报》（哲学社会科学版）2018年第1期。

19　民国四年修《练西黄氏宗谱》卷三《世纪表》，第4页。

精英阶层中的影响力。

(四) 参与地方公益

“疁之族，富而乐善者，城中旧推秦氏，城西推黄氏。”[20]黄氏家族除了通过经营工商业以及获取科举功名来提升社会地位外，还通过地方公益的参与，获得地方政府和民众的信任，增强地方社会的名望。在家谱中，有关黄氏参与地方公益的记载，更是屡见不鲜。六世祖黄通理“啬于自奉，而勇于为善，凡修葺梵宇，平治道途，以及育婴恤嫠，施药施棤掩骼之属，无不勉力捐办”[21]。其弟黄鹏飞“自守廉俭，周恤贫乏，辄倾囊弗惜，至如修造桥梁寺宇，及捐办育婴恤嫠，施棤掩骼之类，必勉尽其力”[22]。光绪《嘉定县志》记载：“绅富存心长厚，故邑多善举。嘉、道以来，秦、黄诸大族偶遭灾赈，踊跃倡捐，不烦劝募。”[23]黄氏对地方公益的参与主要体现在桥梁的兴修、灾荒的救济、水利的疏浚以及育婴堂、恤嫠局等慈善机构的维护。

(1) 兴修桥梁

嘉庆九年(1804)，水灾过后，城乡桥梁坍塌众多，黄通理独力改建或捐资修建。黄通理曾患有血燥，两脚布满湿疹，赵泾西涯四桥同日兴工，桥修好后竟然结痂脱掉，不再复发。“佥谓为善之报。”[24]黄通理先后捐资修葺石桥数十座，仍保留到现在的有西隐寺前的听莺桥、西门外的登云桥。[25]

(2) 赈灾救荒

嘉庆十一年水灾，地方政府仍延续旧习，设立粥厂，赈济灾民，结果“饥民奔走城乡间，或数里或十余里，吏胥夤缘中饱，又不以时具其强有力者拥挤争先，老稚转徙道殣相望”。对此，黄鹏飞、黄通理、黄钟、黄钧上书县令，认为“木棉旧损，米价翔贵，贫民纺织既废，营生无由往，惟捐输米石，设厂煮粥行之不实，百弊丛生，窃意煮粥不如散钱，总厂不如分设”[26]。主张按人口发钱，造册给票，设立十处发放点，每五日发放一次。县令采纳并实施这一办法后，“每户得钱数百文，买棉纺纱，以纱易钱，一钱可得钱半之用。民故便之”[27]。此后，嘉庆十九年的旱灾以及道光三年(1823)的水灾，仍采用此法。

道光三年嘉定再次发生水灾，由于用作赈灾的常平仓社米被书吏官绅等侵吞，无粮可赈，黄钟捐银从外地购粮，并以平价售于百姓。对此，王汝润在其日记中记载：

> 岁次癸未大水灾，新雨并作旧雨来。自春至夏不见断，五月十九竟浮埃。青苗插处不见影，未插田亩不能栽。泛泛江河千万顷，小舟行处去复来。吾乡木棉是地产，登高四顾安在哉？龙作阵，鱼作堆，烧空霹雳只惊雷。稟入县廉四川士，淡之姓矣名春台。布告四方须补种，纷纷计画泪满腮。秧可买，豆可培，取衣入典心未灰。讵知七月风潮起，波翻浪作屋宇隤。田高尚有青青色，低者但见水沿洄。柴桂米珠禁遏籴，可怜仓社空不开(吾乡常平仓社米，被书吏及绅宦干没已尽)。幸有富室秦黄姓(秦亦园、黄损之)，捐银平粜作豪魁。今已七月二十九，水势犹然浸石苔。闷坐一室心欲裂，呜呼！忍睹万亩荒芜尽汙莱！[28]

道光十二年“邻邑成灾，县东北隅瘠区，颇以哄聚为富室，累时江水暴溢，所在漂没，流民从淮北去”。黄钟以“救荒如救火，且饥民宜散不宜聚”，首先捐钱二千缗赈之。事后境内又遭飓风，黄钟“筹捐议赈，力颇不支”[29]。针对灾害频发、赈款滥用的现象，提出了“择绅

---

20 民国四年修《练西黄氏宗谱·练西黄氏宗谱序》。

21 民国四年修《练西黄氏宗谱》卷三《显考省斋府君行述》，第3页。

22 民国四年修《练西黄氏宗谱》卷三《显考竹虚公府君行略》，第6页。

23 光绪《嘉定县志》卷三《风俗志》，《上海府县旧志丛书》，上海古籍出版社，2012年，第1996页。

24 民国四年修《练西黄氏宗谱》卷三《祖德述闻》，第2页。

25 王光乾：《诗礼传家——嘉定望族》，上海文化出版社，2014年，第144页。

26 民国四年修《练西黄氏宗谱》卷三《显考损之府君行述》，第10页。

27 光绪《嘉定县志》卷五《赋役志下》，《上海府县旧志丛书》，上海古籍出版社，2012年，第1947页。

28 上海人民出版社编：《清代日记汇抄》，上海人民出版社，1982年，第173页。

29 民国六年修《练西黄氏宗谱》卷三《显考损之府君行述》，第10页。

士、平羡绌、杜规避、戒诿谢、量远近、辨差等、禁迁延、绝浮冒、断折減、惩需索”[30]的十条办法。

（3）疏浚水利

嘉庆二十一年（1816），官府提议疏浚吴淞江，估银二十八万两，拟以上海、青浦、嘉定三县摊捐，黄鹏飞认为，“淞为太湖宣洩尾闾，水利所及东南共之”[31]，并援引乾隆二十八年，苏松太三郡中十六州县协力疏浚吴淞浏家河的例子，与黄钟、黄钧等人上书，请以十六洲县协力疏浚。他们的建议得到采纳，民众得以免除沉重的赋役。[32]嘉庆二十三年，再次疏浚吴淞江，经费征收不足，黄鹏飞“董收经费，缓不济急，辄以己赀应解”[33]。

（4）救助妇幼

“嘉定硗陋，贫民生子多弃不育。”[34]康熙四十四年（1705）创设育婴堂，收养弃婴，后因缺乏经费，年久失修，与废不常。为此，黄钟开始捐助育婴堂，长达十数年之久，“活婴儿数百口，费私钱亦数千余缗”[35]。嘉定地区以再嫁为耻，“嫠妇多贫儒素之家，间有不克举火者”[36]。黄钟又创立恤嫠局，时常资助、抚恤贫困之人。

此外，在兴修书院、修缮文庙、组织团练等方面，黄氏族人都发挥了积极的作用。地方公益的参与，需要雄厚的资金支持，这也能够从一个侧面反映出黄氏家族在商业上的成功。

从整个黄氏家族发展的过程来看，从“商人”到“士人”，两者之间的交融，与江南商业世家文化转型的历史逻辑相符。工商业的经营在黄氏家族前期发展中起了决定性的作用，为家族繁盛提供了重要的物质保障。科举功名的获取，将其纳入既有的社会结构之中，提升了黄氏的社会地位。通过建立合适的姻亲关系，黄氏在嘉定地方精英阶层的影响力得以强化。而积极参与地方公益，又赢得了民众与官员的信任，社会声望随之增强。清末民初黄氏族人在地方自治中能够发挥重要作用，正是这些因素不断累积的结果。

二、主持地方：西门乡的自治实践

清末地方自治制度实施的原则，先从城厢入手然后再按照镇、乡的顺序进行，但是，嘉定最早举办自治的却是西门地区，“西门乡自治提前举办，成立独早，城区次之”[37]。不仅如此，“非独在嘉邑城镇乡中成立独早，且合苏属而计之，自治区议事会之成立，亦未有先于此者”[38]。西门之所以能够成为苏属地区最早举办地方自治的地区，与黄守恒、黄守孚、黄世祚为代表的西门黄氏家族有着密不可分的关系。

“西门，嘉定附郭之首厂也，出合浦门而西市街鳞比栉次，于祁塘之左右，直至高僧桥而始尽，又环城而北，以至观潮门之外，其辖境自皇庆之分隶，及严家庙之析置以来，得图有十二。”[39]西门原属于守信乡西三都，清中期，嘉定地区救荒设厂，以厂代乡后，设立西门厂。[40]根据1911年的统计，西门地区面积二十八方里，一千三百四十八户，人口共计六千零十一人。西门的商业，主要集中在西大街一带，“自钓桥以西至高义桥，街道长三里余，沿练祁南岸至虬桥西，街道长一里余，大小商店二百五六十家，以钓桥至虬桥上下塘一带为最殷盛。每日一市，贸易物自日用品外，以棉花、米麦、蚕豆、黄豆、布茧、六陈、豆饼、竹木、牛皮之属为大宗。市况

30 光绪《嘉定县志》卷十八《人物志三·孝义》，《上海府县旧志丛书》，上海古籍出版社，2012年，第2243页。

31 民国四年修《练西黄氏宗谱》卷三《显考竹虚公府君行略》，第8页。

32 光绪《嘉定县志》卷十八《人物志三·孝义》，《上海府县旧志丛书》，上海古籍出版社，2012年，第2243页。

33 光绪《嘉定县志》卷十八《人物志三·孝义》，《上海府县旧志丛书》，上海古籍出版社，2012年，第2243页。

34 民国四年修《练西黄氏宗谱》卷三《显考损之府君行述》，第11页。

35 民国四年修《练西黄氏宗谱》卷五《损之公墓志铭》，第2页。

36 民国四年修《练西黄氏宗谱》卷三《显考损之府君行述》，第11页。

37 民国《嘉定县续志》卷六《自治志》，《上海府县旧志丛书》，上海古籍出版社，2012年，第2896页。

38 《西门乡筹备自治进行记》，黄守恒：《谋邑编》卷五《杂文牍》，第12页。

39 《西门乡筹备自治进行记》，黄守恒：《谋邑编》卷五《杂文牍》，第12页。

40 有关嘉定地区“厂”的划分及演变，详见吴滔《清至民初嘉定宝山地区分厂传统之转变——从赈济饥荒到乡镇自治》，《清史研究》2004年第2期。

图三　黄守恒

图四　黄守孚

向极繁盛，尤为米商萃荟处。”[41]宣统元年因举办自治改称为西门乡。

练西黄氏自明末始迁祖黄继春迁居嘉定后，便世代居住在西门地区。五世祖黄国楷以工商业起家，世代以此为业，成为嘉定著名的商业家族。清末以来，除了部分族人继续从事工商业外，以“教读”为业的人数开始增加，但这一时期的“教读”与以往担任私塾先生不同，而是到上海等地担任各类新式学校的教员，其中就包括黄守恒、黄守孚、黄世祚等人。

黄守恒（1874—1921，图三），字佛星，号鄦臣，廪贡生，先后担任上海澄衷学堂、广明师范传习所、城东女学、爱国女学、浦东中学校教员，上海澄衷学堂、上海集成图书公司编辑员。历任嘉定县视学、劝学所学员长、学务总董。[42]黄守孚（1878—1931，图四），字允之，号佛时，廪贡生，1904年留学日本，攻读法政。归国后，任上海集成图书局编辑，所编国文教科书，风行全国。清末历任嘉定劝学所董事、选举事务所副所长、嘉定县农会会长。[43]黄世祚（1871—1942），字永吾，号虞孙，拥有举人的功名，先后担任浙江大学堂编书员、文案员，上海民立中学堂、交通部工业专门学校教员。[44]

从这三人的经历中不难看出，他们既拥有科举功名，又接受过新式教育。在自治举办之前，主要是在上海等地的新式学校担任教员，或在学务公所、劝学所等机构任职，以教育事业作为重要的势力平台。地方自治的开展为他们扩大自身势力提供了良好的契机，同时

41　民国《嘉定县续志》卷一《疆域志》，《上海府县旧志丛书》，上海古籍出版社，2012年，第2720页。

42　《嘉定镇志》编纂领导小组编：《嘉定镇志》卷三十《人物》，上海人民出版社，1994年，第418页。

43　倪所安主编：《嘉定县简志》，卷三二《人物》，方志出版社，2008年，第295页。

44　张振德主编：《嘉定春秋》，上海科学院出版社，1994年，第104页。

参与地方自治也是传统“厂董”身份在清末新政中新的延续。康熙年间嘉定地区因赈灾设立“粥厂”，并设立“厂董”一职，负责施粥。随着“厂”逐渐演变成事实上的行政区划，“厂董”的职责也随之扩大，涉及土地清丈、城乡水利等一切地方公事。[45]与第六世黄通理、黄鹏飞等人通过捐纳钱财参与地方赈济活动不同，到第八世黄汝楫（1808—1863），已经开始“董理赈务”[46]，第九世黄宗濂（1834—1871）于同治初年负责地方善后事宜，黄宗勋（1842—1906）担任西门厂务多年。[47]黄世祚在自治开展前一直担任西门厂董。由参与地方赈济到担任地方厂务，黄氏在西门地区拥有了相当的地位。地方自治开展后，原本的“厂董”一职被撤销，与之相对的“乡董”、“议员”、“议长”等职位则为他们巩固自身在西门地区的地位提供了机会。

光绪三十二年（1906）清政府实行预备立宪后，是年十月黄世祚、黄守恒、陈传德等人联合西门、严家庙、外冈等十一厂发起组织嘉定西路预备地方自治会，成为嘉定筹备地方自治最早的机构。但因城中自治会未成立，各乡镇虽然联合，但“其力不厚”，暂时被搁置。光绪三十三年（1907）四月黄世祚又联合周世恒等人组织建立地方自治局，但是这一举动遭到了城中部分人的反对，以吴邦升为主的“城绅”通过组织中区地方自治选举局，与之相抗衡，“甚至嫉视城外声言屏斥，比其开会，卒以锁关主义，大遭反对，而双方遂皆不复有所举动”[48]。

通过组建地方公会来筹办地方自治的方式失败后，西门厂决定独立筹办地方自治。宣统元年（1909）六月初五，知县杨宝善召集全县绅商学界在明伦堂开会，准许西门厂独立为一乡。六月十日由厂董周传诏、黄世祚召集，在归有山房召开西门乡人民大会，议决设立自治机关，定名为城西乡筹办地方自治事务所，推举黄世祚为所长，周传诏为副所长，黄守恒、陈宗元、黄世棫、陈宗鉴为参议员，秦曾钺为书记员。经费方面暂时向广仁堂公所借贷。六月十二日，向城镇乡筹办自治事务所报告成立情形。上呈报告书后，西门乡召开职员会议，讨论开办事宜，决定先行调查户口，调查员由各图董担任，调查时间以七月二十九日为限，户口调查完成后编造选民册。为配合调查，宣传自治，专门设立了自治宣讲所，每逢一、六日进行宣讲。在经历了为期一个月的户口调查后，共计1346户，6011人。随后编造选举人民册并宣示，根据缴纳的税额，照章分配名额，分别进行甲级、乙级选举。乙级选举投票者共58人，黄世祚、陈宗元、黄守恒、王安福当选为议员；甲级选举投票者12人，查桢燮、陈宗鉴、萧鸣盛、潘锡祺、吴总淦当选。二十七日，由知县邵鼎颁发议员执照，西门乡议事会正式成立。二十九日，议事会推选黄守恒为议长，陈宗元为副议长，周传诏为乡董，黄世祚为乡佐，因《城镇乡地方自治章程》中第八十条规定，“乡董、乡佐不得同时兼任该乡议事会议员”，黄世祚照章辞去议员。十二月一日，向知县呈报议长、副议长、乡董、乡佐，请予以备案，筹备事宜至此全部完成，并撤销筹备公所。

宣统二年（1910）正月初五，西门乡自治公所举行开幕式，前筹备公所所长黄世祚就划区问题、调查事项、经费等问题进行报告，被推选为议长的黄守恒在成立宣言中特别指出，议事会“以保存、增进地方人民生活为主要，其他惟一之宗旨则誓欲使受苦或虽有应受之苦趣是也”[49]，其中所提到的“保存”即注意清洁使疾病减少，“增进”则指发达种种之生计。至此，西门乡自治公所正式成立，成为嘉定最早设立自治公所的地区。西门乡自治公所制定的各类规章制度和提出的各类议案，也被其他地区仿照。

西门乡自治公所正式成立后，随即颁发了《西门乡议事会规则》、《西门乡议事会旁听规则》，正月十八日召开临时会议，会议讨论了自治职员俸给数目、各项办事员细则、罚则、自治规约以及职员过失惩戒细则等内容。[50]在二月十八日召开的春季议事会上，推选黄世求为会计员，黄守孚为学务员，吴宗善和张凤翔分别为卫

45 吴滔：《清至民初嘉定宝山地区分厂传统之转变——从赈济饥荒到乡镇自治》，《清史研究》2004年第5期。
46 民国四年修《练西黄氏宗谱》卷三《世纪表》，第12页。
47 民国四年修《练西黄氏宗谱》卷三《世纪表》，第20页。
48 《西门乡筹备自治进行记》，《䁖报》1910年2月19日，第11页。
49 《自治公所开幕记事》，《䁖报》1910年2月19日，第7页。
50 《临时会议纪事》，《䁖报》1910年3月20日，第4页。

生员和工程员。会议还通过了《西门乡自治公所办事员细则》、《西门乡自治职员过失惩戒细则》、《西门乡自治公所营业不正者之范围》、《西门乡自治公所罚则》等一系列规章制度。[51]除此之外，在此次会议上，乡董、议员、居民还提交各类议案共计十六件，除了黄守孚提议的筹款设立义务单级小学案、请设立农事试验场案议决缓行外，其余议案议决可行，包括调查整顿私塾、防止差役扰累人民案、限禁烟赌案、募集公债建设公园案等。根据《疁报》及《谋邑编》的统计，从宣统二年春季议事会召开，到辛亥革命爆发自治公所中止，这期间西门乡议事会收到的议案共计四十一件，涉及卫生、教育、治安、农业、自治经费等内容。

从嘉定西路预备地方自治会到城西乡筹办地方自治事务所，再到西门乡自治公所，都可以看到黄氏族人的身影，在他们的推动和领导下西门乡各项地方自治事业有序地进行，也为嘉定其他地区自治事业的开展提供了良好的范例。

三、由乡到县：新式领导阶层的产生

佐藤仁史在《嘉定县事》一书中，认为黄守恒、黄守孚等人在清末民初的经历，凸显出由于科举废止与新式教育制度导入而形成的新式精英阶层鲜明的特征，并将其特征归纳为三点：第一，以近代教育制度中新式学校的普及和自治机关的色彩强烈的学务所、劝学所等教育事业作为其扩张势力的背景；第二，以报界为活动基础，通过报纸出版活动在地域舆论中起指导性的作用；第三，组建革命政党，并成为中心人物。[52]这三点恰好反映出黄氏家族从主导乡政再到参与县政，成为新式领导阶层的过程。

（一）任职教育机构

教育改革作为清末新政中重要的组成部分，除废科举、建立新式学堂外，也建立起一套与之相匹配的教育行政体制。1905年12月，清政府谕令设立学部，但在地方学务管理方面，直到1906年学部才规定各省设提学使管理学务，并设立学务公所为办事机构。

嘉定因“城厢学堂次第成立，而主持学务之行政机关尚付缺如”[53]，光绪三十一年（1905）六月，仿照上海县、南通州成案，设立学务公所，主持全县学务。黄世祚于光绪三十二年六月接任学务公所总董，将全县划为四十一个学区。同年黄守恒也被推选为学务董事。光绪三十三年春，学部颁布了《劝学所章程》，规定“各厅州县，应各于本城择地特设公所一处，为全境学务之总汇，即名曰某处劝学所，每星期研究教育，即附属其中”[54]。嘉定劝学所于1907年四月成立后，学务公所随即裁撤。嘉定劝学所成立前，学务公所推荐黄守孚、葛文珪、戴宝身等，呈请提学使委派，黄守孚奉提学使札委为视学员兼学务总董，四月劝学所成立后就任。两个月后，黄守孚以“忙捐无著，力争不得”辞职。后经多次更迭，黄守恒于宣统二年（1910）六月被选为劝学所总董，宣统三年四月，学部改劝学所总董为劝学员长，并设劝学员三人。六月黄守恒因事辞职。

除在学务公所和劝学所等教育行政机构任职外，黄守恒、黄守孚兄弟还积极地参与教育研究机构的创建，成为嘉定广益学会和教育会等的发起者。光绪二十二年（1896），潘善元、黄守恒等人发起组织成立广益学会，“购置理化书籍、仪器，共同研究”，成为嘉定最早的教育研究机关。[55]光绪三十年，广益学会改组为嘉定学会，“以交换智识、研练能力为宗旨，一时有志革新之士，皆加入。斯会对于地方学务，颇著倡导扶翼之功”[56]。该会还发行《嘉定学会月报》，刊载的内容以学术研究和掌故材料为主，对于当时社会思想的变革，影

51 《议事会开会记》，《疁报》1910年4月4日，第5页。

52 吴滔、佐藤仁史：《嘉定县事——14至20世纪初江南地域社会史研究》，广东人民出版社，2014年，第246页。

53 民国《嘉定县续志》卷七《教育志》，《上海府县旧志丛书》，上海古籍出版社，2012年，第2916页。

54 朱幼谳、戚名琇编：《中国近代教育史资料汇编·教育行政机构及教育团体》，上海教育出版社，1993年，第60页。

55 民国《嘉定县续志》卷七《教育志》，《上海府县旧志丛书》，上海古籍出版社，2012年，第2917页。

56 民国《嘉定县续志》卷七《教育志》，《上海府县旧志丛书》，上海古籍出版社，2012年，第2917页。

响颇大。光绪三十二年七月，黄世祚、黄守恒、周世恒、秦望祖、顾瑞等十人提议设立嘉定县教育会，根据学部《奏定教育会章程》的规定，呈请县拨款设立，后因学务公所与劝学所更替，光绪三十三年七月才成立，黄世祚先后担任副会长、会长。教育会成立后，“历年所办事业甚多”，如审定教科书、举行全县学校联合会、设立教育研究所、理化器械陈列所、义务单级初等小学堂、全县小学教职员联合会等。

1904年黄守孚留学日本，攻读法政，归国以后担任上海集成图书局编辑。1907年集成图书局出版了《教科书批评》，开我国教科书批评的先河。黄守孚负责评点其中的“初等小学国文之部”，对当时极具影响的12套小学国文教科书进行了观点鲜明而又切中肯綮的批评。其中也包括他本人编写的《（小学教科）初等国文教科书》。在阐述该书的编辑思想时，他指出：“余编此书时，颇揣摩儿童心理，知儿童的知识至为单简，喜谈话不如喜图画，喜图画不如喜实物，故决定以实物教授为主。既主实物，则必用日常易用之物，方不使教师为难。”[57]黄守恒也历任上海澄衷学堂、广明师范传习所、爱国女学、浦东中学校的教员。这些学校多为近代以来创办的新式学堂，中西并重，在教授传统知识的同时，也注重西学的传播。

（二）兴办报刊主导舆论

近代以来，西方传教士为传播宗教，在各通商口岸创办报刊，在此影响下，一大批中文报刊相继创办，其中最有名的当属在沪创办的《申报》。上海作为近代中国报业中心，它的繁荣也对周边地区产生了重要的影响。

早在光绪二十八年（1902），西门外黄氏普通学社发行《嘉定旬报》，成为嘉定创办的一份报纸。黄世荣担任主编，其子黄守恒协助办报，并为该报撰写发刊缘起，在文中指出：“报章之设，所以使人扩充见闻，增长知识，不出户庭而知外事也。嘉定僻在偏隅，岁阅沪上报纸者不过数十家，以致士农工商罕闻世事。沿习之陋俗不能革，固执之私见不能去，遇一事一物之稍异者，往往谣言四起，议论沸腾。”[58]刊载内容方面，“国闻、邑事参半，记载议论平实，颇为时重”[59]。不过，该报因经费问题出版八期后停刊。

光绪三十四年九月，廖世培、黄守恒为首的十几人以推行地方自治为主旨，创立疁报社，发行《疁报》，1914年5月至1916年11月期间，因袁世凯实施报纸取缔令短暂停刊外，一直持续到1920年12月停刊，共发行237期。[60]作为一份地方报纸，能够持续发行十年之久，实属不易。

疁报社的组织结构，由专门担任经营面的总理、《疁报》主编的发行人以及采访、执笔新闻稿的记者所组成。[61]在实际的经营运作方面，由黄守恒、黄守孚兄弟二人负责，二人的名字也常常出现在首页的社论栏目中，发表对于地方自治的意见和立场。而他们所经营的晖吉酱园则为《疁报》发行提供资金支持。以黄氏兄弟为首的地方精英也常常通过《疁报》，对地方自治实施过程中出现的各类问题进行披露，如自治经费分配、城乡自治权限划分等，从而达到了主导地方舆论的目的。

（三）参与政党活动

辛亥革命的爆发，不仅推翻了清政府的统治，也为政党政治的形成与发展提供了制度条件。于清季十余年备受压抑的立宪派、革命派人士和满清旧官僚间，经过一段分化和结合过程，全国各地陆续出现了数百个

57　顾黄初主编：《中国现代语文教育百年事典》，上海教育出版社，2001年，第25页。

58　民国《嘉定县续志》卷七《教育志》，《上海府县旧志丛书》，上海古籍出版社，2012年，第2931页。

59　民国《嘉定县续志》卷七《教育志》，《上海府县旧志丛书》，上海古籍出版社，2012年，第2930页。

60　《疁报》在嘉定博物馆藏有第9号至第237号，嘉定档案馆藏有第36号至200号。综合起来现存215期。丁守和主编的《辛亥革命时期报刊介绍》第4集（人民出版社，1986年），有匡珊吉、王亚利对《疁报》的概略介绍。佐藤仁史对20世纪地方政治言论进行分析时，对《疁报》的史料价值进行了介绍。参见吴滔、佐藤仁史《嘉定县事——14至20世纪初江南地域社会史研究》，广东人民出版社，2014年，第240—276页。

61　吴滔、佐藤仁史：《嘉定县事——14至20世纪初江南地域社会史研究》，广东人民出版社，2014年，第244页。

号称“党”、“会”的小党派。[62]这一时期嘉定也出现了政党、政治团体林立的局面。根据佐藤仁史的统计，从1911年至1913年，两年的时间内，嘉定成立了八个政治团体。[63]在这些政治团体中，由黄氏兄弟参与组建的就有四个。

1912年1月，上海以学界为主成立上海公民社，以“督促庶政进行”为宗旨，受此影响，嘉定杨宝忠、童宜等人也以学界为主，发起组织嘉定公民社，3月10日在练西小学举行成立大会，宗旨为“尊重法律、发抒政见、促进社会参与政治之能力”[64]，钱江为社长，黄守孚为副社长。

自清末以来，以黄氏兄弟为首的地方精英一直致力于改革“夫束”问题，县议事会成立后，提交了众多关于革除夫束的议案，但因辛亥革命爆发，被迫搁置。民国成立后，他们于1912年4月成立了革除夫束期会，再次讨论夫束改革事宜，由黄守恒担任会长，会员多达六百余人。协会成立后，“为夫束旧制扰乱民生，呈请都督永远革除，改章征粮，以除秕改”[65]。在他们的努力下，1912年6月江苏都督正式下令永远禁革。

1912年7月，黄守恒、王元增受同盟会江苏支部委托组织成立中国同盟会嘉定分部。黄守恒被推举为分部部长，王元增为副部长，黄世祚担任评议长，黄守孚为干事。组织成立初期，有成员50多名。后以同盟会为核心，统合共和党、国民致公党、国民共进会、共和实进会，改组国民党，于1912年9月正式成立国民党嘉定分部，黄守恒担任部长。以“平民政治——采用民生政策、发展地方自治、保持政治统一、励行种族同化、维持国际和平”[66]为宗旨，在各乡镇设有事务所。

进入民国以后，黄氏兄弟除了在县议事、参事会、嘉定军政分府担任职务外，通过组建政党，以此寻求新的话语权，从而成为县政活动中的中心人物，对县政产生重要影响。

结语

通过对黄氏家族发展过程的梳理，可以看出，在家族前期的发展过程中，工商业的经营、科举功名的获取、联姻活动的开展以及地方公益的参与，提升了黄氏家族的社会地位，使得黄氏跻身于嘉定望族之列。有清一代，黄氏在地方事务管理方面，仅仅限于参与地方公益、主持西门的厂务。清末以来，黄氏家族在延续经商传统的同时，黄守恒、黄守孚、黄世祚等人，在科举废止、新式教育制度引入的背景下，广泛地活跃在新式学校的近代教育普及的环境，或自治机关色彩浓厚的学务所、劝学所等领域，并以这些教育事业作为势力背景。[67]地方自治开展后，黄守恒当选为西门乡议事会议长，黄世祚担任乡佐。在他们的主持下，西门乡成为嘉定最早开展城乡自治的地区。自治实施过程中所制定的各项章程、规则以及提出的各项议案为其他各区自治的开展起到了示范作用。县自治开展后，黄氏等人又通过任职教育机构、创办报刊、组织政党等方式，积极参与其中，使得权力范围由乡逐步扩大到县一级，形成了以黄氏兄弟为首的新式精英阶层，获得政治文化优势，建构起社会权势。

地方自治的开展，为日趋扩展的士绅权力提供了合法性和制度性基础，并将传统时代基于习惯或地方情景的非制度性绅权也加以合法化和制度化。[68]在这一过程中，黄氏家族也完成了由商人家族到近代新式精英阶层的转变。

62 张玉法：《民国初年的政党》，岳麓书社，2004年，第30页。
63 吴滔、佐藤仁史：《嘉定县事——14至20世纪初江南地域社会史研究》，广东人民出版社，2014年，第190页。
64 《嘉定公民社规章》，《疁报》1912年4月6日，第5页。
65 黄天白：《新嘉定大事记》，《上海府县旧志丛书》，上海古籍出版社，2012年，第3167页。
66 《余之政党观》，《疁报》1912年11月18日，第2页。
67 吴滔、佐藤仁史：《嘉定县事——14至20世纪初江南地域社会史研究》，广东人民出版社，2014年，第169页。
68 王先明：《士绅阶层与晚清“民变”——绅民冲突的历史趋向与时代成因》，《近代史研究》2008年第1期。

嘉定菩提寺散记

朱少伟

图一　菩提寺大雄宝殿

坐落于上海嘉定区安亭镇的菩提禅寺，三国东吴赤乌二年（239）始建，相传为孙权之母吴国太所敕造，系沪上最早的寺院之一。寺院落成后，进香拜佛的信众纷至沓来，附近散居的乡民也日益增多，最终村落聚成集镇，故民间一直认为“先有菩提寺，后有安亭镇”。另外，千百年来当地百姓中流传“天下两个半菩提，安亭菩提占其半”的说法，意即很久以前被命名为“菩提道场”的，全世界仅两个半，两个在古印度，半个在安亭镇的菩提寺；“菩提”译自梵文“Bodhi”，意为“觉”、“智”、“道”等，佛教中指断绝世间烦恼而达到涅槃的彻悟境界。在历史上，菩提禅寺屡经兴废。改革开放以后，随着安亭镇的崛起，菩提寺也得以恢复，并再现雄伟气势：占地13.3亩，大雄宝殿、观音殿、菩提阁等殿堂均呈江南明清风格；主体建筑重檐歇山顶的大雄宝殿面阔32.8米，进深23.8米，高21.8米，建筑面积达610平方米（图一）。寺内六棵古银杏，树龄已有300多年；神奇的是，其中一棵古银杏的枝干上天然形成两尊菩萨像，引起瞩目。我曾三次前往这座千年古刹,每回都有意外的收获。

腊八粥颇有来历

寒冬的一天，陪外地作家老赵参观了位于嘉定区安亭镇的上海国际汽车城。返回时，他提出要顺路去有名的菩提寺看看，我就继续做向导。

来到菩提寺，两棵树龄300年左右的古银杏格外醒目，它们高耸入云，枝繁叶茂，充满生机。我们正端详着，慧证法师恰巧走过来，他合掌为礼道：“两位施主，今天正逢腊月初八，敝寺备有热腾腾的腊八粥可供品尝。”我担任嘉定区佛教协会理事，与这位曾任上海佛学院教务长的中年住持比较熟悉，便打趣道：“来得早不如来得巧，咱们真是有口福呀！”

趁着在用斋处等候的空当，我向老赵讲起腊八粥的由来：人们喝腊八粥的历史，已有1000多年，宋代每逢腊八这天，不论是朝廷、官府、寺院还是黎民百姓家都要做腊八粥；到明代，腊八粥用料已非常丰富，并在各地形成不同特色；及至清代，喝腊八粥的风俗更是盛行，在宫廷，皇帝、皇后、太子都要向文武大臣、侍从宫女赐腊八粥，并向各个寺院发放米、果等供僧侣食用，在民间则家家户户都要做腊八粥祭祀祖先，同时合家团聚在一起食用或馈赠亲朋好友。

慧证法师听后微微一笑，他告诉我们，在佛教中关于腊八粥的起源另有说法。原来，腊月初八是个重要的佛教节日。据《因果经》记载，在释迦牟尼成佛之前，曾经苦行多年，无暇顾及个人衣食，每天只吃一些麻麦，长期不得温饱，饿得瘦骨嶙峋，容貌好似枯木一般。此时，一个牧女用钵盂煮乳糜送来供他食用。他吃了乳糜，恢复了体力，便端坐在菩提树下入定，于十二月八日成道。夏历以十二月为腊月，所以十二月八日称作腊八。佛教传入我国后，到了腊月初八，各地寺院都要纪念释迦牟尼修行成道日，并效法牧女献乳糜的故事，用香谷和果实等煮粥供佛，名为腊八粥。所以，《百丈清规》谓：“腊月八日，恭遇本师释迦如来大和尚成道之辰，率比丘众，严备香花灯烛茶果珍羞，以申供养。”南宋陆游也有诗云：“今朝佛粥更相馈，反觉江村节物新。”

对腊八粥的配料，历来记述颇多，如南宋周密的《武林旧事》说：“八日，则寺院及人家用胡桃、松子、乳蕈、柿、栗之类作粥，谓之腊八粥。”清代富察敦崇的《燕京岁时记》说：“腊八粥者，用黄米、白米、江米、小米、菱角米、栗子、红豇豆、去皮枣泥等，合水煮熟，外用桃仁、杏仁、瓜子、花生、榛穰、松子及白糖、红糖、葡萄，以作点染。”我接着话题问慧证法师：“那么，菩提寺的腊八粥放些啥东西，又有啥特色呢？”

慧证法师瞥了一眼刚端上桌的腊八粥，有点神秘地说：“两位施主尝了就知。”

老赵端起瓷碗，仔细打量后说：“哇，里面有粳米、糯米、珍珠米、薏仁、花生、蚕豆瓣、红豆、绿豆、芸豆、黄豆、栗子、莲子、葡萄干等。菩提寺的腊八粥配料挺地道哟！”

我尝了一口，觉得有一股独特的清香，便用调羹在瓷碗里翻一下，发现了黄灿灿的白果，

不禁赞叹：“从未见过这么大的白果，它既软糯耐嚼，又香气扑鼻，真是稀罕！”

“这是从两棵古银杏树上采收的白果，它与众不同，堪称一宝。敝寺的腊八粥正因放了品质极佳的自产白果，所以就别有风味啦！”慧证法师见状笑道，“腊八粥不但美味，而且有健脾、开胃、补气、安神、清心等功效呢。”

我望着在用斋处津津有味地喝腊八粥的众多善男信女，自言自语道：“咱们也应该多喝几碗呀！”

慧证法师要去研读佛经，微笑着转身离开。

喝过腊八粥，我和老赵都感到浑身暖和，而且齿颊留香。在屋外面对凛冽的北风，也精神抖擞，毫无寒意。我们怀着虔诚在功德箱里投入一些钱，然后慢慢走出山门。

在公路上，我们频频回望菩提寺……

悠悠钟声净心灵

那年除夕，我与几位作家朋友结伴而行，前往菩提寺“守岁”。

当我们来到安亭镇老街，迎面看见一座古色古香的大牌坊，上书“安亭老街”四个大字，两旁是一副对联：“菩提疏钟明月夜，塔影清涵水云间。”兜了一大圈后，绕过永安塔，跨过严泗桥，于天暗之际抵达菩提

寺。

我们在气势不凡的菩提寺山门前伫立片刻，便怀着兴奋的心情入寺（图二）。寺内早已是人头攒动，香客熙熙攘攘。我们像大家一样，都乐不可支地在四季常绿的古银杏树枝上系如意吉祥结，挂平安灯，互相真诚祝福。就这样，不知不觉几个小时过去了。

菩提寺昔日的千斤大钟，撞击时响彻整个安亭镇。如今，在重修的雄伟钟楼里，重达三吨的青铜巨钟显得很有气势。我望着它在灯笼映照下泛出的微微红光，不由浮想联翩。

中华5000年的璀璨文明，形成了许多美好传统，“撞钟纳福”便是其中之一。《白虎通》谓：“钟者，动也，言阳气于黄泉之下，动养万物也。”意思是讲，钟能聚集地下的阳气；敲钟可以把阳气从地下唤出来，滋养万物。大约从汉代开始，古人夜晚敲钟，白天击鼓，敲钟唤阳，击鼓避阴，所以我国古代城市都有钟楼和鼓楼。相传，寺院撞钟始于南朝梁代，当时梁武帝询问金陵（今南京）高僧宝志和尚：“人如何脱地狱之苦？”宝志和尚回答：“惟闻钟声，其苦暂息。”于是，梁武帝就下诏要求天下寺院每日都“敲钟”，从此寺院撞钟成为一种惯例，如《南史》中就有“邱仲孚，吴兴乌程人，少好学，读书常以中宵钟鸣为限”之语。

慧证法师不知什么时候来到我们身边。我高兴地说：“慧证法师，可否向咱们介绍一下寺院的钟？”这位颇有佛学造诣的住持合掌为礼，阐述道：名寺古刹的高大钟楼，增添了寺院的庄严感，而圆润洪亮、深沉清远的钟声则被注入“惊醒世间名利客，唤回苦海梦迷人”的佛教含义。钟是寺院的重要法器，依其用途分为梵钟与唤钟两种，梵钟又称大钟、撞钟、洪钟、鲸钟等，悬挂于钟楼上，用于召集大众，或做朝夕报时之用；唤钟又称半钟、小钟、行事钟，吊于佛堂内的一隅，用于通告法会等行事的开始。钟也是寺院里的号令，无论是召集僧人上殿、诵经做功课，还是日常的起床、睡觉、吃饭等无不以钟为号。清晨的钟声是先急后缓，而夜晚的钟声是先缓后急，《百丈清规》这样解释：“大钟丛林号令资始也。晓击即破长夜，警睡眠；暮击则觉昏衢，疏冥昧。”总之，寺院一天的作息始于钟声，止于钟声；敲钟、念经和礼拜供佛一起，共同组成了每天的行仪。

我问：“寺院撞钟有什么讲究？”

慧证法师回答：“撞钟大有学问，一定要敲得抑扬

图二　菩提寺天王殿前正景

顿挫，舒缓有致，'紧七下，慢八下，平平二十下'，如此三遍之后，再撞三下，总共一百零八下。这一百零八下，撞到哪里念什么经都有规定，丝毫不能出错。当然，各地寺院敲钟的节奏不完全一样，但总是响一百零八下。"

慧证法师说完，就忙着去张罗相关事宜了。

我看看手表，笑道："菩提寺的青铜巨钟就要被撞响。各位赶紧准备聆听钟声，迎接新年来到！"

此刻，无数人在大殿前目不转睛地注视着月光下的青铜巨钟。在大家的热切期待中，菩提寺的青铜巨钟终于"当"、"当"、"当"地响起来……

突然，我记起这样一副对联："高敞快登临，看七十二沽往来帆影；繁华谁唤醒，听一百八杵早晚钟声。"置身于除夕之夜的菩提寺，自己深深体会到了撞钟的真正含义，也明白了那不紧不慢的节奏、抑扬顿挫的音声为何会使人们的心灵得到净化、情操得到陶冶。

相传"海青天"来过

众所周知，明代著名清官海瑞在隆庆三年（1569）出任右佥都御史，钦差总督粮道巡抚应天（今南京）十府；这一年，江南嘉兴、吴江等地水灾严重，他巡历上海县时发现吴淞江下游已变得非常浅狭，提出应该立即治理。开工前，海瑞亲自撰写《开吴淞江祭文》："吴淞古江，横亘吴邦。岁久湮淤，震泽水泽。瑞请王命，建坝树桩。广募畚锸，务使行舟……"从嘉定县黄渡至上海县宋家桥（今上海市区福建路桥附近）八十里河道的疏浚，一个多月便告竣工。我判断，海瑞在嘉定县主持此工程期间，应到过菩提寺。

因而，我在踏春郊游之际，又一次来到菩提寺。本想向慧证法师求教，但他去区政协开会了。我只能独自在寺院里走一走。

在大殿旁，我遇见一位须眉皓然的老翁，两人便闲聊起来。交谈之中，我提及海瑞，老翁便说了曾在祖父口中听到的传说——

当年，海瑞探视友人归有光的安亭旧居时，曾前往菩提寺，他在山门前发现那儿架着几口大铁锅，锅里的米粥已分完，但仍有许多饥饿的灾民不肯离去。住持得知遐迩闻名的"海青天"驾临，马上合掌为礼道："寺内所存粮食全部用尽，没办法再向灾民赐粥，老衲正在发愁呀。"海瑞面对无助的灾民们，心里很不是滋味，他沉思片刻，高声说："各位乡亲，你们深受水灾之苦，我这个父母官对不起大家！这样吧，三天后你们都到吴淞江工地参加疏浚，我保证让大家有饭吃。"灾民们闻言都十分高兴，立刻散去。海瑞进入菩提寺参观，住持问道："海大人方才对灾民们说，参加河工就有饭吃。可是，哪儿来的粮食呢？"海瑞胸有成竹地回答："我会立即奏请朝廷准予把应天库房所存的部分军粮拿出来'以工代赈'，在进行救灾赈济的同时治理水患。"住持又说："贫僧先前到峨眉山时，曾见海大人所题楹联'举头望明天，放眼看青山'，真是写得好极了！希望这次也能给敝寺留下墨宝。"这时，恰巧一个官员心急火燎地进来报告："海大人，又有一处河堤快要溃决！"海瑞只好致歉，表示以后再来时一定题词，随即匆匆赶往出现险情的地方。海瑞由于公务繁忙，后来一直没有机会再到菩提寺。

听了老翁的讲述，我颇有感慨：海瑞最终虽未能给菩提寺留下珍贵墨迹传示后世，但这位清官却以自己的出色政绩，在民众心里立起了一块不朽丰碑。

一张嘉定照片的推测

徐家宁

图一　1860年代末，嘉定孔庙前方左侧的新渠

前阵子上海的一位朋友在朋友圈里贴出一张嘉定孔庙旁河与桥的照片（图一），[1]怀疑这张照片是菲利斯·比托（Felice Beato）所摄。如果是出自比托之手，会改写嘉定最早照片的历史，这当然会是一个重要的发现，但我有不同意见。

比托的背景毋庸介绍了，他1860年随英军来到中国，留下了一百多张照片，现在已经成为宝贵的文化财富。辨认一张照片是否为比托所摄，有很多条件，其中一个是作品尺寸。比托用的底片尺寸较大，大概是25×30cm。嘉定孔庙这张照片除了私人收藏，国外还有好几个公立机构有藏，从各处公开的信息来看，这张照片的尺寸大概是20×28cm，这个尺寸要比比托的作品小很多。此外，比托1860年在中国拍摄的照片，用纸都比较粗糙，不似1870年代那些来华摄影师用的纸光滑，而嘉定孔庙这张照片的几个版本成像锐利，用的都不是粗糙的相纸。

除了照片的物理特征与比托不符，还要考虑他的行程。比托之所以能够成为英军的随军记者去中国，主要

1　该照见[英]菲利斯·比托、赵省伟译《西洋镜：一个英国战地摄影师镜头下的第二次鸦片战争》，第167页，译作“流经村庄的小河”，拍摄时间1860—1863年，台海出版社，2017年。

是他在印度开设照相馆期间结识了英军统帅霍普·格兰特将军（James Hope Grant，1808—1875），然后被雇请拍摄英军在印度的平叛，表现获得官方的认可，才又被请去随英军到中国的。作为格兰特将军亲自邀请的摄影师，他的行程也与格兰特将军重合：1860年6月11日从香港出发，16日抵达上海，22日从上海出发前往威海卫。6月中旬上海的天气应该已经热了，但从照片中几个人的穿着来看，更像是秋初或春末，季节不对。

比托到过上海很多次，特别是他1863年去日本之后，常用的药品、玻璃板和纸张都要去上海采购，他后来去朝鲜和缅甸也都是在上海中转，但仅仅是中转，至少到目前为止还没有发现过确定由比托在上海拍摄的照片。

那么这张照片的拍摄者到底是谁？通过比较几个收藏有这张照片的机构的藏品，我推测是亨利·查尔斯·坎米奇（Henry Charles Cammidge，1839—1874），拍摄时间大概是1867年左右，最晚不超过1869年。理由其一是与这张照片同在一个相册的其他照片，都混杂着很多坎米奇的作品；理由其二是另一个版本的这张照片，左下角有一道横着的短划痕（图二），这样的划痕很明显出自刻意，这与坎米奇签名的方式非常相似：在底片底部刮掉一个横条的内容，再用笔写上拍摄的内容、编号、签名和地点（图三）。坎米奇还拍摄过很多张嘉定的照片（图四），说明他确实去过嘉定。

综上，我认为这张照片应该是1860年代末由坎米奇拍摄的。

图二

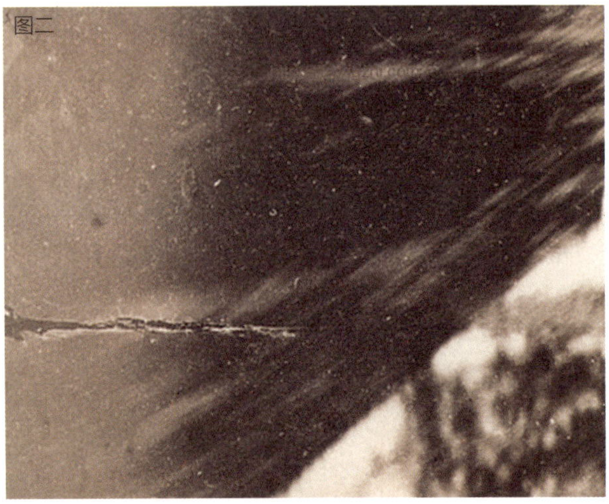

图三

图四

图二　照片左下角的那道划痕

图三　1870年前后，青浦白鹤镇大盈浦两岸风光。（英）亨利·坎米奇摄。注意看照片下部用来写说明和签名的部分已经被刮掉了

图四　1867年，嘉定城西门城墙，（英）亨利·坎米奇摄（阿道夫·克莱尔《一个瑞士人眼中的晚清帝国》）

年俗二则

张剑光

一、杀羊

腊月廿七、廿八，要杀羊了。

老家的春节，最让人难忘的是杀羊、蒸糕和炒常生果。一年四季没什么东西吃，而最丰盛的就是这几天，羊肉的美味让人一辈子也忘不掉，而一把一把的常生果，年没过完，直吃到小孩子个个拉肚子。

几乎每年的春节前几天，我家会杀一头羊，动手的是爷爷。杀羊的工具是一把尖刀，至今我没搞清这尖刀是哪里来的，铮铮亮，特别快。尖刀是不准我动的，放在一个麦缸里，说是这样刀不会锈掉。

羊当然是自己家养的。每年春天，会到浏河市场买一头小羊，好几次还到外冈去买，说是那里羊的品种比较好。我们家养的是湖羊，湖羊体型比较大，虽然没有山羊的肉细腻，臊味大，但能多吃几碗肉，所以一般大家养的都是湖羊。小羊最初只有七八斤到十几斤，一年后，大约有六七十斤，碰到肯长的羊会有八九十斤。当然这头羊喂养的主要任务是我和姐姐承担。每天放学回家，要割两篮子青草，羊一天就可以吃完。青草不是一年四季都长得很茂盛的，特别是秋天后，草都老了，田头、湖畔你得仔细找努力找，否则羊不够吃长不大。“你到了春节吃什么？”引号里的这句话是以前爷爷常问我的。

我的少年就是在割草养羊中过来的，一天又一天，这是雷打不动的任务，好像比读书还重要。

过年的气氛本来是没有的，但从决定杀羊的这一天就来了，春节近了，家里大人忙乱了，而小孩子可能有好看的戏了。

羊早早地牵出来，养了一年，羊要和我们告别。那时的我没有伤感，想着有肉吃，全是兴奋劲。动物保护还没有这一说，对肚子里没油水的人们这纯粹是多余的话题。也没见到羊掉眼泪，更没见到羊有痛苦的脸色，有的只是它望着欢乐的小孩们一脸的迷茫。

腌咸菜的大缸抬了出来，再抬出一条长长的板凳。厨房的大灶上两个大锅里都在烧水，水烧到即将开时就可以动刀。一个大钵头里放上少许盐和油，放在板凳前，一会就是盛羊血的容器。

父亲技术不行，只轮得上抓羊脚。把羊横过来放在板凳上，父亲和他的两个堂侄子要紧紧按住羊脚，有时我也会凑上去按一下。碰到雄羊力气大，还得有专人按住羊头。

爷爷的主业是农民，种地的好手，副业是渔民，捞鱼摸蟹技术精益求精，宰杀动物最多是算第三产业。他宰的动物中也是小动物居多，杀只鸡杀只鸭动作还算麻利，偶尔也会有鸡鸭放掉了血，却翅膀扑楞扑楞还四处逃窜的，啥叫鸡飞狗跳你见了就会知道。羊嘛一年就宰一两头，他侄子家的羊大多也是劳驾他，毕竟他是家里人中最专业的屠宰手。

七手八脚把羊侧身按在板凳上，就等爷爷来一刀。爷爷说这一刀不太好刺下去，要按住血管。刀口不能太大，也不能太小，不能把食管当成血管。反正爷爷一刀下去，基本上羊的血就喷了出来，不往上喷就是往下流。不一会儿，按后脚的还要往上抬，让羊的血全部自高到低流进钵头里。记得也有时候爷爷一刀下去没血出来，看看不行就再一刀，还是没血出来，事情就坏了。我们还在边上嘲，说干脆把羊头颈直接砍下来。爷爷急啊，胀红了脸，尖刀在里面掏过来掏过去，真到大量的血出来，才松一口气。更有一次羊放罢血，站了起来，踉踉跄跄走了十来米，我们笑不停，结果爷爷也笑了。奶奶说："本事大的，逃掉才好玩呢。"逃是逃不掉的，绵羊力气小，跑出去没多少路就倒了下来。

两大锅的水放在木桶里拎出来，倒入大缸中，把羊放进去转几下，用手一拔毛，雪白的羊身体就露了出来，这个时候我也会凑过去拔几把，反正动作要麻利，绵羊一身的厚衣服一会会就拔完了。难的是羊身上的小毛和羊脚羊头上的短毛，这个是最讲求技术的。爷爷会往头颈刀口里吹气，没几分钟羊的身体就鼓了起来，像个皮球，再用绳子扎紧头颈处，用尖刀刮羊身体，小毛、短毛清理起来就比较快。

开膛破肚，这种爷爷都是一个人干的，也用不了多少时间。但弄羊肚羊肠的时候，很费功夫。俗语说羊肠小道，意谓羊肠很细很长，清理的时候就要弄一个小时。换了我这种缺少耐心的人，早就想把羊肠扔了，但爷爷是不舍得的，他认为羊肠这种美味的东西，不花功夫下去是吃不到的，即使清理个一两个小时也是值的。南方的男人，只要能让家里人吃好，他们舍得牺牲自己的一切。

从杀羊的这一天开始，家里餐桌上菜就丰富起来。早晨，羊头羊脚羊肺羊肝羊肠白切了吃，蘸上酱麻油，入口那个美啊。家里人都不喜欢喝酒，否则喝一口酒挟一块羊肠滑入口，估计当神仙也不过如此。羊肉一般都是红烧，每天一碗，可以吃半个月，羊肉烧汤，放入大蒜叶，喷喷香。春节也会烧一碗红烧肉，如果两相比较，羊肉比猪肉不知美多少倍。

没有红烧羊肉的春节，大概不算什么春节。没有吃的春节，过起来灰溜溜的。看着一碗红烧羊肉连汁水都和着白饭吃了下去，爷爷的自豪感在故作镇静的表面下常会露出来："我只吃了一块，怎么碗底都见到了？"

我进大学后，爷爷还养过几年羊。后来年纪大了，就不再养羊，也不再杀羊。春节的年味，也就少了很多。

二、蒸糕

上海人谈起糕，十有八九会说崇明糕，好像蒸糕的传统只有崇明一地。这些天请来家里带小外孙的安徽阿姨，今天也是和我大谈崇明糕，我说糕在上海郊区以前都有的，我老家就是到了春节家家户户蒸糕的。阿姨一脸怀疑地看着我，好像我在吹牛一样。

腊月廿八、廿九，春节的一个大戏，家家都在这几天里蒸起了糕。

为了证明我家的糕历史悠久，咱先来段民国十九年修成的民国《嘉定县续志》上的记载吧。是书卷五谈到松糕，说："以秔、糯米磨粉，和以赤、白糖汤，徐徐入甑，松腻得中，则易熟而不滞。俗以熟之难易，卜来岁休咎，亦迷信之见也。果品如松仁、胡桃、枣肉、橙丁、橘红，芳香如玫瑰、木犀、薄荷及干菜、猪脂皆可加入。岁杪馈遗，比户为之，新正常以享客，重九亦然。盖谐声于'高'，以为颂祷。有丧则罢，亦食旨不甘之义。"也许我翻阅得比较粗疏，之前的嘉定县志上是否记录并不敢保证，但这条差不多是比较早的，如此说来估计这种蒸松糕的习俗起于清末。《嘉定疁东志》卷六谈到十二月二十三以后、除夕前的风俗时说："是时除有大丧者外，家家蒸备年糕。"

显然，春节前蒸糕的习俗，嘉定地区一直是有的。嘉定糕与崇明糕的区别，崇明糕都是糯米糕，而嘉定糕是粳、糯混合的，讲究一定的比例。嘉定糕是甜的，一般是加白糖和红糖两种，糕的颜色就分成白和红两色。白糖价格贵，红糖价格便宜，因而过去一般大多是红糖糕比较多，白糖糕比较少见。不过红糖糕带有红糖的香味，吃口比较好。糕里常会放果脯，或加入一定的带香味的材料。20世纪80年代前，大家普遍比较穷，家里蒸的糕中常常会弄一二蒸红枣糕。我家里还会在糕的中间放一层或两层生猪油（我们叫板油），后来吃的时候如果隔水蒸热，猪油渗出来，既香又好看。

我进大学前，家里几乎每年春节前都要蒸糕。当然，这是一种技术活，只有爷爷出马才行。有年我父亲想尝试着接班，弄了几下，不符范式，爷爷看不下去，把放出去的权又收了回来，我父亲最后没有完整地蒸一次，人生遗憾事啊。至于我，脑子里从没有想尝试，只有站边上看的份。

一年节约下来的一点粮食，到了年底就为了蒸这些糕。队里分的几十斤糯米不舍得吃，这个时候起到了关键作用。乡下的糕，粳、糯是讲究比例的，我记得爷爷当时对我说过，好像是三七开，三十斤糯米配七十斤粳米，糕就很软了，蒸的时候不容易熟；也可以二十五斤糯米配七十五斤粳米。粳米多了，糕就要发硬，所以比例要合适。米在家里淘干净，然后浸在水里，一般要一星期左右，算好时间，米凉出来一般是廿六、廿七的早上，放在风头里吹上一天，第二天爷爷就挑了米到大队的碾米厂去磨粉。偶尔大队的碾米厂不开门，就挑了回来人工磨。人工磨粉质量比较高，但比较费时费力。

米粉挑回家后，放到一个大的竹匾里面，弄成一个火山坑的形状，中间倒入冷却好的糖水，然后搅拌均匀。蒸糕的第一个技术活在这里。拌好的糕粉干湿要适中，太干不行，太湿更不行，而什么叫适中，全看各人的理解。拌糕粉的过程中，手要不断搓擦糕粉，手势动作很有讲究，反正自左到右还是自右到左，好像都有说法。搓擦的程度和时间，关系到糕的质量，因为反复擦得越久，一般认为越好。但什么叫好，全在于你认为差不多就是差不多了，糕的质量到时候会说明这个“差不多”的，蒸糕者的技术高低一目了然。

糕粉要用筛子筛，符合要求的漏下后，剩下的要重新搓擦，直到全部通过筛子。接着糕粉就可以上蒸笼了。蒸笼都是木质圆型的，底下是一排竹片，竹片与竹片之间有缝隙。一般竹片上摊好纱布，糕粉倒在里面。蒸笼大小不一，我老家一般都是一种比较大的，可以容纳十至十二斤米，也有稍小一点的十斤的、七斤的，再小的当时很少见到。我家一般这种十二斤的要十至十四蒸左右，也就是说需要米一百二十至一百五十斤左右。

蒸笼放在灶头的铁锅上，铁锅里是一锅水，底下是树柴烧着，火要旺。基本上爷爷是在灶面上，父亲是在底下添柴烧火，我是在边上看。上面的这些步骤，是我当年一次又一次看着爷爷操作的，默记在心里。其实爷爷当年是有意识地说给我听做给我看，他不看好我父亲能做得好这些事，但认为他哪天年纪大做不动了，我是能顶上去接他班的。

正常情况，一蒸糕熟大概在半小时多一点，看着水汽在上来，糕慢慢地变熟。当然，比较可怕的是不正常，糕蒸不熟，特别是中间圆圆的一块不管底下怎样加柴火，就是不熟。这时我或者姐姐就会说“怎么还不熟啊”、“大概熟不了了”这种话，爷爷心里发怵，会很不高兴，说：“去去去，小孩子走开。”后来父亲就对我和姐姐说，蒸糕的时候只许看不许说话。

一般吃过中饭开始蒸糕，全部工作结束就会到晚上七八点。记得有年是大年三十蒸的，灶头的锅没空，结果晚饭也没做，吃点糕就进入新年了。

十几蒸的糕，如果亲戚朋友家里还没蒸，当然要送点给大家。问题是当年这是家家户户过春节的必备动作，你没谁要送，除了节日里吃一点外，这么多的糕怎么吃得掉？

老家的人们是很有智慧的，这糕大部分要用刀切成一薄块一薄块，然后放在太阳底下晒，一般要晒上七八个太阳，糕就干了，也不会变坏，我们称之为“硬糕”。童年的记忆中，我们的口袋里几乎天天都是有硬糕的，也不怕牙齿吃不消，只是肚子里没货，这硬糕是抗饥饿的最有效武器。说到底，硬糕的功能，相当于压缩饼干。

老家的蒸糕习俗，大多是到了80年代后就断了。原因是当时认为没人会再吃硬糕，只是春节里吃一点，要费时费力去蒸也犯不着。年年吃糕，人们吃怕了。结果，当崇明糕名声四起时，嘉定糕消失得无影无踪。

这些年，嘉定糕也有人重新在做，据说县城里和我们镇上，都有做糕的店铺。我想吃，也不知这店铺在哪里。反倒是老家附近有户人家做起了糕生意，一个中年妇女骑着电瓶车沿村串户地吆喝，被我碰上两三次，买了好几块，聊能回味一下昔年糕的香味。

春节还没到，不知怎么这些天特别想念爷爷。爷爷在的日子，春节是那样的有滋有味。

论明代嘉定的“折漕为银”赋税变革

姜云峰

漕粮是古代田赋的重要组成部分，其是自水路运往京师的税粮，主要用于支付京城和周边军镇的官兵匠役等人的月粮。明朝加强了对漕粮的管理，自成化八年（1472）起确定了东南六省岁征四百万石的常额，并“全征本色”，即要求以米麦等实物来进行赋税缴纳，严格控制漕粮的蠲赦和改折。折漕则是把米粮折合为银两，在明朝通常被用作灾荒救济的手段之一，轻易不得实施。明永乐年间，夏原吉治水江南，开凿范家浜，使得太湖出水口发生了“江浦合流”现象，再加上苏松重赋已久，两岸无休止的河道侵占、圩田围垦，最终导致吴淞江水系淤塞，水文自然条件恶化，农业种植结构也发生了重大调整，带来赋税征解方式的一系列争论。“折漕为银”的赋税变革的实现，得益于“教化嘉定”的深厚基础，与嘉定籍官员的关系网络和社会动员能力之强大密切相关，每一次遇到强大阻力时，都会有“贵人相助”[1]。折漕为银这一古代“减税降费”政策的落地，直接减轻了百姓经济负担，也进一步推动了嘉定棉业的兴起，加速了人口聚集与土地开发，随着产业分工的细化与发展，也带动了手工业、商业的繁荣，嘉定在明代兴起的市镇数也是最多的。[2]

一、明代嘉定“折漕”的背景原因

明代嘉定地区[3]逐步形成了以棉业为主的农业种植与社会经济结构。其中，环境因素是本地改稻为棉的主要原因。与传统印象中的江南水乡环境不同，嘉定滨江临海，土地高亢，易受海潮的影响，自然地理环境有着自身的特殊性。

高亢地俗称旱地，嘉定境内主要有两种。一为冈身地。距今6500年至4000年间，在长江和海水的交互作用下，上海的古海岸线逐渐稳定下来，自西向东形成黄渡、外冈、方泰、青冈、石冈五列呈西北东南向、宽10.2公里左右的沙堤，俗称“冈身”。冈身高亢，难以蓄水，而两侧的洼地又难除积水。一为历代疏浚河道的堆积土，多为沙性土壤，蓄水能力也较差。[4]在丰水环境下，处于高地的嘉定百姓尚可从吴淞江引水灌溉，但随着水网淤积、水流变少，高乡地区的旱地化趋势加强，使得嘉定的农业种植结构发生了显著变化。

在宋元时期，嘉定的农业结构还是“十田九稻”，而到明清时期则变成了“十田九棉”，促使这种改变的关键性因素是水文水流的变化，原吴淞江两岸逐步发生的“干田化”现象导致了本地农民逐步弃稻种棉。宋代，为了便于漕运，吴江长桥的修建使吴淞江水流流速缓慢、泄水受阻，再加上两岸无休止的围田，导致河网淤塞，积水不排，造成了连年水灾。元代就曾多次疏浚吴淞江，但始终没能很好地解决该问题。为了防治淤塞，明初永乐年间，户部尚书夏原吉治水吴中，其治水理念是通过疏通支河以分担泄水压力。没想到的是，随着河道的冲刷，黄浦江逐步代替吴淞江下游的干流，成为太湖的主要出水通道，这一水流的改变被称为“江浦合流”或“黄浦夺淞”。原吴淞江下游地区从千灯浦到安亭一

1　吴滔、佐藤仁史：《嘉定县事——14至20世纪江南地域社会史研究》，广东人民出版社，2014年，第44页。

2　徐枫：《环境变动、国家赋税与市镇形态——明中期吴淞江流域的社会经济》，厦门大学2011年硕士学位论文。

3　地域范围主要为今天的上海市嘉定区、宝山区，以及江苏省太仓市的部分区域。

4　上海市嘉定区地方志编撰委员会编：《嘉定县志：简本》，方志出版社，2011年，第20页。

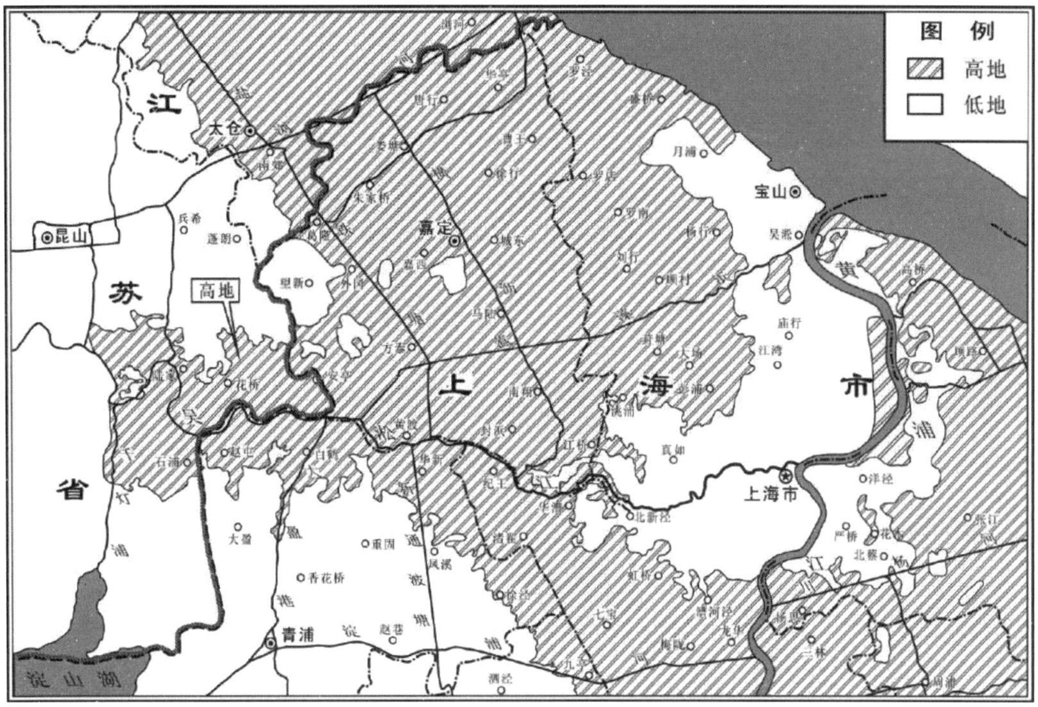

太湖东部吴淞江故道区地形图（中国科学院南京地理研究所、水利电力部太湖流域管理局编：《太湖流域水系与地形图》，1987年）

带的地区，在长期的潮淤作用下，形成了一个明显的高地区域。此后，“大江忽为平陆，支河遂已绝流，斥卤积沙”[5]。吴淞江周边地区丰水环境不再，成了少水多沙之地，变得像江南中的北方旱地，而在嘉定一带，旱情最为严重。[6]归有光也注意到了吴淞江水网上下游之间的水流变化所导致的生态影响，他指出：“吴淞江为三州太湖出水之大道，水之经流也。江之南北岸二百五十堰间，支流数百，引以灌溉。自顷水利不修，经河既湮，支流亦塞。然自长桥以东，上流之水犹驶。迨夏贺口至安亭，过嘉定、青浦之境，中间不绝如线。是以两县之田与安亭连界者，无不荒。”[7]正是由于水稻种植环境的日益恶化，嘉定“种稻之田，十不及二”，稻米的产量和质量都远远不及周边地区。可以说，虽地处江南鱼米之乡，但明代嘉定地区的水文条件变得并不适宜种稻，而相对受灾影响较小的棉花种植则开始占据主导地位。

从粮食作物水稻转变为经济作物棉花，嘉定百姓也从中取得了可观的经济效益。据《农政全书》记载，“吴下种吉贝[8]，吾海上及练川尤多，颇多得其利”[9]。不仅如此，嘉定也有着悠久的纺织生产基础。南宋嘉泰年间，安亭归氏首创药斑布，发展完善了蓝印花布的印染工艺。至元代元贞年间，黄道婆从海南崖州带回了先进的棉纺织技术，革新了传统纺织工具，“嘉定尽得其弹弓、纺车、踏机、掷梭之法”[10]。两相权衡之下，嘉定农民纷纷改种棉花，“通邑栽之，以资纺织”[11]，逐步形成本地“十田九棉”的种植结构。但这种规模化、专业化的单一生产结构也加剧了本地缺粮的局面。嘉定经济“全赖花布贸易”，本县百姓的口粮尚不能做到自给自足，依赖徽商的商品粮供应，更遑论每年还需要上缴的十四万石漕粮总额。更由于古代商品经济落后，市场行情的波动对棉布贸易、米粮购买影响巨大。本地百姓在买米充漕中，“兑运转于他方易买，苦于办纳”，需要“以花成布，以布贸银，以银籴米”，几经周折耗损，“民不堪命，遂

5　朱瑞熙：《〈南翔镇志〉前言》，《上海地方志》2003年第5期。
6　王建革：《明代吴淞江中下游的旱情敏感》，《中国高校社会科学》2014年第3期。
7　归有光：《震川先生集》，上海古籍出版社，2007年，第168页。
8　“吉贝”指棉花等作物，“海上”、“练川”分别指上海县、嘉定县。
9　徐光启：《农政全书》卷二十七《树艺》。
10　光绪《嘉定县志》卷八《土产》。
11　康熙《嘉定县志》卷十二《杂类志·物产》。

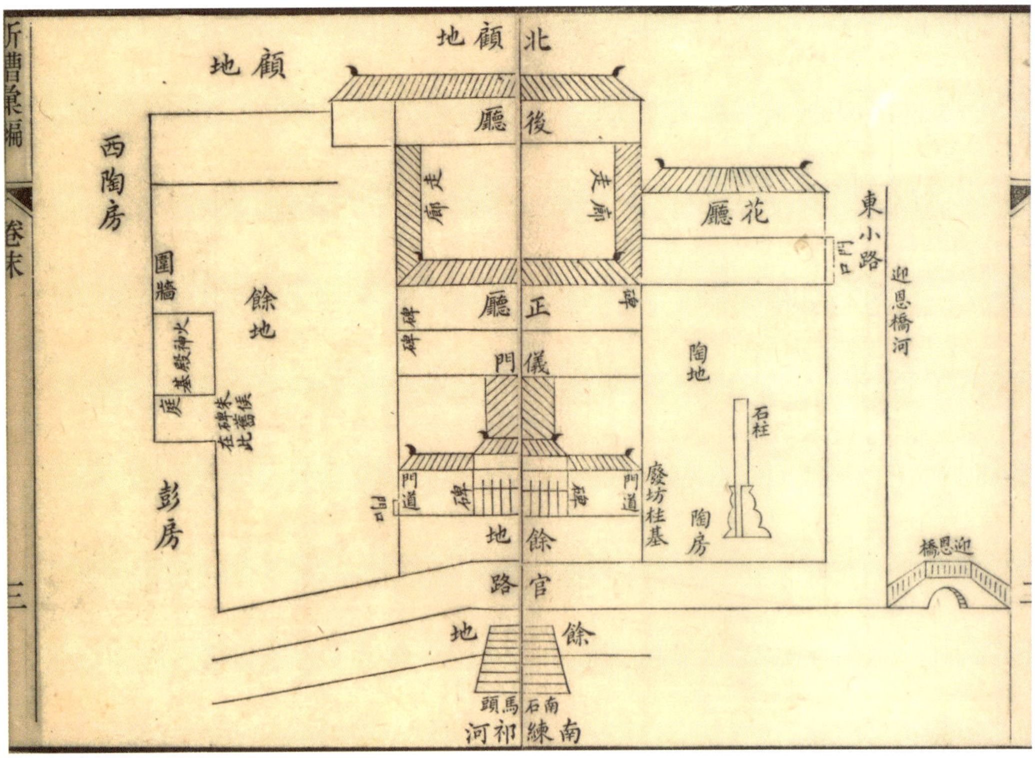

折漕报功祠图（清程钴辑《折漕汇编》）

致十室九空，竟成蒿莱满目”[12]，至成化（1465—1487）、弘治（1488—1505）间，“人民逃亡，逋赋廿万，建议废县”[13]，一时间嘉定县到了生死存亡的关键时刻。

二、明代嘉定“折漕”的艰辛过程

明宣德年间，应天巡抚周忱积极推动赋税变革，采取官布折银征解的方式，缓解苏松重赋困扰。据镇洋县[14]县志记载，“寻改折太仓、昆山、嘉定布五百疋，疋征银三钱，输之户部”[15]，通过棉与银之间的折算优惠，在一定程度上舒缓了本地民困。但嘉定棉多粮少，漕粮缴纳困难的局面并没有得到彻底解决。万历十一年（1583），因连年受自然灾害影响，嘉定吏民瞿仁等上呈《吁部请折状》，提出把税粮以一定的比例折合为银两，改交粮为交银的设想。这得到时任礼部尚书的嘉定人徐学谟的支持。他谒见首辅张居正，以曾任湖广按察使的经验进行游说，“见荆土产米而折银，民甚苦之。荆民苦银，吾嘉苦米，是两病也”，“愿以嘉定之兑米，易荆土之折银，两县相易是两便也”。[16]在接到户部查勘命令后，嘉定县、苏州府和兵粮道进行了层层查验，皆认可嘉定漕粮永折的必要，但出于“逋欠”和“有亏本色原额”的考虑，朝廷以一年一折的形式同意了嘉定折漕，即本地要经过“逐年题请”的审批程序，如若在这过程中被发现有银两贻误情况的发生，就要立即恢复原先的漕粮缴纳模式。

就这样，嘉定折漕成功了一半。其“未成定制，事须岁请”，若“一朝议复，百费丛生”。于是，本地官员和乡贤绅士多方奔走呼吁，不断上书言事，积极推动漕粮永折的实现。万历十四年，嘉定得以“免岁岁题覆之烦”，获批“再折三年，以后再议”，即三年一折。万历二十三年，在知县王福征的支持下，瞿仁等人联名呈抚按《永折民疏》，并推举徐行、须瀹等赴京上奏，在李

12 上海博物馆图书资料室：《上海碑刻资料选辑》，上海人民出版社，1980年，第64页。
13 《折漕汇编》卷三《士民请复折疏》。
14 清雍正二年（1724），太仓州析地置镇洋县，今属太仓市。
15 金鸿：《粮额总论》，乾隆《镇洋县志》卷四《赋役类》。
16 《折漕纪略》，《折漕汇编》卷六《记述始末》。

先芳等人的援助下，又经户部查验确定嘉定“逐年通完，不致负欠”后，终于获得了漕粮永折的权利。[17]

可嘉定还未来得及品尝努力得来的成功果实，就被迫卷入明末政策不断变动所带来的严峻考验。其时已处于明朝后期，战事糜烂、时局动荡、征派加增，嘉定能否继续享受折漕政策的争议在天启、崇祯两朝不断反复。尤其是在崇祯十四年（1641），朝廷更是突然下令，折漕州县复征本色，嘉定需按“永折半征”的标准缴纳漕粮。一时间，嘉定“万民惊骇泣控”。本地历来因种棉而少粮，又时值动荡年月，难以在短时间内筹措到大量的米粮，本地虽“多方撮借、极力劝输”，却还是无法满足规定的数量要求，最后还是时任漕运总督的史可法“深悯荒瘠，酌用麦抵”，才算是凑齐了规定数额。另外，经过多年折漕，本地水次改道、仓廒倾颓，漕运条件已不具备，只能通过海运才勉强完成了运输任务。来年，为使百姓免遭漕兑之苦，生员张鸿磐等人不顾个人安危与北方战乱的危险，千里赴京、乞准复折，向朝廷说明嘉定的实际困难与特殊情况。最终，圣旨下达，“这嘉邑漕粮照数改折，解津召买，即算截津之数”[18]。即嘉定要先运银至天津，再通过于当地买粮的方式，完成规定的漕粮缴纳，这也算是勉强维持住了折漕局面。

三、明代嘉定“折漕”的历史影响

嘉定折漕事件可谓一波三折、历经磨难、来之不易，但结果也不负人愿、终获成功、影响深远。嘉定成为了明朝唯一恩准享受全部漕粮永折的县级单位。万历以前，全国漕粮永折数额约17万石，一直到明末，这个数字也没有超过36万石。这其中绝大多数的增量就来自嘉定全县的10余万石永折额度。[19]

“自改折之后，民咸称便。”围绕着花布商品生产形成了一整套商品交换、商品流通的体系，粮食从长江中游等地运入县内，形成了棉花棉布与粮食的对流，促进了其与国内各地的经济联系，形成了各级市场网络与多层次的市镇结构。[20]“折漕为银”的赋税改革，把实物税改为货币税，极大地简化了漕粮缴纳过程中的诸多中间环节，减轻了百姓原本繁重的折兑负担，使本地得以专注于棉花种植和棉纺织产业，出现了棉纺分离的专业化分工和专门从事布匹买卖的棉布字号，形成了一个较为完整的地方经济体系。嘉定也成为了淞北地区棉花生产和棉布的贸易中心。明代徽商云集于此，借助江南地区四通八达的水运交通，把嘉定的药斑布、棋花布等众多种类的布匹远销全国各地。商业经济的繁荣也进一步促进了本地的市镇发展，涌现了大量从事棉布生产与贸易的新兴“专业市镇”，时有“金罗店、银南翔”的民谣流传。像被誉为国产动漫良心的中国唱诗班系列动画中的《元日》、《饮湖上初晴后雨》等，故事背景就发生在明代。动画再现了明代嘉定繁荣昌盛的社会生活景象，这也正是这场赋役变革红利的生动注脚。

从明代江南赋役史的角度来看，嘉定的漕折最早确立了漕粮永折制度，促进了棉业专业化的发展，深化了明代贡赋体制的货币化进程。[21]此项赋税变革作为明代南直隶地区首个永折案例，激励鼓舞着江南其他有着漕粮缴纳困难的地区。例如“应天府高淳县水患，改闸筑坝”，巡抚赵可怀也援引嘉定改折之先例，认为可“一如近日嘉定县之例”[22]。高淳县也于万历二十四年获批部分漕粮永折，折价与嘉定县相同。扬州府兴化县、凤阳府泗州、淮安府安东县等州县也因本地水文条件恶劣，在积极争取之下，部分漕粮永折的申请也陆续得到批准。

需要指出的是，漕粮改折在极大促进嘉定经济发展的同时，也产生了一些消极因素。对外，其影响改变了高乡植棉区域内的市镇竞争格局；对内，又冲击考验着地方社会治理水平。基于独特的水文与人文因素，嘉定

17　万历《嘉定县志》卷七《漕折始末》。

18　《折漕汇编》卷三《复折疏议书启》。

19　胡铁球：《明代折漕规模及漕粮折价确立原则考》，《清华大学学报》（哲学社会科学版）2018年第2期。

20　陈学文：《明清时期江南一个县份的社会经济结构——苏州府嘉定县个案研究》，《史林》1989年第2期。

21　徐鹏：《明代江南漕粮改折与地方社会》，复旦大学2012年硕士学位论文。

22　《改折漕粮缘由》，康熙《高淳县志》卷八《赋役考》。

折漕也才堪堪维持，而与其相邻的高乡地区并未获得同等的政策优待，因而他们在同质化的市镇竞争中逐渐没落。这点从周边地区对区域水利合作的消极态度上可见一斑，如在盐铁塘的疏浚上就纠葛不断，“往时为州者，用奸民之言，谓为嘉定咽喉之地，我虽不浚，嘉定之人不得不代之浚也。故每一役兴，辄至聚讼”[23]。因政策不均而导致的利益失衡，使得相邻政区的区域公共事务治理陷入僵局。同时，就像一个硬币的两面，在嘉定市镇发展的过程中，在商品经济繁荣的阴暗角落，也滋生出许多负面事端。如牙行（介绍买卖双方的中间机构）操纵行市，脚行（从事搬运的脚夫的行帮组织）私分地界，出现了“打降”、“白拉”等强买强卖、欺行霸市、敲诈勒索、破坏市场秩序的社会现象。对此，地方官府也加大“扫黑除恶”的力度，勒碑永禁，开展商业秩序整治，但仍屡禁不止。这些都从一个侧面反映了市镇经济的繁荣，一旦繁荣消失，陋习也就“皮之不存，毛将焉附”了。[24]

四、关于嘉定“折漕”事件的纪念

回顾明代嘉定的“折漕”过程，这其中既有朝廷大臣的仗义援助，也有官员乡绅的基层作为，更有广大百姓的创新实践。他们挺身而出、勇于担当，以“功成不必在我”的精神境界和“功成必定有我”的历史担当，前赴后继、为民请命，终于在“一锤接着一锤敲”的干劲与毅力中，争取到漕粮永折的机会，推动了古代赋税制度的变革，更提供了价值指引与精神支撑，为后人留下了一笔宝贵的精神财富。

嘉定百姓为了纪念这一重要历史事件，特地为有功之士树碑立传，编写了地方志书《折漕汇编》，并于万历十五年建造折漕报功祠，专祀有功于折漕的官绅。这份对折漕先贤的感激与敬重之情也一直绵延传递，祭祀折漕先贤也成为制度。据《嘉定民报》记载，当时每年春秋两季都要在折漕报功祠举行隆重的祭祀典礼，由县长率“本城有关士绅，届时前往致祭，同时并呈县政府派员莅临指导”[25]。值得一提的是，折漕报功祠随着

折漕报功祠原址内现存的折漕碑

时代发展又有了新的历史意义。1927年早春，中国共产党嘉定县特别支部（中共嘉定县委前身）在此成立。似乎接住了历史的接力棒，有那么一种历久弥新的精神在不断延续，激励着后人去开创新的未来。

1964年，报功祠折漕碑被公布为文物保护单位。其遗址就位于上海市嘉定区嘉定镇西大街340号，现存明代碑刻两通，一为明万历二十六年的《永折漕粮碑刻》，由嘉定知县王福征勒石，唐时升代王锡爵撰文；一为明天启五年的《改折漕粮本末记》，由侯震旸撰文。[26]这些碑刻记述了嘉定折漕缘由、经过和相关官绅功德，也寄寓了嘉定百姓深深的感激之情。如今，在嘉定博物馆的地方史陈列中还有折漕运动的相关文物展示，向世人展示着那段风云跌宕、荡气回肠的折漕历史。

23 万历《嘉定县志》卷十四《水利考》。

24 樊树志：《明清江南市镇的实态分析——以苏州府嘉定县为中心》，《学术研究》1988年第1期。

25 陶继明：《风雨沧桑话练祁》，《疁云（第一辑）》，中西书局，2014年。

26 上海市嘉定区地方志编撰委员会编：《嘉定县志：简本》，方志出版社，2011年，第334页。

六词同题柳如是小像

黄友斌

秦淮八艳之一的柳如是，娇小玲珑，气格孤傲，有林下风。她与钱谦益的爱情故事，惊世骇俗；她聪明伶俐，儒冠男装，与文人诗歌唱和，琴棋书画无所不能；她心怀天下，纵谈时势，英气豪迈。柳如是长什么模样呢？这让文人画家们十分着迷，因而，她的小像在古代才女中为数最多，题咏者更多，有人统计有百余家。

在近年的一场拍卖会上（按：中国嘉德2016年春季拍卖会“古籍善本专场”），“清代余集、程庭鹭绘河东君小像册”（拍品2056号）引起关注。册中，“河东君初访半野堂”为余集临摹；“河东君第二小像”临摹者程庭鹭，是清代嘉定人、著名山水画家。上题“丁未（1787）秋八月，摹旧本于吴门寓馆。序伯程庭鹭”。“河东君第三小像”，也由程庭鹭所画。上记“丁未（1878）秋孟，摹唐宇振尚书藏本于碧城仙馆”。不管是余集还是程庭鹭，当然不能亲眼见到早于他们一百多年前的柳如是，余集是看到钱谦益的门生顾苓所绘柳如是小像而描摹的。程庭鹭临摹图之一来自“旧本”，不清楚具体是哪家，另一来源于唐宇振尚书藏本。

因柳如是于1634年暮春时节和1636年正月初至二月末两次来过嘉定，嘉定的唐时升、程嘉燧、李元芳、徐元嘏、沈宏祖等诸先生轮流作东参与接待，留下了不少诗句和故事，所以，后世嘉定文人对柳如是充满好感与好奇。清代，有六位嘉定文人，分别写有六首题柳如是小像的词，他们是：程庭鹭（1796—1857）、李曾裕（1810—？）、刘履芬(1827—1879)、张修府（1822—1880）、章树福（主要活动于咸丰、同治年间）、王庆勋（1814—1867）。

一、程庭鹭《金缕曲·河东君像》

程庭鹭所作《金缕曲·河东君像》全词如下：

金粉消残劫。展生绡，蘼芜翠影，娉婷犹昔。沦落天涯逢知己，独向虞山心折。记半野，堂前初识。帘卷花阴春未晚，海棠开，一幅吟笺擘。私自幸，奉巾栉。

党魁北寺休重说。任纷纷，签客降表，复遭严黜。江总归来憔悴甚，赖有红妆侍侧。恰慰尔，颠毛垂白。还许蛾眉能殉生，料尚书，泉下多惭色。难合传，女中侠。

该作见于程庭鹭的《缃秋词》。词中，程庭鹭既描写了画中人物，也概括了柳如是的一生，不吝誉美之辞，以“女中侠”三字评价和赞美她的品格。

程庭鹭看到的河东君小像，时间已经久远，小像已经历经浩劫，“金粉消残”了。“生绡”是未经漂煮过的丝织品，旧时多用以作画，故亦指画卷。“蘼芜”是一种薰草，叶有香气，河东君又称“蘼芜君”。程庭鹭说，虽然画已经老旧、皱褶，但河东君这个婉约美丽的女子，在画中形态逼真，似乎还能嗅到美人的体香、感觉到美人的姿态，美好如昔。

“沦落天涯逢知己，独向虞山心折”句，“沦落天涯”典出白居易《琵琶行》“同是天涯沦落人”，是说柳如是的身世很不幸。她幼时被卖到盛泽归家院，年稍长，被年逾花甲的退朝宰相强娶为妾，但遭受到宰相妻妾们的巨大醋意而被迫离开，流落青楼。在松江，柳如是与陈子龙有过一段短暂的快乐时光，但陈子龙很快离她而去，他要去考取他的功名。其间，崇祯七年（1634）暮春至初秋，九年正月至二月，柳如是先后两次来到嘉定，“与当地宿儒耆老如唐叔达时升、程孟阳嘉燧、李茂初元芳等辈朝夕宴饮谈笑，不胜欢忻”，令诸老颠狂倾倒……

再后来，柳如是一叶扁舟，男装打扮，一副儒生模样来到常熟虞山下的半野堂，拜访东林领袖钱谦益老先生。一位鹤发鸡皮，一位秀丽英气，一老一少居然一见钟情，发生了惊世骇俗的恋情。至此，柳如是找到了爱情，遇到了知己，心有所属，“独向虞山心折”。虞山，在常熟，指钱谦益。两人在半野堂相识，崇祯十四年，59岁的钱谦益与23岁的柳如是结秦晋之好，在茸城松江，迎亲的船只不多，嫁妆也薄，却吸引了两岸人山人海的围观，成就了一段佳话。钱谦益为她在虞山盖了绛云楼和红豆馆，在晚春的江南、海棠花开的美好时节，钱柳两人屋内屋外读书吟诵、裁纸作诗、踏雪赏梅、寒舟垂钓，相爱甚欢。“笺擘”是裁纸，泛指诗稿。“私自幸，奉巾栉”是说，此时的柳如是内心可能暗暗感到，自己找到了想要的生活，特别幸福，沉浸在柴米油盐、诗书琴画，遵守和奉行日常的生活作息和道德规矩之中。“巾栉”是盥洗，“奉”，是说柳如是很守奉、很喜欢、很适宜、很享受这种平淡又有诗意的生活。

下半阕开头说，钱谦益是东林党的领袖，“党魁”。“北寺”指大理寺，也指监狱名。这里是说，钱谦益宦海沉浮，起起落落，既做官，也坐监狱，既高官厚禄享受荣华富贵，也遭贬黜经历奇耻大辱。崇祯元年，钱谦益复出，任礼部侍郎，但不久因浙江考试舞弊案受牵连被撤职，坐杖罚，直至削籍归乡。崇祯上吊后，钱谦益又在南明弘光朝廷任礼部尚书。

程庭鹭说，“党魁”也好，“北寺”也罢，钱谦益的履历太复杂了，那些旧事“休重说”，不要提了。“签客降表”，是钱谦益一生中最大的污点，最可耻的行为。清顺治二年（南明弘光元年，1645）五月，清兵近逼南京。兵临南京城下时，柳如是劝钱谦益与其一起投水殉国，钱谦益说水太冷，柳如是奋身欲沉池，被钱谦益拉住。五月十五日，钱谦益率诸大臣开城向多铎迎降，是他领的头，他就是在投降书上签字的那个人。顺治三年正月，钱谦益来到北京，任礼部右侍郎，柳如是不肯随之北上，留居南京。六月，钱谦益称疾乞归，回到南京，随即携柳如是回到常熟。顺治四年，钱谦益被逮捕，锒铛北上，所以程庭鹭说“复遭严黜”。钱谦益在宦海大起大落、大喜大悲、好运厄运、饱受折腾，回到家乡，所以“归来憔悴甚”，非常疲劳、憔悴。“江总”，指南京，不管北京南京，左突右奔，钱谦益是从南京回到常熟老家的。在这一系列的奔波、沉浮、巨大变故中，一大把年纪的钱谦益，“赖有红妆侍侧”，幸好有柳如是贴身周到照料，特别是心理安慰。“恰慰尔，颠毛垂白”，正是她，细心体贴安慰这个白发苍苍的老人。“颠毛”，即顶毛，指头发。

“还许蛾眉能殉生”，“蛾眉”泛指女子，“殉生”就是前面说的，在亡国的关键时刻，柳如是是愿意与钱谦益一同殉国的，但“尚书”钱谦益赖死贪生，所以，整天儒家一套家国情怀、民族大义、礼义廉耻挂在嘴边的士大夫如钱谦益，在九泉之下，面对柳如是，也应该感到惭愧，脸上会是“多惭色”。那么，一老一少、一男一女、一刚一柔、一偷生一贞烈，这样的两个人，也就“难合传”，是说我都觉得不好把他们说到一块写到一块。“难合传”还有另外一层意思，就是自古女子都是柔弱的形象，女侠之辈少之又少，只有一个花木兰，还是传说中的人物，所以，程庭鹭说，很难找到像柳如是那样带有侠气的女中豪杰一起作“合传”。《史记》中，对于“可序列”的人物，放在一起写，故云列传。“女中侠”，女子，而带有侠义、侠气、豪气，是程庭鹭对柳如是的准确定位和高度评价。

叶嘉莹先生说，好的词，应该有感发的力量、感发的生命。程庭鹭的这首词，多了叙述，少了感发。

二、李曾裕《满江红·题河东君像》

地老天荒，何处问，贞松文梓。剩一树，残阳秋柳，青青如此。眉缬常缄天壤憾，波眼偏阅兴亡事。又西风玉笛，冷关山，伤心泪。

花月梦，妆楼记。今古恨，琴川水。这一腔热血，欲销无计。青史何关儿女愤，绛云谁识笙歌地。只虞山不语，卧斜阳，苍烟里。

这首词题作《满江红·题河东君像》，作者李曾裕，字玉之，号小瀛，上海人，曾为官浙江同知，咸丰年间侨寓在嘉定。他所看到的这幅河东君小像，不知是哪幅、谁画的。

李曾裕的这首词，见于其《舒啸楼词稿》。一开头便是“地老天荒”，气象开阔，气格很高，叙事宏大，既有时间又有空间。“贞松”、“文梓”典出北周庾信的《枯树赋》：“白鹿贞松，青牛文梓，根柢盘魄表里。”意思是，白鹿塞坚贞的古松，雍州南山神奇的梓树，根深叶茂，气势磅礴，盘根错节，与山崖紧密相结。但是，现在，这么高大有生气、有活力的大树巨木，上哪里找呢？“何处问”就是向哪里找寻。我李曾裕只看到“残阳秋柳”，秋日傍晚的太阳是残阳，快要落山，柳树的树叶一天少似一天，垂垂败败，软弱无力，青青不过如此，毫无生机。这是他看到柳如是小像产生的感发，由大的时空，跳跃联想到具象的画面。然后李曾裕话锋一转，又回到抽象。他说，古往今来，“眉缬常缄天壤憾”。“缬”是有花纹的丝织品，“眉缬”泛指女子、女性；“缄”为书信封口。《汉书·外戚传下》：“使客子解箧缄。”颜师古注，“缄，束箧之绳也。”李曾裕说，千百年来，在国家巨大的变故即发生“天壤”之差别的大事件、大历史当中，女子，一般是闭口不加议论，多是个旁观者，顶多也只在心里发发感慨，感到遗憾，“天下兴亡，匹夫有责”嘛，那是男人们的事。而我面前的柳如是，“波眼偏阅兴亡事”。唐代温庭筠有《南歌子》“转盼如波眼”句，“波眼”是转动的眸子，在这里是指柳如是那双清澈、灵动的眼睛。偏偏是她这双水灵的眼睛，看到了国家的兴灭、政权的更替，经历了世事的变幻、亡国的滋味。“西风”、“玉笛”、“冷关山”、“伤心泪”，都是叶嘉莹先生所讲的文字符号，是文化在继承过程中产生的语码、符码，这些词，语境里代表的是悲伤、恨、伤感。

下半阕，李曾裕也主要是用了比兴和感发。他说，钱柳之间，儿女之情、男女之欢、花月之好的旧梦，“妆楼记”，红豆山庄、绛云楼还记得。“今古恨，琴川水”，常熟古称“琴川”，说常熟城内的河道，像古琴的弦，又一说是春秋时吴王夫差在常熟所筑的“梧桐园”，又名“鸣琴川”。“这一腔热血，欲销无计”，是说，我眼前的这位女子，身怀报国之志，喜谈兵事，常常一身戎装，希望像梁红玉那样，亲擂战鼓，催征杀敌，然而，她那一腔的热血，却无处抛洒。前句的“恨”，是她恨大明政权的无能，恨夫君的软弱，恨自己生为女子，恨不能亲上疆场拼杀。

“青史何关儿女愤”是李曾裕的立场。他说，历史都是男人们写就的，天下是男人的天下，打打杀杀、王朝兴替，是男人的事，不关女性什么事。岁岁年年，时过境迁，有谁还记得绛云楼里的夜夜笙歌？又有谁还认得绛云楼的具体位置？只有青山不老，虞山知道、虞山见过，但它不说话，它在“斜阳”、“苍烟”里横卧了亿万年。

三、刘履芬《眉妩·河东君小像》

刘履芬《眉妩·河东君小像》，见于其《鸥梦词》。刘履芬，字彦消，号泖生，一号沤梦，浙江江山人，曾做过嘉定县知县，任上，有县民被上级错杀，刘履芬与上级，即两江总督、林则徐的女婿沈葆桢不洽，知民冤而不能救，在知县任上用剪刀割破喉咙自杀。全词如下：

问春时红豆，曲里青芜，何处寄凭吊。小劫沧桑泪，传神笔，风流谁写遗稿。绛云梦悄。恁皂纱、攲侧偏好。薄游事，七夕欢期订，比牛女盟早。

修到双星天巧（《东林点将录》以牧斋配天巧星）。为定情诗出，郎意颠倒。自惜惊鸿影（柳原姓杨，自号影怜），茸城路，匆匆谁送归棹。絮飞燕老。又故宫、无限衰草。把夫婿长怜，钗钏卸、对妆笑。

古代没有照相技术，小影、小像，是靠画家临摹。相信每个文人，见到河东君柳如是的小像，都会感慨万千。刘履芬是一位内心极为敏感的学者，他点评的《红楼梦》，细腻丰满，有独到之处，后人叶昌炽评价他“未闻脉望餐烟火，岂有爰居飨鼓钟。君本清才难作吏，可怜横死到黄粪”。说到底，他是一介书生，合适做学问，根本不应该涉足官场。从他这首词就能看到，他写得非常华丽、缠绵。

“红豆”也是语码，是相思的意思。刘履芬说，端详这幅小像，勾引了我相思的蔓蔓情绪。春天，草木疯长，“青芜”是杂草丛生貌。我走在弯弯曲曲的小路上，到哪儿去寻找凭吊美人的地方呢？到哪儿去强洒几行悼念美人的眼泪呢？幸好有眼前这帧小像，不知它是谁画的，河东君的这幅小像，风流潇洒的模样很是传神啊。

它使我想起，绛云楼的春梦静悄悄，它不知道，这里，即将迎来一位年轻的女主人。河东君是一位年轻漂亮充满活力的女子，但她却不爱红妆，偏爱儒冠和色彩单调的男服。皂纱，是黑色的纱。“薄游事，七夕欢期订，比牛女盟早。”是说钱柳之间年纪虽然相差很大，却是一见钟情，相互欣赏，秦观词说“金风玉露一相逢，便胜却人间无数”。他们在很短的时间，就订婚成亲，速度比牛郎织女都快。他们更享受新婚，对蜜月旅行比较淡漠，不太感兴趣，只是就近游了游镇江、苏州，稍远一点的杭州都没去。钱、柳的爱情，可歌可泣。钱谦益被东林党人目为天巧星，黄人《〈钱牧斋文钞〉序》：“点将东林，蒙叟有‘天巧星’之目，而其一生之傥得傥失，卒之进退失据者，皆以巧致之。”傥是出于偶然。指钱谦益一生得失，皆一个巧字。柳如是也是随性、乐观、自由的性格，他们两人真是前世修来的缘分啊。

回想当年，一个冬日的午后，一身男妆打扮的柳如是，自称晚生柳儒士前去叩拜钱学士，并赋诗：

垂杨小宛绣帘东，莺花残枝蝶趁风。
最是西泠寒食路，桃花得气美人中。

清秀水灵的人、清丽别致的诗，让钱谦益击节称赞，神魂颠倒。钱谦益和诗巧对，两人轰轰烈烈的爱情，由诗情开始了。

河东君自号“影怜”、“鸿影”，就是体态轻盈、年纪轻轻的美人。柳如是是在茸城松江上船，嫁给钱谦益的，当是时，两岸围观的人很多很多，两人又是惊世骇俗之恋，所以引来不少道貌岸然之辈的斥骂，甚至有人投掷鸡蛋、石头、瓦片，婚船不得不“匆匆”驶离，那时，围观看热闹的人极多，而又有谁，会为他们真心祝福，欢送他们这对“絮飞燕老”的新人的“归棹”呢？“絮飞”、“燕老”比喻柳轻钱老。

家国巨变，钱谦益死后，族人聚众欲夺其房产，柳如是不为族人所容，46岁时上吊自尽，葬于虞山。“又故宫、无限衰草。把夫婿长怜，钗钏卸，对妆笑。”故宫，是首都、皇家的宫殿，钱谦益既在明朝为官，也在清朝做官，办公都在故宫。刘履芬是说，如今，数百年过去，时间沉淀，故宫物是人非，衰草疯长。我看到河东君的这帧小像，在欣赏和赞美柳如是的同时，倒有些可怜、同情钱谦益。社会上、史书上，大家对柳如是给予了充分肯定、高度评价，柳如是再不是从前妓女的形象，完全卸掉了那种外表的“妆”，卸掉“妆”的她，是一位奇女子，是值得人们尊敬的女子，九泉之下，可以含笑了。

四、张修府《沁园春·题柳如是小影》

张修府，字允六，一字东墅，自号悔斋，嘉定南翔人。道光二十七年（1847）进士。历官永顺、长沙、永州知府。

他有《沁园春·题柳如是小影》词一首：

侠骨仙姿，省识春风，残缣宛然。记花堂初访，分笺赌韵，明湖小住，载酒移船。江令多才，云英绝艳，海燕双栖总宿缘。风流甚，只横波眉黛，许并婵娟。

匆匆劫换桑田，恁鸡犬淮南未要仙。算尘鞿误尽，枉劳密语（甲申之恋河东君勤劝牧翁赴义，不从，见顾云美苓所撰小传），情思抛却，更证初禅。白首同归，青山无恙，让与傕徽小影传。虞阳路，待重寻墓碣，芳草如烟。

这首词，收在张修府的《小琅环园词录》中。关于张修府这个人，嘉定人黄宗起挽曰：“编诗卷分明一部离骚，至老未除才子气；了尘缘历尽九疑幻境，收来莫现宰官身。”

张修府在湖南为官，与陈宝箴是儿女亲家，与皮锡瑞、张自牧、陆增祥、易佩绅、裴荫森、曾国潢、朱克敬等名人交游，又喜欢诗文，见多识广，所见河东君小影，我们不清楚是哪幅。他所写，仍以叙述为主，而且像周邦彦、王沂孙一样，用的是倒装句。

“侠骨仙姿，省识春风，残缣宛然。”他说，今天，我有幸第一次见到了画中的柳如是，虽然画像所用的纺织品已经老旧了，是“残缣”，但我仔细端详，河东君真的像传说中的一样，是天上的神仙一样美丽的女子。“春风”比喻美貌，杜牧有诗曰：“春风十里扬州路，卷上珠帘总不如。”然而，她的神态中，我分明感受到了柳如是的一种侠气傲骨。这是由画到人，由感性到理性的叙述，因为画中的柳如是，并没有“侠骨”侠气，柳如是的侠，是张修府读过不少有关的书，知道她的所作所为而在脑子里的知识积累。“花堂初访，分笺赌韵，明湖小住，载酒移船。”张修府把我们带到柳、钱浪漫爱情的回忆中。柳如是初访半野堂，柳、钱一见钟情；两人分韵作诗，你来我往；花前月下，载酒移船；明湖，即常熟虞山下的尚湖。

“江令多才，云英绝艳，海燕双栖总宿缘”句，句句用典。“江令”，即江总，先后仕南朝的梁、陈及隋三朝，仕陈时官至尚书令，世称“江令”，张修府这里以“江令”喻指由明降清的钱谦益。“云英”是唐代歌姬的名字，泛指歌女或成年未嫁的女子，张修府这里指柳如是。“海燕双栖”典出“海燕双栖玳瑁梁”，是说，海燕飞来，总是成双成对。“风流甚”三字，是当时和后世直至现在，人们对钱、柳老少爱情的普遍评价。“横波眉黛”，是引用了苏轼的“娇眼横波眉黛翠”，形容柳如是眉如远山岚黛、目如秋水横波。

总之，上半阕，仍在叙述柳、钱的爱情故事。

下半阕，“匆匆劫换桑田，恁鸡犬淮南未要仙”。张修府笔锋一转，词意高格。不管是李自成亡明，还是满清入主北京，由明及清的朝代更迭，确实是“劫换”，是暴力所致。“鸡犬淮南”又是典故，汉代淮南王刘安谋反失败，服毒自杀，剩下的药被家里的鸡犬舐啄，鸡犬尽得升天。后世以“淮南鸡犬”喻攀附别人而得势的人，这符合钱谦益降清的史实，但钱谦益降清，自己却并未成“仙”，也并未“一人得道，鸡犬升天”，柳如是没有跟他去北京做官太太。张修府说，钱谦益的经历复杂，终生为功名利禄等尘事所牵累，枉费了柳如是要他就义赴死的枕边话，当初说过的在虞山下过平淡日子、两人相爱到老死的那些承诺，已成过眼云烟。“证初禅”，佛教中，修炼到初禅的境界是离生喜乐，也就是抛弃了尘世的牵挂。如今，只青山无恙，留下这帧小影。张修府说，待择时辰，我再去常熟虞山，重寻柳如是的墓碣，估计是“芳草如烟”的景象吧。

五、章树福《翠楼吟·柳河东像》

章树福的《竹坞词续》中有一阕《翠楼吟》，词注是咏柳河东像，应吴门戈顺卿（载）先生消夏词社之作。

章树福，字清甫，嘉定黄渡人，他是道光五年（1825）秀才，咸丰《黄渡镇志》的编著者，有较高的文学素养。全词如下：

水碧湔裙，苔青点屐，空余镜影姝丽。虞山三尺土，替春絮、年年和泪。千金难抵，算绝代聪明，前身罗绮。风吹起，绛云楼外，落花香细。

底事，红豆诗笺，便那时心许，齿痕盟臂。楼尘原不惯，但私怒、黄门深闭。芳魂销矣，感石火须臾，珠尘飘坠。真无计，有谁还借，一袈裟地（曾见河东君道装小像，为陈颐道所藏）。

湔裙，是古代的一种风俗，指农历正月初一至十五日，女子到水边洗衣，可以避灾祸。典出《北史·窦泰传》：“（窦泰母）遂有娠，期而不产，大惧。有巫曰：‘度河湔裙，产子必易。’”

章树福的描写从静态写起。他说，尚湖边的溪水，依旧安静，河边的石头上，苔青点点，河水清澈得像面镜子，映照着美丽的女子倒影，我分明看到，仿佛是河东君的影子。物换星移，物是人非，“虞山三尺土”，年年接纳多少树叶、花絮和眼泪，河东君生前可谓身家富有，聪明绝代，富贵荣华，如今成过眼云烟，一阵微风吹过，绛云楼外，只见落花无奈飘落，带着淡淡的香气。

后半阕，章树福仍然采用半实景半抒发的手法。红豆诗是指河东君的诗词，指钱、柳以诗词结缘起，互表爱慕，心许结盟，齿痕留臂的坚贞感情和恩爱。但钱谦益死后，河东君为族人所不容，为世俗所不接纳，所以，章树福说，“楼尘原不惯”。“但私怒，黄门深闭，芳魂销矣”，指河东君自缢而亡。“感石火须臾，珠尘飘坠”，是章树福的感发。他感叹，电光石火，时光荏苒，白驹过隙，珠尘飘坠，岁月无情，人生如梦。“有谁还借，一袈裟地”，袈裟是出家人穿的衣服，章树福感慨，那时怎么没有人挺身而出，为柳如是说句公道话呢？又有谁，借一身袈裟给她，放她一条生路呢？

六、王庆勋《贺新凉·东墅嘱题河东君像》

王庆勋《诒安堂诗余》中有一首《贺新凉·东墅嘱题河东君像》：

丰格天然净。阅沧桑、生绡一幅，尚留春影。似为曾栽红豆树，要唤相思梦醒。还领略、当年情景。妾意何如郎意薄，任才人千古评量定。眉一寸，锁愁紧。

皋桥枉说甘偕隐。剩心头、无边恨事，有谁能省。末路才知真气节，岂渠红颜薄命。怎易为、悲秋消损。一样尚书楼上燕，系红襟不怕西风冷。巾帽整，愧菱镜（鹤浦郑三云司马，宦江左，得古镜一背，铭云：“照日菱花出，临池满镜生，官看巾帽整，妾幸点妆成。”唐筠浦据查初白《金陵杂咏诗》，定为河东君物）。

王庆勋，字叔彝，原籍上海县，咸丰初年随父迁居嘉定南翔。诸生，浙江候补知县，以海运功累擢杭州、严州同知。叔彝先生看到的这幅柳如是的小像，应该是与张修府所题同一幅，因为这首词，是他应张修府所嘱而作。叔彝先生有诗名，工诗能书，有人评价其词系“浙派”余波，略见绮丽。此词恰好印证了他的这种词风。王叔彝的词曲折、跳跃、起伏，上阕就铺陈开了四层意境：这个纯洁、美丽、阅尽人间沧桑的女子，可惜现在只留下一幅“生绡”小影；睹物思人，令我想到当年钱、柳的浪漫爱情故事；钱、柳早已作古，后人自有评价。而妙，就妙在结尾的“眉一寸，锁愁紧”，这个“眉”，既可以是画像中柳如是“锁愁紧”的眉，她对家国巨变的“愁”、对身为女子不能疆场杀敌的“愁”、对丈夫软弱的“愁”、对生活前途的“愁”……也可以是王庆勋看到画像，脑海中回忆这位女子的故事后，眉宇间不自觉“锁眉”、“悲愁”的表情。

下阕，叔彝先生歌颂了柳如是在民族危亡的关键时刻表现出的不惧死亡的真气节，悲叹她的红颜命薄。皋桥位于苏州市，因皋伯通所居而得名，传说东汉著名的隐士梁鸿曾隐居于此。“一样尚书楼上燕，系红襟不怕西风冷。”尚书燕子楼，典出唐代尚书张建封之子张愔为爱妾关盼盼筑燕子楼，张愔死后，关盼盼独居燕子楼。王叔彝以此比拟钱谦益和柳如是。但是，同样是爱妾即“燕子”，柳如是却是红襟紧系，能抵御风寒的坚强女子。她如果照着镜子整理巾帽，菱镜都可能为之羞愧。

六阕词，牌调不同，风格各异，抒写了一段旧事，回忆了一位古人，其中的吁嗟慨叹、悲忧深思、铺陈叙事，可供学习赏玩，颇有意趣。

黄渡金氏耕心堂拾忆

章丽椿

一

黄渡镇位于嘉定镇西南方,原是嘉定县著名的古镇。境内由于吴淞江穿越,水运交通十分方便,因而民富物丰,商贸发达,民间素有“铜黄渡”之称。

黄渡地区在各历史时期的区域划分不尽相同，早在南北朝时，黄渡一直由昆山县管辖。宋嘉定年间建嘉定县后，黄渡以吴淞江为界，分属嘉定、青浦两县。宋咸淳年间（1265—1274）里人凿土得圹石，上刻“唐新丰乡”，知黄渡地区在唐代时名新丰。

宋元时期，吴淞江的北岸已成集市，俗称老黄渡。而南岸直至明嘉靖、万历年间方成市镇，人称为新街或新黄渡。其中老黄渡归属嘉定县，俗称“嘉黄”，新黄渡则隶属青浦，故称“青黄”，但民间习称江两岸的黄渡为江北和江南。由于黄渡离上海县和昆山县很近，为重要的水陆码头，元初时曾在该镇设立市舶提举司，专司对嘉定、青浦、上海和昆山四县渔船的管辖。元大德年间（1297—1307），黄渡不仅是江南重要的港口，还是朝廷重要的税收地区。

1954年7月,黄渡区公所进行建制调整，设黄渡、纪王、安亭三个区辖镇和鹰房、淞滨、杨林、方泰、讴思、黄墙、安东、泥岗、天仙及赵家十个乡。鹰房乡辖有马

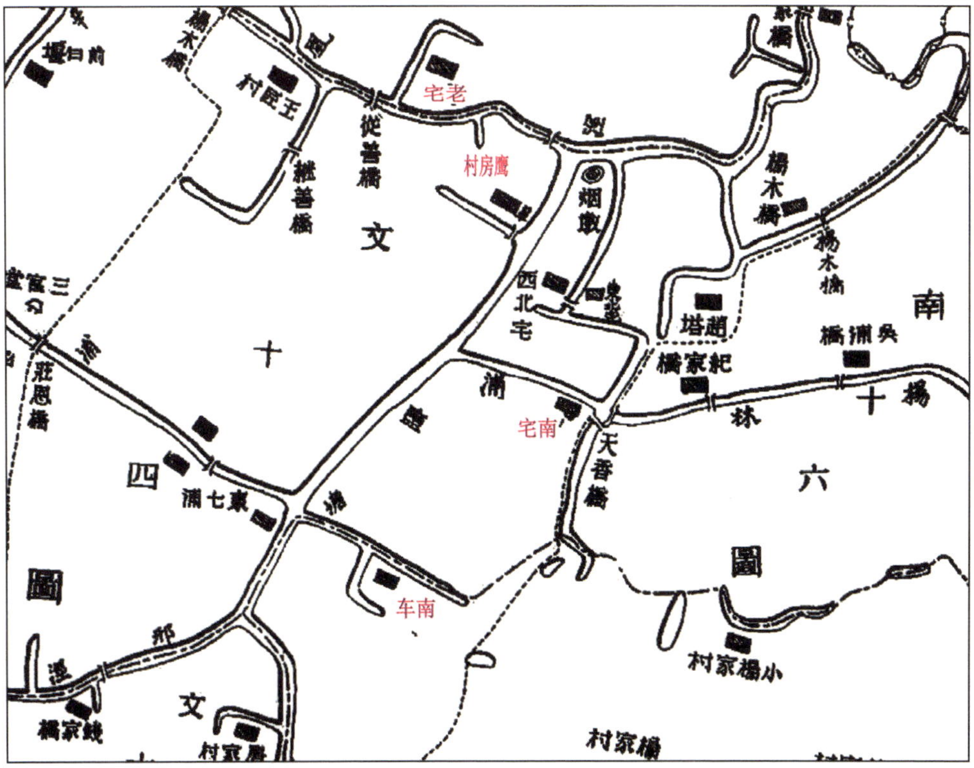

图一　黄渡鹰房村地区地图(《民国嘉定县续志·黄渡乡图》)

宅、老宅、顾家、沈家、钱家、杨木桥、罗家和西北宅共八村。1957年1月撤销公所建制,设立大乡。黄渡乡由黄渡镇和杨林乡、淞滨乡、鹰房乡、泥岗乡组成,此后鹰房一直是黄渡乡下属的村级建制。

黄渡历来是鱼米之乡,商贸发达,是大户巨贾聚集之地。金姓是当地的大族之一。据1987年人口统计,黄渡的金姓位居第四,除黄渡镇外,以鹰房、南车、西北宅和罗家为多。至20世纪40年代末,鹰房村的姓氏仅一户陆姓、几户罗性外,余均为金姓。其中耕心堂金氏家族住房,集中于村的西面,耕心堂二房有一半房产在罗家,即黄渡镇柴家弄的西北面,那里习称北街。

位于黄渡镇东北方的鹰房村,1992年村共占地2.32顷,有67户、230人,盛产稻、麦、瓜等农作物。鹰房的地名据耕心堂金姓世代相传称,金姓择地建屋后,即有鹰停息在屋顶上久久不飞走,遂命名为鹰房。另据《黄渡镇志》载,明正德年间,有黄姓居民养鹰(鱼鹰)千余只,因以为名;或说该村有大树环绕,经常有鹰栖息因而得名。

鹰房村排列呈矩形,除西面为大片耕地外,其他方向均有河流环绕。鹰房村东依盐铁河,村北的凤凰泾与村南的浜头河,均是盐铁河分支。通过凤凰泾上的北桥和浜头河上的南宅桥,可与外界交通。村北不远便是沪宁铁路,因而水陆交通十分方便。

鹰房村的住宅多为平房,以耕心堂左右两更楼最高,故近三百多年来耕心堂更楼曾是鹰房村的地标。鹰房村东面的金氏"三裕堂"和金寿根家,与耕心堂属同姓不同宗。

关于黄渡鹰房金氏故事,清《黄渡镇志》及金氏家传之《耕心堂金氏宗谱》都有记载。其迁来嘉定的时间,《宗谱》谓在"明之中叶",章圭瑑《黄渡镇志》卷八金文瀚《光绪癸巳重修宗祠记》则谓在"明宣德间"(1425—1435),至今已近600年。其迁嘉始祖金忠,字孝庵,原籍江苏省青浦金泽镇,入赘于黄渡落剑浦(今张家桥附近)陈姓家,再后来举家迁至老宅居住。由老宅村迁到鹰房村,建耕心堂卜居,为十一世金作则(1704—1766)时,其具体年月,据金氏后人口口相传为

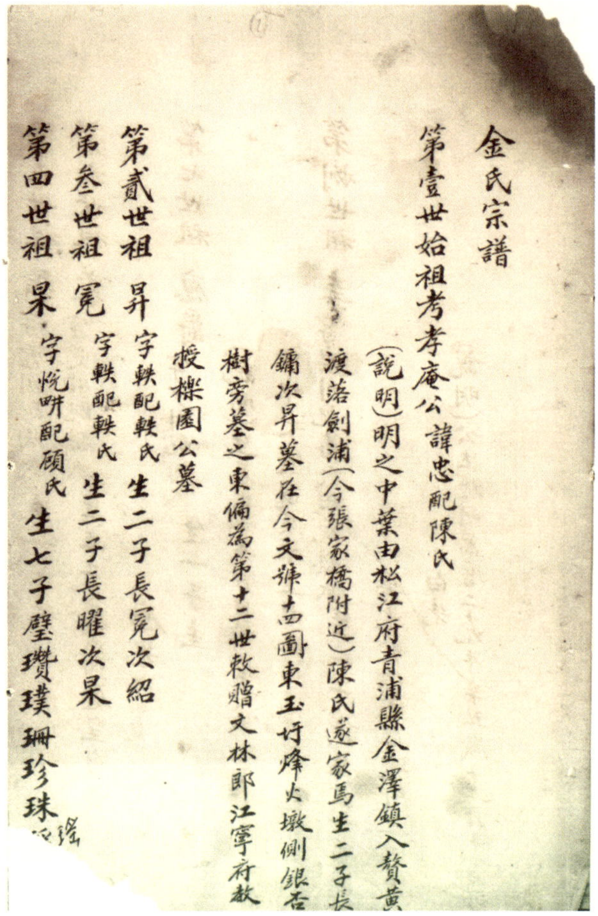
金氏宗譜
第壹世始祖考孝庵公諱忠配陳氏
(說明)明之中葉由松江府青浦縣金澤鎮入贅黄
渡落劍浦(今張家橋附近)陳氏遂家焉生二子長
鏞次昇墓在今文號十四圖東玉圩烽火墩側銀杏
樹旁墓之東偏為第十二世敕贈文林郎江寧府教
授樑園公墓
第貳世祖昇字軼配軼氏生二子長冕次紹
第叁世祖冕字軼配軼氏生二子長曜次杲
第四世祖杲字悅昕配顧氏生七子璧瓚璞珊珍珠

图二　黄渡《耕心堂金氏宗谱》书影

雍正六年(1728)。其余后裔散居在南宅、南车、老宅等地(图一)。

金氏宗祠在文号十四图,位于今安亭镇黄渡老宅村,其建造前后有三次。第一次在清康熙年间,金作则建,载章树福《黄渡镇志》卷九《家祠》。第二次在光绪十九年(1893),金林等重修。第三次在光绪二十三年,金文瀚等再修,载章圭瑑《黄渡镇志》卷八《家祠》。建造情由,金文瀚《光绪癸巳重修宗祠记》记载甚详,文曰:

康熙时,艮庵公创设宗祠,是巡抚张清恪公尝为之记。我九始祖讦士公世居黄渡,生与颜、与由、韬锷三公。雍正间,建祠于镇东之南宅,隶嘉邑文号十四图玉圩内。族之在黄者,咸奉祀焉。基址四亩,前门南向,中为

堂，颜曰“追远”，东西室各二，奉始迁祖为第一世，左昭右穆，以次相承。堂之后室五，堂下东西两庑拖杆楹，规模具备。置祀田五十亩，岁所入烝，尝无缺。兵燹以来，堂下东庑毁于火，东西室渐就倾圮，春秋祀事，亦稍略矣。丁丑（光绪三年，1877）岁，十四世孙仁虎始议六人分值，手定章程，综核出入，撙节以储重修之费。迄今光绪癸巳（十九年，1893），积二百余缗，复醵赀若干，乃克鸠工庀材，易其旧者而新之。中堂增高尺余，堂之东偏拓数椽，以复旧观。周围饶以墙垣，益完固焉。其西偏一室，十五世孙燮元先葺于庚辰（1880）之岁，颜曰“续古堂”，将西庑一并修葺。而其东，则尚留以有待，力不逮也。

关于《耕心堂金氏宗谱》，金文瀚《光绪癸巳重修宗祠记》亦有述及，谓：“念前徽之未远，惜手泽之难稽，又以旧谱漫漶，引为憾事，吾曾祖考通籍后，拟欲辑修而未果。近得泗塘刻本，尝辑其略，手录一编，以俟异日。”今金氏后人所存《宗谱》，于世系及人物行状等记载简略，可见金文瀚当年所言不虚（图二）。

鹰房耕心堂后来由金作则的后裔——长房金士谔、二房金士彦、三房金士俊和四房金士芬等居住。住房由东、西院落组成，为一绞圈砖瓦结构，中间通道外有桥子墙门与外界隔断。由于是家族聚集住房，面积随着人口逐渐增加而扩展，因而住房稍不规整。其中西院是早期的建筑，为七阔五进深，按中轴线向两侧延伸，对称排列，有大小房间及厅近三十间，大小天井十多个。另在西院的东北侧和西北侧各延伸有数间，可与东、西院落连通。东院为三阔五进深，有大小房间十余间，天井五个。北面另有房间三四间，可通东西院落。西院的西侧另建有平房数间，与耕心堂院落不连通（图三）。

西院为大房、二房和三房的住房，位于墙门间东西两侧各有两个小院落，每院落均含客厅、房间、天井及更楼。更楼为二层楼，殿式屋脊，楼上开窗可以俯视南面的浜头河，这种建筑风格在江南水乡甚属罕见。据金氏后裔回忆：西院墙门间后面延伸到天井的部分有供祠，两侧有类似石狮子的坐墩，上面装有半门，面向天井侧有牌楼，上面镶嵌有“风式其庐”四个隶字砖雕以及人物等。墙门间北通客堂，客堂天井两侧为东、西厢房，西房间悬挂有“世济其美”的匾额。最北面的厅堂有第十世金用臧于雍正六年（1728）获赠的邑侯“敦睦

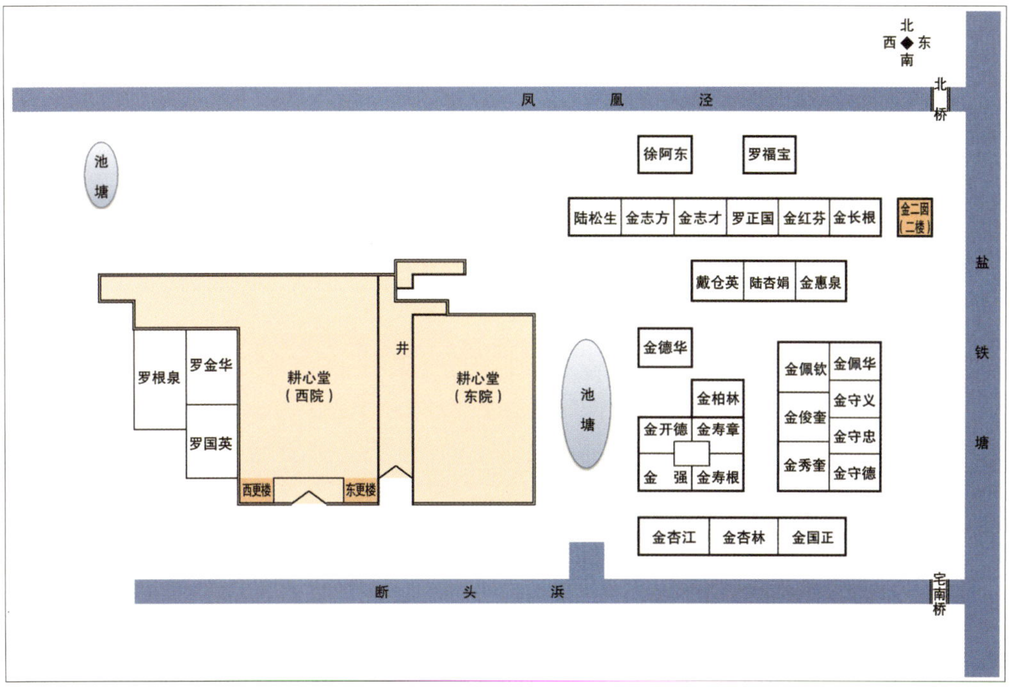

图三　鹰房村平面图（金虞华草图，戴建军制图）

可风”的扁额。东院为四房的住房，占地面积稍小，主厅位于建筑的中心，周围有房间和天井围绕。两院落南面有围墙相连，中间是宽阔的过道，偏北方有古井一口，供耕心堂住户日常饮水（图四）。

21世纪初，鹰房村进行全面拆建，这座始建于清雍正六年（1728）的耕心堂，终于在2008年6月全部拆除，有二百八十年历史的地标已经荡然无存，现仅留有应房村一名，即原鹰房村。

二

鹰房耕心堂金氏自一世祖金忠入住黄渡后，经二世祖金昇、三世祖金冕、四世祖金杲字悦耕、五世祖金瑶字云川、六世祖金蒙字爱川、七世祖金应爵字少川、八世祖金圭（1601—1655）字思川、九世祖金谟（1645—1706）字讦士等数世后，瓜瓞绵绵，英才辈出。

十世金用臧（1672—1753），字与由。《宗谱》载：“性孝友，慷慨好义，时称长者。雍正六年（1728），邑侯朱尔介慕其‘风式其庐’，奖给‘敦睦可风’匾额，事迹详章树福所著《里志·列传》。”（按：《黄渡镇志》卷六《孝友》有《金用臧传》。）金氏诗书传家，文脉相承，金用臧子作则（1704—1766），字厦九，号节庵。《宗谱》载：“为太学生，精堪舆，笃内行，好施与。邑侯奖给‘世济其美’额。”十一世金作辂和十二世金祖裕、金祖谦以及十五世金士谔均为太学生，金士俊为监生。

科举时代，由读书进而获得功名，成为家族光荣。《嘉定明清诸生录》所载的名单中，就有黄渡鹰房耕心堂金氏多人在录。其中：十三世金襄，字式玉，为清乾隆三十年（1765）诸生，三十三年以第十七名中举，四十六年进士，任江宁府教授，著有《四香斋诗稿》；金襄子凤藻，字芝生，号尚仪，为乾隆五十二年诸生，嘉庆十五年（1810）举人，著有诗文集；金襄次子凤泩，号梦泉，为道光十三年（1833）诸生；十三世金如圭，字孚达，是作则之孙，为嘉庆七年诸生；十四世金凤仪，字来琴，襄之侄，嘉庆十九年诸生；金仁容，字小莲，道光十六年诸生；金仁虎，字少岩，道光十六年诸生；十五世金松，字鳞伯，号赋心，道光三年诸生，有《月萝馆吟草》。

黄渡因地处战略要地，在咸丰年间清军与太平军

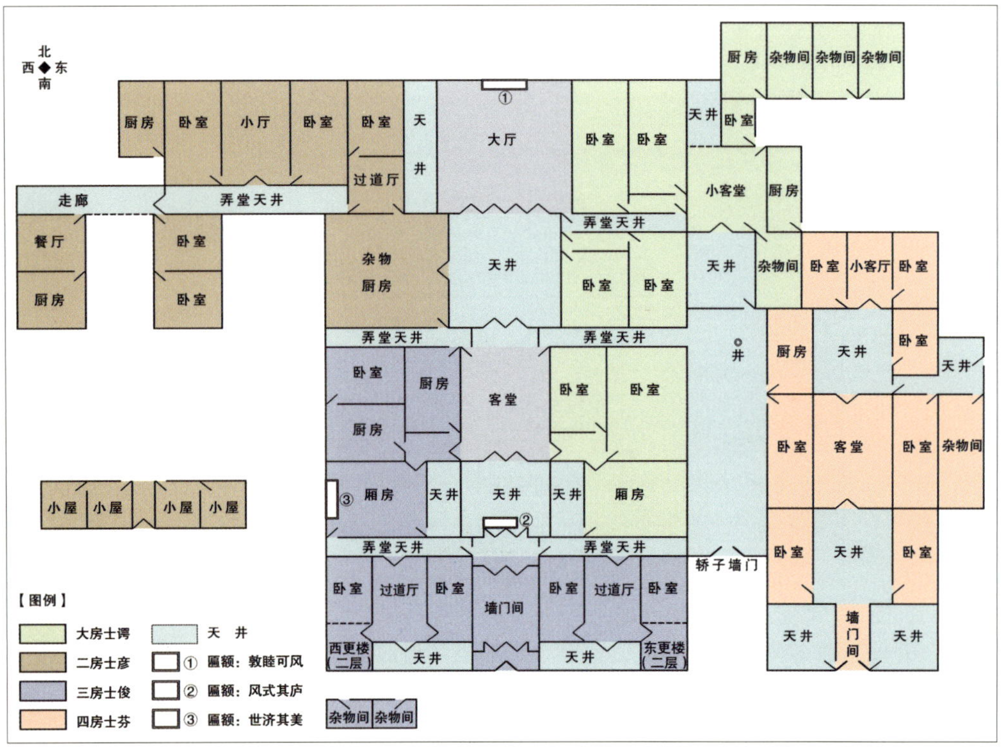

图四　耕心堂平面示意图（金虞华草图，戴建军制图）

的战事中，百姓饱受战火之苦，据《宗谱》载，十五世金楙、金标，十六世金德明、金根官、金成宝等人，先后于庚申年（1860）被掳，下落不明，生死未卜，折射出那个不幸的年代。

耕心堂金氏自十六世起，子孙辈分按“文、章、华、国、诗、礼、传、家”排行。黄渡地区由于重视教育，特别是师范教育的创办，自然也成为人才培养的摇篮。十六世金文翰（1868—1941），字起云，号西林，清光绪十年（1884）诸生，二十年甲午科进士。他急公好义，热心地方公益事业，三十一年，与同里章光旦募款创建路灯。同年，与章圭瑑、骆青山、夏琅云创办嘉界公历小学堂，校长金开甲，有学生80人。民国十二年（1923），发起募修镇上至黄渡火车站之石子路。十九年，襄助同邑胡厥文等创建黄渡电灯公司。二十五年，襄助修筑镇际公路。

文字辈的金文起，字伯韩，颖悟绝人，清光绪十九年邑庠生，可惜英年早逝，仅二十一岁，曾著有《鹰房记事诗》。金文鸞，字梦翔，光绪三年诸生。金文鸾，字运青，初级师范毕业，于宣统三年（1911）学校授予贡生。

清末民初之际，科举废除，新学兴起。十七世章字辈中，金熙章（1894—1951），号念萱，肄业于北京清华大学，少年时受伯父文翰教诲，精通四书五经、古典文学，擅长书法，早年赴新加坡传授中华文化。民国九年回国后在上海创办民生中学和附设小学。抗日战争爆发后，原在北四川路的校址遭受破坏，他不畏艰难，又在北京路重新开设学校。金熙章治学严谨，任人唯贤，办学三十余年，为国家培养了大量有用人才。此外金炳章还创办了鹰房小学，造福乡梓，桃李成林。另外金文超次子振章、金文鸳长子伟章均毕业于中学，次子伦章和金文鹭长子介章，字怒郁，先后毕业于上海大同大学，皆为文学士。

中华人民共和国成立后，耕心堂后裔迎接久违的阳光，他们以各自所学所能，服务于国家建设。

在嘉定历史的长河中，黄渡鹰房耕心堂金氏曾经演绎过它的辉煌。如今原黄渡镇地区已并入嘉定区安亭镇，鹰房村也仅留有地名，那里原有的房屋和地标均已不存（图五、图六）。耕心堂金氏健在的十八、十九世后裔也多已迈入古稀，多数人对于耕心堂的历史已渐遗

图五 2007年，耕心堂西更楼

图六 2007年，黄渡鹰房村

忘，深感可惜。笔者为关心嘉定地方文史及风俗计，幸得金氏耕心堂后裔金虞华、金美华先生提供的《宗谱》及家族人物资料，并结合地方文献，略为梳理，以成此稿。今《宗谱》已捐献嘉定档案馆保存，期待这一珍贵文献，能为保存地方史料，并为今后开展嘉定谱牒学的研究增加新的内容。

参考文献：

1 （清）章圭瑑纂辑，杨军益标点：《黄渡镇志》，上海社会科学院出版社，2004年。

2 吕舜祥辑：《明清嘉定诸生录》，《嘉定历史文献丛书》（第二辑），中华书局， 2009年。

3 《光绪嘉定县志》，《嘉定县卷》（第三集），上海古籍出版社，2012年。

4 清黄渡《耕心堂金氏宗谱》，嘉定区档案馆藏。

吟香诗稿

李兴仁 著　徐征伟 整理

按：多年前因收集邑先生周承忠（1878—1970）资料，幸得其手抄之南翔李兴仁（1779—1852）《吟香诗稿》一册（复印本），凡八十六首，不分卷。此稿《民国嘉定县续志》卷十二《艺文志》“集部”存目。阅其作，多识邑中故事。因为整理，不唯存前人心迹，亦以期吾邑文献之长在天地间也。

《吟香诗稿》目录

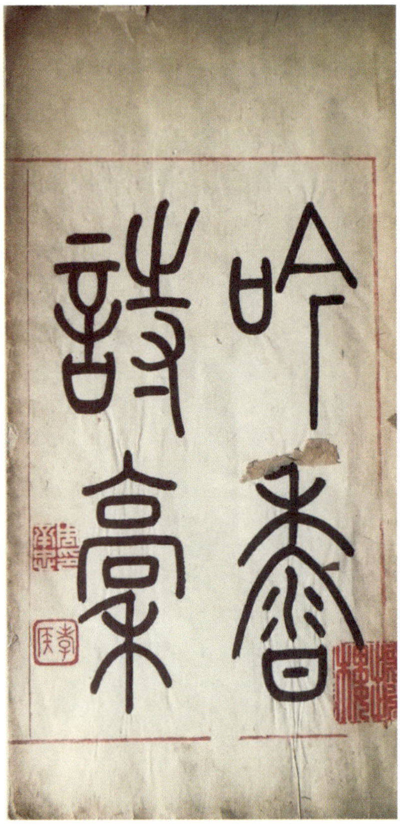

《吟香诗稿》封面及扉页

吟香诗稿

李兴仁之萼著

平江相公七十颂言代

祥氛浓茂苑，魁杰重纶扉。主德汪逾海，臣心赤称绯。
乐忧天下共，福寿古来稀。辉助台躔朗，长庚接紫微。

溯昔胪传月，英龄冠笋搬。奏云开五色，翔景照三山。
矢尽忱盟白，宣劳鬓换斑。回头鳌顶蹑，四十六年间。

驰辖金箭地，传钵玉堂贤。位历周官六，躬培吉士千。
从容登揆席，荏苒到华颠。君子宜黄耇，台莱副颂篇。

乞养乌私遂，还朝篆领崇。近荣谈尚衙，遐祉积弥隆。
簪绂绵文穆，精神健潞公。珂乡邻百里，末秩献笺红。

王春泉、辑庭昆季《话雨图》遗照

璇源歃星海，演为大河宽。太华折其脉，无不成崇峦。
挚情固其本，叶茂根先蟠。
我交太原子，玉昆如鹓鸾（谓令孙叔彝、季平辈）。
怡怡友恭谊，真叹今二难。披图憬然悟，得所引之端。
垂型自祖庭，和气盎门栏。厥孙克绳武，感发由湘纨。
池塘春一卷，长作家规看。

蔡佛华筮仕来吴见访青江邸馆

砚席纵曾两度联，是年师弟谊如渊。
即看艾绶垂腰始，重忆荷衣拜帐前。
作吏治先观谱熟（久侍尊甫起亭大令于易阳官署），
升天佛岂伏灯传。
何图问字亭边酒，骑鹤仍留地主缘。

小阻帆飞海上埃（夷氛鼠扰京江，暂梗还邗之路），
风萍畅好聚苏台。
半空雾易沉林灭，一笑云真出岫来。
壮盛年华宜报国，艰虞时世正需才。
毋羞发轫盐车负，此便骅骝道路开。

佛华将于小春为生母夫人奉觞，乞言制锦

徽音彤管不胜铺，宾馆前曾耳熟吾。
一点小星傍郎宿，廿年大妇胜威姑。
宜家婉娩言无间，食报绵长庆果符。
今日看谁将子乐，扬葩都是凤生雏。

河阳去看簇舆花，儿又宫袍舞彩加。
福到双来真满意，春经微动倍添华。
成行玉树辉相接，拔队金钗位独夸。
想见阁琴谐奏日，岭梅扇馥进流霞。

挽何书田

一夕霜飙过泖淀，山头竹竿寒姿变（君祖居北竿山）。
吹去诗翁鲸不还，九峰更为谁葱蒨。
翁之癖嗜专治诗，人说重翁徒以医。
却将卢扁回春手，致掩苏黄镂雪词。
翁书满遗椟，衍泽儿能读。董仙杏，苏仙橘。
依旧林繁绚淞澳，独惜梅花正盛开。
惟余鹤迹印苍苔，清吟已比广陵散，
何处重寻水部才。

常静斋明府五十弧旦，时方摄篆宝山

勋阀声华冠北平，官驰南辙早峥嵘。
发硎寇已烦三借（以县丞历署华亭、靖江、南汇），
飞写乔无负一行。
虞麓绾章开骥路（先升常熟令），召棠移樾到虬城。
眼前海屋排云出，亲见衔筹鹤舞迎。

略数宣猷一二端，坚凝都作寿征看。
粟输墉向同榇石（捐助省会城工），
火铸炉金即炼丹（管领上海炮局）。
花县捧舆袍彩绚（太仓迎养在署），
莲帷腾斝履珠攒。
敝庐举首长庚近，午夜躔辉快仰观。

琴轩蕃榻下年年，
屡屈昂驹拜帐前（命公子文孙辈皆执经焉）。
不以点尘污阮瑀，直将都讲例彭宣。
鹿防折角惭经席，鹤惯分餐损俸钱。
愧乏绥山桃一寸，但腰玉笛上觥筵。

大暑中常蓉裳招饮

去年是时正忧涝，荒民如雀饥纷噪。
官厨有酒不忍倒，今年火伞张连旬。
胥台疑掷洪炉身，饮冰未足敌梨淳。
小秦君欲仿河朔，瓜席筒杯笑寒薄。
敕庖办具遴其珍，殽必芳腴饭精凿。
随量酌斟毋苦劝，逃不捉醉听之便。
和意能感天心仁，顷刻炭焚换珠溅。
凉飔飕飕袭座间，佐客快然恣吞咽。
忆昨山塘触热游，留仙阁上醥盈瓯。
半筵恰亦雨驱暑，觞筹飞遍还停舟
（两日前海鹿门招同宴集事）。
两度欢场缘并好，雪泥须借毫留爪。
吾侪口腹何足云，泽苗愿惯如斯巧。
不恒旸，无苦潦，老农与我同酣饱。

群盲杂戏图

红尘奔竞笑纷忙，一蹶翻输瞽者康。
立脚果牢行步稳，崎岖路亦等逵庄。

无眸不足为君病，苟舌犹存且任他。
如此取钱人莫鄙，盲谈瞎说世间多。

莱阳令蔡起亭司马挽诗

以军一岁长乎吾，坠地分趋判菀枯。
君坐弹琴临海甸，吾疲抱砚役江湖。
岂知形迫饥躯累，未抵神劳簿领粗。
太息麦风桑雨里，绝弦时日接悬弧
（诞十月十日寅时而怛化于十月十一日卯时）。

高谊重追十载前，三邀聘币两周旋。

吐茵狂客油莲熟，拜帐诸郎玉笋联。
剧憾阳侯催别袂（辛卯秋予以马栅湾漫口水警遄归），
虚烦莱国伫宾筵（招游山左未果行）。
早知便欲骑箕去，悔不长亭径著鞭。

冰衔已换大夫尊，云路聊酬素志存。
未了宰官真事业，好贻治谱到儿孙。
淮堧早接雏鹓翼（哲嗣又服官鹾尹），魏里应高司马门。
他日乡阶晋褒赠，苏瓌有子锡纶温。

次金荇庄快凉韵

天送诗声到，驱炎夕吼风。
一宵甜饱梦，五字硬盘空。
雪颖狂挥兔，骊珠暗摘龙。
不须谐竞病（龙字出韵荇庄未知），我作效颦东。

荇庄复以五言古负荆，次韵解之

余生有癖嗜，熊鱼医兼诗。谈医颇严峻，不轻许人知。
谓此死生寄，岂容偭厥规。燥湿参地气，温凉审时宜。
攻之推壁垒，补之固藩篱。守经非泥古，制胜亦出奇。
每见一方误，面争无背嗤。市上悬壶家，半难免訾訿。
龂龂与之辩，听者若衔羁。于诗独不然，宽容如广陂。
初晚唐忘界，南北宋忘歧。大或惊河海，细亦爱沟池。
近情众咸喜，珠玉纷投遗。有句必酬和，花月同娱嬉。
但取调口齿，何庸困心脾。我友西冷秀，官斋偶嘤咿。
鹦弗靠廊语，骏徒纵辔驰。东冬而字音，南人本游移。
判非等宵壤，隔非等娥羲。韵家强分部，含糊迷辅颐。
君遂混同押，美瑜微匿疵。丰于偶饶舌，无地藏惭怩。
长篇痛自责，严于斧以斯。我闻笑吃吃，慰解前致词。
孟子有言曰，不以文害辞。况龙乃神物，翔飞谁限之。
眼前无贾胡，鹰宝聊供欺。脱果真龙见，狂走翻畏窥。
我服君诗妙，如倾倒君棋（荇庄奕手冠署友）。
欲具门生帖，拜从出韵师。以此法治病，庐扁无难为。
伤寒与杂症，勿劳区脉支。可通融用药，免临诊迟疑。
龙葵龙胆草，据为专门私。龙刍龙脑香，到处逢人施。
医名倘藉甚，报君醪满瓻。

过庄桐生剧谈，遍令诸郎君出拜，因次壁间家小严投赠大衍庆言韵

偶然学割锦丝丝，伎俩难堪大雅知
（谈及余壮岁摹时帖括）。
吾业一毫无可寿，君才十倍岂惟诗。
半生科第同消梦，末路英雄强托医（纵论岐黄术）。
老见奇儿排笋玉，此仙福已跨安期。

五丈夫男异等闲，未全食报递当还。
耳环都有世前世，头地定能山上山。
那不快心梁案侧，况犹健步漆园间。
茫茫李峤空生妒，膝冷将何药驻颜。

程稚衡自作《草堂蒲团图》

庇寒广厦藏胸志，坐啸胡床入世身。
草屋蒲团生也未，捏空装点却何因。

手绘乡贤数册完（君为邑先辈像殆遍），
赭铅馀沈付冰纨。
想缘小字呼无著，
留个沙弥影世看（沙弥为君乳名）。

强屈青云脚结趺，拈花迦叶笑胡卢。
似闻何肉周妻累，诘尔麾除净尽无。

话到科名兴复豪，心猿意马未拴牢。
终防不了为和尚，卸下缁衫换锦袍。

王叔彝《野渡寻诗图》

去年同寄胥台边，一桥隔未联吟眉
（君侨盘门内三多桥北，予时客其南）。
今年君归沪尤隔，沙洲羡独张诗席。
吾问作诗无定境，清妙天机在人领。
晚潮淰淰来思泉，
口不能言心自省（用坡公句）。
又问觅诗如索逋，好景一失难追摹。

估墙满眼忽渔唱，极帖处有闲工夫。
豪贵坐拥申江上，货殖承家事权量。
牙筹旁不废笺毫，羞煞王戎但尘状。
饥躯自叹蓬飘湾，听风听水凋朱颜。
若教问我寻诗处，只在长牌短堠间。

喜王寅叔捷秋闱

比他蜀道过三分，最是南邦夺桂芬。
双手扑空长白战，一头放出易青云。
几多凫藻欢然士，大半虫沙化后军。
君亦说秦书迭上，奎光才许透窗芸。

送张东墅、从寅叔赴试南宫

英龄难得张思曼，骥率扬鞭向帝衢。
钵巧于传仍合璧（去年科试师弟蝉联冠军，
今复同领乡荐），
箭骑所激定连珠。
续添佳话留枌社，先有奇祥验杏株
（秋榜将发，古漪中杏花盛放）。
五十年前成例在，侯芭重望子云俱
（癸丑会试，唐陶山廉访与英煦斋相国师生同榜）。

题妙音庵中归有山房八景

双峰叠峙

平泉花木歇，平泉石仅存
（山房二石故明徐尚书归有园中物也）。
赖汝云根双，园名爪留痕。
主人化鹤归，犹恐来争墩。

阶下盆池

清浅涵一泓，圆灵落于镜。
昼见云衣鲜，夜见星珠映。
戴盆天莫窥，斯言请毋证。

南窗旷望

不求好山面，非据层楼巅。
旷野纳群翠，贡媚疏寮前。
时或倦遐眄，临风鼓薰弦。

平榭和声

社公酒长有（庵祠社神），治聋近便（平声）乞。
灌耳音啾嘈，和平散纡郁。
方今盛宜鸣，人乃不如物。

春浓花郁

妖艳尔何族，闭藏在禅房。
骇兹清净地，娉婷见红装。
我持慧眼观，粉碎虚空光。

秋桂飘香

万粟铸秋容，因风发妙理。
佛堂旃檀馨，得樨难窃比。
鼻观试参之，吾无隐乎尔。

蕉叶听雨

雪无右丞画，墨无怀素挥。
墙东翠旗卓，疑是田神归。
潇潇不愁滴，土膏或添肥。

曲径修篁

客寻妙音庵，先认丛篁处。
入林方夕阳，筛金布谁助。
来春玉版香，乞分蔬一箸。

丙午安砚槎里渤海氏，即余壮岁下榻朱姓布商之旧书舍也，怃然有作

室中人尽换前交，松竹依然茂且苞。
东杼柚难回地纽，小沧桑亦感宾庖
（里中布业大衰，商之夏屋多易主者，此即其一）。
磨驴陈迹翻新迹，梁燕今巢认昔巢。

四十余年一弹指，吾身转笑系坚匏。

庄桐生《湖上寻诗图》

图画天开付九哥，年年握碧渺春波。
长留西子新妆样，特借南华妙手歌。
如此江山宜彩笔，可无珠玉照金锅。
本来名胜须名士，才许相逢不负他。

谷雨时逢龙井茶，浇胸七碗歕云霞。
卅钱买耻悬仇帜
（仇万顷揭牌临安，每诗一首青蚨三十），
一角描龙赛马家。
菜市桃关都入咏，雪篷烟艇不停划。
如何禁得侬五妒，枯管难生半朵花
（余三至西冷苦无吟什）。

清跸遥遥不记年（高庙南巡后盛典旷久矣），
闲鸥望幸意殷然。

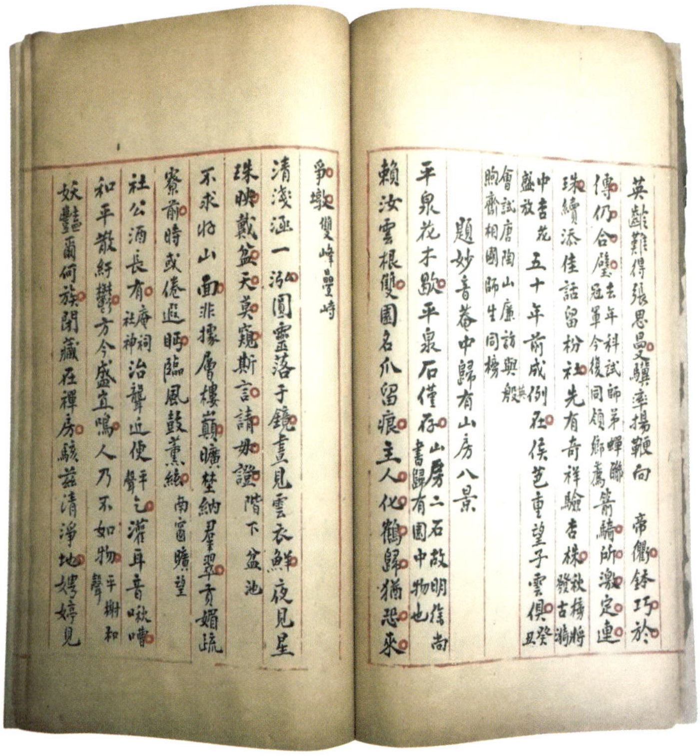
英辭難得張思曼驥率揚鞭向 帝衢鋳巧於
傳仍合璧去年科試師弟蟬聯冠軍今復同領鄉薦箐騎所激定連
珠續添佳話留粉社先有奇祥驗杏株秋榜發古梅
中書花盛放五十年前成例在侯芭重望子雲俱癸丑
會試唐陶山廉訪與英煦齋相國師生同榜
題妙音菴中歸有山房八景
平泉花木歇平泉石僅存山房二石故明儲尚書歸有園中物也
賴汝雲根雙園名爪留痕主人化鶴歸猶恐來
爭墩雙峰疊崎
清淺涵一泓圓靈落于鏡畫見雲衣鮮夜見星
珠映戴盆天莫窺斯言請毋證階下盆池
不求伴山面非據層樓巔曠埜納羣翠貢媚疏
寮俞時或倦遐眄臨風鼓薰絃南窗曠望
社公酒長有庵祠社神治聾症使耳聾乞灌耳音啾嘈
和平敬紓鬱方今盛直鳴人乃不如物平搠和聲
妖鬣爾何族閟藏在禪房駭兹清淨地嫋婷見

《吟香诗稿》内页

熙怡柳策花镳里，惝惘裴墩董灶前。
回首可怜歌舞地，有情亦老水云天。
去非新体旗亭偏，尚待迎銮献巨篇。

欲去重令缮缓纾，古愁连瞑动湖隅。
段桥风月情怀冷，葛岭笙歌日夕娱。
高士死生无变换，相公富贵亦须臾。
登临易感骚人习，赢得归囊科棒腴。

王四篁贰尹《赏眉斋词集》

嚼征含宫齿吻和，樽前闲付雪儿歌。
能诗尚笑崔斯立，但解松阴侧弁哦。

多情人自爱苍生，不独风流吏擅名。
一卷活民书即此，敢将词客待耆卿。

陈书严贰尹调任章练塘，见示《新庭教场衙署落成诗》次韵

泖淀双流汇屈蟠，中曾旗鼓矗巍坛
（相传陆逊练水师处）。
赤乌名将韬长在，白马神君棘暂安
（后汉陈众单车白马，谕散潜山李宪余党，民德之，立生祠，号白马陈从事）。
数里烟墟如悬小，一官威捧得才难。
朝廷郑重移防地，要薙榛菅护茝兰。

武帐文厅创水涯，梆连笳吹动渔家。
琉璃窟上开冰鉴，锦绣胸中吐彩霞。
鹗独横秋握笔健，犬无吠月息村哗。
布新猷暇谈风雅，不比黄仲道放衙。

又代友次韵

战舰如龙大泽蟠，孙吴遗迹渺空坛。
古人不作余思慕，时局频翻策又安
（章练塘向无员弁驻防，近成盗薮矣，故奏设此）。
才擅独贤宜借重，事关创始敢辞难。

石麒似报莺迁信，昨夜先征吉梦兰（新添幼公子）。

量移仍在海之涯，琴鹤装轻易徙家。
近沵更便清酌水，治槎先若绚蒸霞。
涉波无阻思长沐（今春蒙督浚吾镇市河），
去辙争攀市欲哗。
我感元龙豪气敛，吐茵容迭醉官衙。

姚贞女辞（程序伯有记）

守贞谓非礼，闻自归太仆。
滥觞沿厥波，钱唐毛子复。
艮斋杂说中，援引论连牍（详载是书第四卷）。
不敢于昔贤，乃重于今俗。
还姑（贞女小字）之事三吴传，年二十一夫归泉，
毅然赴之冰心坚。
世或行者慕金窟，此独磬悬难存活。
无所为而为，义明若星月。
西堂如有知，当亦叹奇绝。
吾读程君纪略言，肃瞻一树女贞蕃。
斑斑泪染湘江竹，千载家风样别翻。

篷轩采药歌

国初外冈里陆元身嘉显诗集中什也，今其五世孙莘卿绘为图，索题。

筑室人曾浩劫经，乡邦遗迹重桴亭
（娄塘陆道威讳世仪所居名）。
谁知尚有平原裔，一个团蕉播德馨。

雅锄日荷走东冈，黄独丹芝劚满筐。
中有首阳薇羼入，药苗不作等闲香。

剪发歌（《篷轩集》中首篇）声与哭参，
西台皋羽恣狂憨。
网巾不画（明季有画网巾先生）腰缕老，
别著遗民郑所南。

云礽难得念前模，摹写壶公跳入壶。
太息俟斋祠象在（徐山民待诏尝葺徐俟
斋祠并装池遗像），
未留涧上草堂图。

潘蓉沙（琛）《证梦图》

道光癸卯冬，蓉梦老人赠石屏砚，醒倩祝杏南图之。阅两月，有求售砚者，背锓“乾隆丙午高香亭梦老人赠砚”，追形琢成，异而偿值。拓其文，附图后。

昔闻蒋道支，砚失至形梦。
栌鱼随廿年，忽入湘君弄。
斯事犹等闲，异苑纪珍重。
故物牵神思，恒态何足诵。
石屏之赠乃绝奇，竹林梅帐雷鼾时。
白须翁来如月老，媒合先有琳腴持。
初无系念而栩蝶，付诸图绘情余痴。
岂料痴因竟生果，砚客搴帷解装裹。
遥遥五十八年前，早自良缘种香火。
香亭不知何许人？肖梦琢成云一朵。
三生石上旧精魂，前身后身忘尔我。
呜呼！梦耶？传者其真耶？
非水中月非镜花，鸲精凿凿腾光华。
从今得宝歌无差，蕉鹿槐蚁皆休夸。
一场富贵邯郸枕，不及端冰手实拿。

重七日，叶湘秋、熊蓑舲、袁廉叔、朱春皆招，集家小白、之星、凤堂，即席赋谢

盍簪多感黄盘餐，一叶梧新下井栏（昨日立秋）。
暑意未能秋扇减，客愁差赖酒杯宽。
肸蚃身世苍凉语，几复人才俯仰看。
珍香吟筵莫轻散，会稀亦等女牛难。

题《乞巧图》

痴牛呆鹊事茫然，苦累红闺损夜眠。
蓦地教人知背痒，拈针手抓倚风前。

年年金线压来工，花样而今又不同。
捧著天孙机脚转，也应赚老叩头虫
（时秋试者将戒途）。

将去茸城，家小白以诗赠行，次韵答简

伊谁客里慰衰迟，仗有吾家老伯时。
情胜弟昆能扫径，饮聊文字屡衔卮。
过从自托忘形侣，击赏难抛咏物诗
（每诵君《白秋海棠诗》“晶帘乍卷悄无人”
句，叹为能写此花魂魄）。
百里吴淞来往复，怅分不用轸离思。

非缘轻雀惜珠弹，老怕随人涉渺漫
（余以齿衰，坚谢丹徒署席）。
一砚代耕仍抱老，万车行路尽知难。
乾坤嗟大身凭置，腰脚差强褐耐寒。
齑满甕中饘半鼎，雪僵幸未到袁安。

《绕屋梅花三十树图》为陈研芗题

吾问树木之计恒十年，槐三桂五都望儿孙贤。
达人不必作是想，但期眼鼻娱花前。
有客哆其口，进说先生右。元龙湖海豪，供养要丰阜。
辟沼栽荷须万柄，拓垞种竹须千竿。
色香无数贮庭院，从容行乐襟斯宽。
先生握手曰否否，伴予骨相宜酸寒。
昔山阴主置面首，州人侍侧长为欢。
今屈缟袂仙之侣，请给兹役相盘桓。
如世积年月积日，指偻厥数惟若干。
老屋不妨肖车毂，辐根一二环其端。
春来香雪成小海，铜坑差免租驴鞍。
呜呼！德星堂中鹤姿妙，与花并作画家料。
放翁例在如循描，一本梅一先生照。
笑他十年本为后人培，安得持图偏向迂翁告。

立秋后十日，叔彝招听清歌，晚饮棣花书屋

非因看竹过王猷，来领诸郎白雪讴。
一片春声溢堂户，盈旬谁信已惊秋。

金星恨未命宫藏，喉舌何曾解奏篁
（袁简斋不谙音律，自谓命无金星故）。
纵许李謩墙内听，不能一字记霓裳。

珠玉纷披咳唾成，才如春丽语鲸铿。
人间丝竹都嫌俗，新耳缑山子晋笙
（近方读《叔彝吟稿》）。

回首平原十日欢，武功频此弄杯盘
（书屋前主人陆秋㟁尝楼招同姚壶峰大令宴于是）。
醉来小有沧桑感，剪烛重将鬓影看。

题《叔彝吟稿》

忆从甥馆早倾襟，束筍诗篇读自今。
子晋有笙能悦耳，
徽之如竹肯虚心（嘱为点定一二）。
吹毛古亦稀完璧，掷地声终贵炼金。
惨绿年华才若此，异时谁测海波深。

长歌书张更翁自为《沈姬传》后

姬姑苏人，幼失怙恃，畜于祖母。年十一，为某姓童养媳，以伯叔迭来触扰散婚，鬻之歌楼。遁还，伯叔胁以死，慨然愿就。无如之何，责其养祖母，姬遂为人缝洗以佐炊。时年十五矣，爨火恒绝，更翁至吴物色得之，畀以赡赀，载归。大妇爱怜甚，抱衾五稔，遂以疾亡，吁可悲矣！

人生不幸有如此，双井巷（姬所居）中彼姝子。
碧玉寒微是小家，绿珠明慧方雏齿。
雏齿悲先丧两亲，祖刘抚不抵护椿。
寄巢遂作移梁燕，比目仍为困水鳞。
赤绳未究前生绊，叔兮伯兮时构难。
鸳鸯剖牒竟中乖，鹦鹉惊笼又潜窜。
视死如归敢若何？金降杵猛自降魔。
豹牙鸱吻馋难厉，火宅风轮刦暂过。

愿皴十指供衰白，薄浣风晨经雨夕。
安得空铛巧煮糜，终须待价行怀璧。
嘒星一旦傍明星，得所从今免簸萍。
京兆宠非眉昵翠，河东怜实眼纯青。
方期月上（厉太鸿，姬人名）归樊榭，
侍砚添香伴清暇。
心弱徐舒半卷蕉，尾长渐美倒餐蔗。
桃根谁料不任（平声）栽，人厄经余天厄来。
蒡藭再呼难救疾，茱萸无术可禳灾
（姬患腹痛，以重九日卒）。
累翁莫制琼瑰泣，烂损犀帘还哽咽。
劝勿伤心玉化烟，妙由立传云辉笈。
薄命长生总等闲，茗华名已播人间（姬小字珍珠）。
姬虽不幸良犹幸，能几香山表小蛮。

又代友慰更翁之悼

一篇家传叹文章，知费琼瑰泪几行。
亲为朝云书墓碣，好添锦瑟付诗囊。
廊摇风铎环鸣佩，阁叠星稠簟竟床。
未必玉兰缘遂断，健留张硕待兰香。

捉笔重追婑媠人，淖污能保净莲身
（姬稚年迭罹恶伯叔之难）。
鸾经铩羽终扬彩，豹许留皮便驻春。
江汜播声歌乍歇，黎涡凝想影如新。
风流渚柳今差逸，求媚无劳染鬓银

题画蝶

抱香竞赌玉腰肢，红雨随风散影时。
猛忆曲江花满眼，看谁摇翅向高枝
（时试南宫者方候揭晓）。

王雨湘《春晓读书图》

柳策花镳媚景宜，未妨绿鬓事春嬉。
翩翩浊世无非尔，戛戛殊人独若斯。
邺架一编搜雪蠹，董园三请拒黄鹂。
此风足厉诸年少，我老犹甘买绣丝。

忆自和戎互市开，瑰奇百货沪城来。
木难火齐分鳀壑，雾阁云窗起蜃台
（夷馆洋楼构绵数里）。
金碧画图偏避视，芳腴艺圃独勤栽。
益徵贤父兄垂范（谓尊甫二如翁及叔彝、
季平两昆仲），业在青箱泽在槐。

杨叔景姬人陆月卿遗照

黄霰堕秋烟（姬名桂），难描镜里妍。
镂茗先露谶，月本不长圆。

姬还兜率天宫，郎怅曹腾身世。
那堪珮碎环零，风铁鸣廊如曳。

烂犀篇泪费盈眶，画史毫尖觅靓妆。
不哭歧途哭泉路，杨朱柔尽旧刚肠。

甘允之三十

助婚赀叹阮修贫，
膝冷还悲窦禹钧（皆三十典故）。
偶为壮龄征往事，却看美境胜前人。
先畴食德粮餍鹤，
佳气充閒石峙麟（已有丈夫，子三）。
回首咿唔灯砚侧，箭阴弦瞥十余春。

和易由来种福基，英年难得具醇姿。
笼遮大阮双眸子，包扫东坡一肚皮。
蠹简屑纷休注《易》，
猪奴戏贱莫耽棋（二事皆所癖好）。
且期料此书生习，场屋文章馆阁诗。

勿之三十，亦赠二律

留墨埙边点尚黔（谓前赠允子句），门弧重喜奏新音。
至将毋暇调雏鹤，莫放书中走蠹蟫。

净几明窗闲院落，余花晚笱好光阴（生日在初夏）。
最难得占人间福，镜鬓窥方绿满簪。

溯子当年堕地初（借韵），无闻四十我才过。
渐因老唤知途马，欲向人扬测海螺。
绚烂春花须努力，渟泓秋水岂盈科。
功名腐鼠诚堪薄，借作持门计若何?

七十生朝自述

年华渐到夕阳春，愧未头衔脱砚佣。
破烂一巾牢里顶，嵚岈五岳迭撑胸。
名心冷后炉无焰，谈口生成剑有锋。
若问经余何事可？轩岐室稍透尘封（喜诵医家言）。

半生忧患已深尝，垂老烽烟忽骇望
（谓壬寅夏宝山失守事）。
蜃市不收嘘雾毒，鹊枝难定绕林忙
（避地安亭，再徙入城）。
太平鼓打匏仍寄，无尽灯传漏尚长。
留得看花双眼在，风批月抹读清狂。

悔将壮齿付飘蓬，闽峤归来又甬东。
泛海略堪槎尾附（曾由福山口至通州），
逾淮幸未枳形同（所客鹾署毗连淮北场）。
腰无半贯空骑鹤，身到三秋惯逐鸿。
默数游踪真失计，风霜吹鬓已成翁。

强颜夸博古稀称，不少兰摧感友朋。
难得竹林瑜亮竞（静山大院同己亥生），
犹攀萝磴向禽能。
齿牙决截虽铅钝，腰脚爬沙未杖凭。
商略姑循扶老例，应名措办一枝藤。

戴沧鸥《听竹图》

琤瑽玉韵送窗西，柑酒今休野外携。
家有活鸾三百尾，不须劳动尔黄鹂。
竹已生孙似老桐（君方快含饴），可毋镊白向青铜。
更当解脱声闻果，强学痴聋作阿翁。

王薇洲《养和山馆遗稿》题辞

龀龄便解泣思亲，成就风吹欲倒身。
何药可能延孝子？有诗终不没斯人。
春留灵运西堂梦（令兄叔彝为辑稿），
情动欧阳半榻尘。
三复遗编惟叹息，世间无限栎轮囷。

吟香先生姓李氏，讳兴仁，后更之萼，字春和，邑庠廪膳生，居南翔，为先外舅子宣先生之从伯父。生于乾隆四十四年（1779）己亥，卒于咸丰二年（1852）壬子，年七十四，无后，墓在大德寺北鸟号三十七图。是稿凡一册，系姚君薇垣前于李氏故纸中搜得。丁丑（1937）秋冬之际，避寇寓沪，客居无事，乞假录此，其原本仍归姚君收藏。周承忠识。

纸里千秋

赵春华

安亭千年古银杏
李卓翔摄

2019年初冬，安亭驿岛酒店，午后的阳光带着铜的色泽，慵懒地传播了不紧不慢的捶打的声音，数十支粗细如拇指的圆木棒敲打着球状纸团，按照老师的讲解，反复捶打5分钟，楮树皮的纤维被捣烂了，成一滩“泥饼”的模样……

我的思维随着捶打的声响，溅飞着。

东汉的蔡伦在苦苦地思索着，他常常来到河边，观察妇女洗蚕丝和抽蚕丝的“漂絮”过程，终于发觉取走蚕丝后留下的破乱蚕丝在席子上形成薄薄的一层东西，有人把它晒干，糊窗户、包东西或用来写字。他进一步向造纸的工匠请教，自己采集树皮、麻皮、破布甚至废渔网，把它们捣碎，做成纸浆，把自己弄得脏兮兮的，被人当作怪人，可他全不理会，终于创造出了造纸新方法！从此，把记载文字的竹简甩进了历史的长河里了！人类文明依靠这一发明大踏步地前行着！

我们进入“漂絮”，将清洗尽浆液的纤维置入水中的竹帘上，用手轻轻地划拉，轻轻地划拉，让云絮般的乳白色纤维匀匀地铺在竹帘上。同时，将一叶金黄色的银杏叶片轻轻地按在絮状的纤维中，是依着本人的构思和审美观，布在了竹帘的某一处，或居中，或偏上，或寓下，随意而为，不拘一格，就有了林林总总的图案。

哦！哦！这一枝杏叶非同一般！是1200余年古银杏上摘取的，或者说，是上海最古老的编号为001号的大树赠给的呢！这棵栽植于唐贞元元年（785）的存活了1200余年时光的大树，经历了多少次雷电风暴、风刀霜剑的摧逼，加上一次又一次人为的破坏，却依然巍然挺立，依然活力劲爆、郁郁葱葱，在今天，在这个清冷的季节里，依然荡漾起金黄的涟漪，让四方八地的人们潮水般涌来，仰望，惊叹，钦羡，赞美，朝拜！

从清水中双手轻轻地提起竹帘，看吧，乳色的纸上稳稳地熨帖地有一叶金黄的银杏叶！

运用2000余年前蔡伦发明的造纸术，再嵌入1000余年生命力勃发的古银杏叶，两者相融，有人惊叹：加起来有3000多岁了！这样一幅极有意义的图案上，总该留点有意义的文字啊！于是，有人题了"纸上烟云"，有人题写"一叶知秋"，我题为"纸上春秋"。有美女发觉我的字写得中规中矩（我没练过书法，其实我的字没有法度），居然让我给她的制作题字，我那时也不推辞，给题写了！这一下闯祸了，一个又一个美女排队似地叫我写，当时不知哪来的勇气，过后想想后怕：我蹩脚的字题在那有意蕴的制作上，简直是一种玷污和亵渎呀！

她们叫我题写的大多是"纸里千秋"，契合了这次举办方的主题和意趣。

举办方是谁？安亭文化旅游发展有限公司。其实，这家文化旅游公司真的是践行了文化旅游的宗旨。安亭，不仅仅有汽车文化，还有上海非遗药斑布，还有上海树王，当然还有其他文物。所以他们去南通取经，在嘉定开展了手筑药斑布的体验，后又将国车元素注入药斑布的活动，在今年"双十一"这天，举办了"纸里千秋"活动，挖掘地方文化，让人们在享受国际赛车文化的同时，了解安亭深厚的地方文化，让旅游插上文化的羽翼，让国际汽车城走得更稳更远，更有诗意。

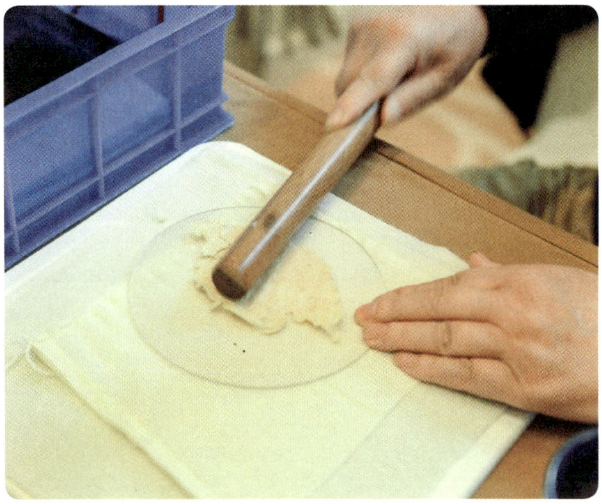

图一　捶打：反复捶打纸浆直至纤维捶碎

图二　洗浆：祛除胶质，将纸浆捞出沥去水分，留下絮

图三　化絮：将纸浆均匀分布于纸帘上

图四　化絮：将银杏叶嵌入纸浆并定位

图五　提帘：以控干水分

图六　背纸上板

图七　银杏叶纹样的纸张

图八　作者在成品上题字

图九　活动参与者展示成果

馆讯

1. 学有所自，温柔敦厚——嘉定乡贤周承忠书法文献展

2018年11月14日至2019年2月19日，上海翥云艺术博物馆举办“学有所自，温柔敦厚——嘉定乡贤周承忠书法文献展”，共展出周承忠先生书法作品、文献总60件/组。

周承忠（1878—1970），字孝侯，号梦闲，又号梦沤。嘉定镇人，晚清秀才。周承忠长期服务于教育界，先后任职的学校有：嘉定县立高等小学堂（1906）、苏松太道官立龙门师范学堂（民国后改称江苏省立第二师范学校，1910—1927）、中华职业学校（1925—1927）、东吴大学文学院（1937—1941）、私立嘉定勤业中学（1944—1945）、私立嘉定启良中学（1946—1949），以其循循善诱，培育学子无数，人称孝侯先生。

周承忠精研金石文字之学，兼治史学，工诗文，虽主述而不作，然时有创见，其成就堪当清代朴学吴派嘉定一支的殿军。又精小篆、钟鼎文书法，善治印，为世人推许。1956年6月，被聘为上海市文史馆馆员。1920年代嘉定县编纂《嘉定县续志》，任《赋役志》、《前志补遗》、《前志考证》分纂。一生著作有：《读史赘言》、《梦沤诗存》、《梦沤文存》、《梦沤印存》、《梦沤联存》、《秋霞小志》等。

2. 当代海派书画精品展

2018年12月26日至2019年2月19日，上海翥云艺术博物馆举办“当代海派书画精品展”。展览集中展出了20世纪50年代以来杰出海上书画家作品30件，这些作品是20世纪画坛多样风格的缩影，也是东西方文化冲突、交融的缩影。时代的变革、社会的更替，使他们更加深入地接触到现实生活，也使他们的作品在凸显艺术家的创新个性的同时，更呈现出鲜明的时代特征。

3. 上海翥云艺术博物馆加入上海市博物馆协会

上海市博物馆协会于2018年12月底正式获批成立。其前身为上海文物博物馆学会，成立于1995年。作为上海文物博物馆界的学术组织，学会紧密团结全市各行业、各类型的博物馆工作者及社会各界关心支持博物馆事业的人士，开展学术业务交流活动，发挥桥梁纽带作用，取得了良好效果，为上海文物博物馆事业的健康发展和博物馆学研究水平的提高作出了贡献。

上海市社会团体单位会员证书

字第 046 号

于 加入本会。望遵守本会章程，认真履行权利义务，执行本会决议，为上海的社会、经济发展作出贡献。此证有效期自 起至 止。

A 0009682

发证机构：

发证日期：2018 年 12 月 29 日

上海市社会团体管理局监制

近年来，上海的博物馆、纪念馆行业发展迅猛。为了给博物馆事业发展搭建更加广阔的平台，充分发挥文博行业管理的优势，在上海市文化和旅游局（上海市文物局）的关心支持和指导下，2018年上海文博学会启动了社团变更、换届选举等一系列工作，并于年底获批更名为“上海市博物馆协会”。目前，协会拥有会员单位51家，上海博物馆为会长单位。

4. 小小书画装裱师体验课

为了发挥我馆作为“嘉定区终身教育社会学习点”的功能，为社区文化教育作出贡献，于2019年1月至2月、7月至8月，我馆推出“小小书画装裱师体验课程”，前后举办6期，由专业老师指导示范，吸引了30多名学生参加。

俗话有云，三分画七分裱。装裱师，可以说是书画的美容师，更是书画的医生。每一幅书画在装裱后都是艺术品。在老师的指导下，学生们从认识装裱形式、装裱用具，到练习托纸，完成作品小托、托料、镶活、大托覆褙、上墙等一系列工序，最后装裱成框。

本次课程，旨在让学生在学习的过程中，体会传统文化的魅力，增加对家乡文化的了解，为今后在学习成长中树立文化自信积累经验。通过课程学习，实际动手操作与成果展示，也给学生今后在参观博物馆的时候多增加了一个观察学习的视角。

5. 传统节日系列活动

传统节日是历史文化的重要组成部分，有着丰富的文化内涵。为了丰富节日气氛，从中学习传统文化，我馆于2019年2月、4月与6月，推出了“猜灯谜，闹元宵”、“妙手绘春，纸鸢乘梦——清明节活动”、“浓情端午，香囊传情”等亲子家庭系列活动，受到市民欢迎。

“猜灯谜，闹元宵”活动，通过微信平台招募到15组亲子家庭，分三次参加活动。在带领亲子家庭参观博物馆的同时，结合展品导览，一起猜灯谜。

“妙手绘春，纸鸢乘梦——清明节活动”，通过微信平台招募，共有17组亲子家庭报名参加，一起度过了一个别致的传统节日。活动由聆听老师讲解嘉定先贤故事，让大家了解嘉定石童子小英雄的故事、侯黄二先生关于嘉定三屠及折漕事件的先烈事迹，重温历史沧桑，深情缅怀为了保卫家乡付出生命的英雄们，培养孩子们加强爱国情怀。从亲手绘制风筝，再到室外放飞风筝。既严肃又活泼的活动，让孩子们了解感受到传统习俗的内涵所在。

“浓情端午，香囊传情”活动，通过微信共招募到20组亲子家庭参与。手工制作的香囊，最能表达赠与者的心意，不但有辟邪驱瘟之意，而且有襟头点缀之风。香囊内填艾草，外包以丝布，清香四溢，再以五色丝线扣成索，作各种不同形状，玲珑夺目。

清明节活动

端午节活动1

元宵节活动

端午节活动2

6. 徐谷甫师生作品展

2019年3月18日至4月16日，上海翥云艺术博物馆举办“徐谷甫师生作品展”。展览共展出徐谷甫及其“城北书舫”弟子二十人作品共四十余件，含书法、绘画、篆刻三方面的创作成果。

徐谷甫，别署谷夫、谷父，号忍斋、城北徐公，上海人。善书法，工篆刻，是海上篆刻名家，在印学史、古文字史的研究上深有建树，著有《鸟虫篆大鉴》、《鸟虫篆全书》、《徐谷甫书画篆刻选集》、《两周金文选》（与人合著）、《商甲骨文选》（与人合著）等。

7. 甲骨文文化进校园公益课活动

甲骨文，又称“契文”、“甲骨卜辞”、殷墟文字或“龟甲兽骨文”，是现存中国最古老的一种成熟文字。研究“甲骨文”的学科叫做“甲骨学”，是一门“绝学”。2016年5月17日，习近平同志在《在哲学社会科学工作座谈会上的讲话》中指出：“要重视发展具有重要文化价值和传承意义的‘绝学’、‘冷门学科’。这些学科……事关文化传承的问题，如甲骨文等古文字研究等，要重视这些学科，确保有人做、有传承。”

方泰小学甲骨文公益课上李志伟老师讲解甲骨学的历史知识

上海练祁古文字研究中心是从事甲骨文的研究、交流、普及与展览的机构。为了宣传普及甲骨文历史与知识，该研究中心与上海翥云艺术博物馆合作，于2019年3月至5月，推出了甲骨文文化进校园公益课活动，活动先后在嘉定区安亭镇社区文化活动中心、嘉定安亭小学、普通小学、方泰中学举办。

普通小学甲骨文公益课

活动邀请到中国殷商文化学会副秘书长、上海市殷商甲骨文研究院常务副院长、上海练祁古文字研究中心副主任、《常用古文字编》主编李志伟担任主讲老师，结合图片与文字，向社区居民及学校同学讲解甲骨文与甲骨学的历史与知识。生动有趣的讲解与演示，受到活动参与者的热烈欢迎。

8. 古砖——博大精深的中国文化展

2019年4月18日至5月19日，上海纛云艺术博物馆与明止堂中国字砖馆联合举办了“古砖——博大精深的中国文化展”。

展览展出了明止堂中国字砖馆珍藏的50块精品字砖拓片及部分实物。参观展览，仿佛穿越了时空，与两千多年前的古人进行对话。明止堂中国字砖馆副馆长顾鹏鸿说：“一块古砖就是一本书 ，一块古砖就是一个故事。历代遗留的砖瓦上留下了丰富的文字与图案造型，具有极高的艺术与史料价值，为后世学者研究当时的社会、政治、文化、艺术、历史等课题提供了扎实可信的佐证，是民族文化之瑰宝。”

配合展览，在安亭镇社区文化活动中心与震川中学先后举办了两场举办“刻在砖上的文化” 、“古砖，给我们文化自信”主题讲座。讲座结束，专业老师教授传统拓印技术，让市民们亲自动手拓古砖，用手触摸古砖的魅力。

明止堂中国字砖馆位于嘉定区菊园新区，是由中国社会科学院先秦史学会、中国魏晋南北朝史学会共同命名的集古砖研究与保护、展示与一体的展示中心，多年来致力于传统优秀文化的研究与宣传，现为上海市爱国主义教育基地。

9. 练水风雅，诗礼传家——5·18国际博物馆日特展

2019年5月17日至27日，上海纛云艺术博物馆主办的“练水风雅，诗礼传家——5·18国际博物馆日特展”在安亭镇文体中心2楼震川美术馆展出。这一主题展是结合2019年第43个国际博物馆日的主题“作为文化中枢的博物馆：传统的未来”而策划推出的。

本次展览以嘉定古代名人书画和以嘉定历史名人与名胜古迹为题材创作的现代油画为主，共展出作品近100件，向市民讲述嘉定的城市建设与人文风貌，特别是在文化教育上所取得的成就。

上海纛云艺术博物馆作为一家收藏、展示、宣传与研究嘉定人文历史的民办非国有博物馆，自2008年创办以来，始终不忘初心，一直致力于嘉定地方文史的整理与研究，既为保存与宣传嘉定地方传统文化尽一份心意，同时也借此宣扬培育与生成嘉定文化精神的江南文化历史底蕴。

10. 钻坚仰高，溢彩华章
——“简斋”师生书法、篆刻、刻字艺术展

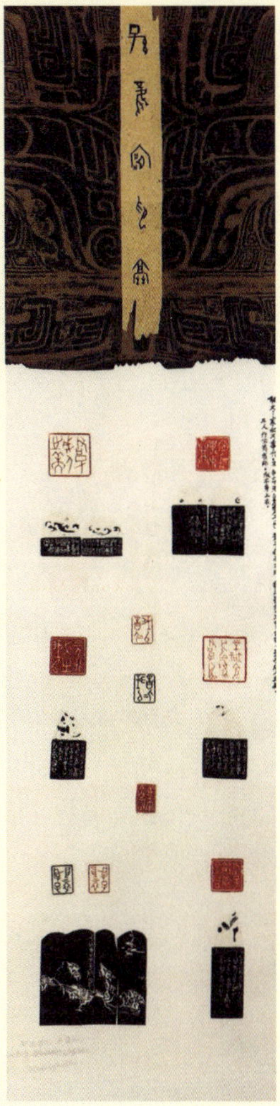

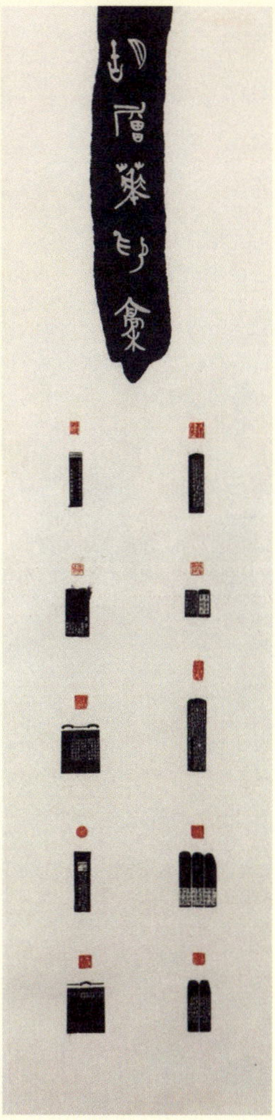

2019年5月25日至6月30日，上海翥云艺术博物馆举办“钻坚仰高，溢彩华章”——“简斋”师生书法、篆刻、刻字艺术展，展出杨祖柏先生及弟子作品30余件。

杨祖柏，别署简斋、海上刀郎。祖贯四川简阳，现居嘉定。精篆刻，工书法，作品曾多次入围国家级书法篆刻大展，出版有《中国篆刻百家——杨祖柏卷》等。现为西泠印社社员、中国书法家协会会员、上海市书法家协会刻字专业委员会副主任兼秘书长、上海市嘉定区文学艺术界联合会副主席兼秘书长。

11. 震川文博之旅研学活动

2019年6月下旬，上海翥云艺术博物馆与共建单位震川中学开展“文博之旅”研学活动，带领震川中学6年级全体学生走进上海世博会博物馆、中国航海博物馆、上海纺织博物馆、上海市银行博物馆4家场馆。

本次活动的意义在于，学生在走进博物馆的同时，不再单单是走马观花地看展，而是通过提前策划的研学课题与各馆自身特色活动内容相结合的方式，更好地了解某一领域的发展历史与相关知识。活动得到校方与学生们的一致好评。

文博之旅航海博物馆

文博之旅世博会博物馆

12. 小小篆刻艺术家体验课

2019年7月中旬，上海翥云艺术博物馆结合暑假推出“小小篆刻艺术家”体验课程，共2场活动，吸引了50位学生参加。

篆刻艺术，是书法（主要是篆书）和镌刻结合，来制作印章的艺术，是汉字特有的艺术形式，在我国有着悠久的历史。本次体验课邀请到青年篆刻家闵青老师作现场讲解与示范。通过老师手把手教学，学生们对篆刻艺术有了初步的了解，与家长一起动手设计印稿件并完成印章，收获满满。

13. 云亭山水间——吴嗣坤、李重、陈强书画展

2019年7月16日至8月11日，上海翥云艺术博物馆与四川东方张大千艺术研究中心联合举办了“云亭山水间——吴嗣坤、李重、陈强书画展”，共展出三人书画作品33件。本次展览旨在为上海嘉定与四川成都的书画艺术创作与交流作出一份努力。

展览期间，策划了“与大师一起开画展”、“与大师一起开拍卖会”的主题培训活动，提升学员审美修养，增添艺术气氛，为营造书香安亭、艺术安亭添砖加瓦。

四川东方张大千艺术研究中心成立于2012年，是四川省社会科学界联合会主管的省一级学术交流团体和研究机构，宗旨是弘扬中国传统文化，研究张大千先生的绘画艺术，进行艺术培训，举办会展等艺术活动。吴嗣坤，四川成都人，为大风堂再传弟子，现为四川东方张大千艺术研究中心主任。李重，现为上海中华书画协会高级教师，四川东方张大千艺术研究中心副主任。陈强，现为中国楹联学会会员、中华诗词学会会员、上海市书法家协会会员，四川东方张大千艺术研究中心副主任。

14. 清凉一夏——书画扇面展

2019年8月26日至9月23日，上海翥云艺术博物馆推出“清凉一夏——书画扇面展”，共展出上海地区书画家郑永明、杨祖柏、王雪山、薛锦禹、李志伟、张佩华、张杏明、刘子枫、金勇等书画扇面作品30余件，内容涵盖了中国传统诗词、花鸟、山水等题材。

扇面书法作为欣赏和收藏之用，有其独到的艺术特色，给人以美的享受。往来应酬互赠扇子及在扇面上合作书画，是中国文人之间的一种雅事，也是中国传统文化丰富多样的表现之一。

15. “翰墨寄初心，共筑中国梦”庆祝中华人民共和国成立70周年书画作品展

2019年9月20日至10月15日，为深入贯彻党的十九大以及习近平总书记文艺工作座谈会重要讲话精神，歌颂中华人民共和国成立70年来的丰硕成果，培育和践行社会主义核心价值观，传承中华民族传统书画文化，由安亭镇党委、致公党嘉定区委主办，上海翥云艺术博物馆协办的以“翰墨寄初心，共筑中国梦”为主题的“庆祝中华人民共和国成立70周年书画作品展”，在安亭镇文体中心2楼震川美术馆展出。

本次展览邀请了上海市书法家协会、上海市美术家协会、嘉定区书法家协会等机构的艺术家参与，共征集作品80 余件。这些作品热情讴歌伟大时代，展现了嘉定建设发展的巨大成就，反映嘉定人民爱国爱党的真挚情怀和积极进取的精神面貌。

16. “走进博物馆·我和我的祖国”学生书画作品展

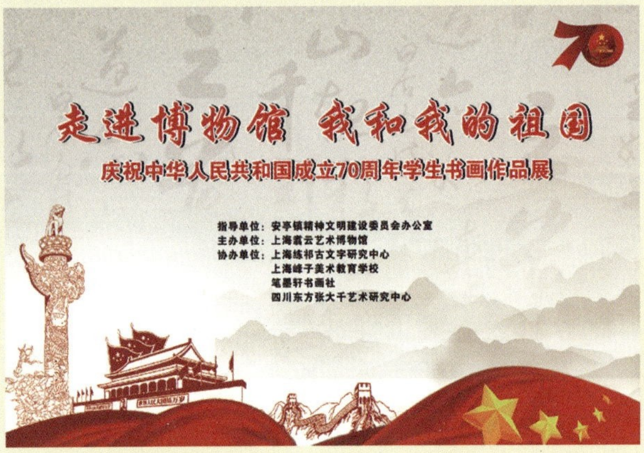

为庆祝中华人民共和国成立70周年，大力弘扬爱国主义精神，上海翥云艺术博物馆于2019年8月策划“走进博物馆·我和我的祖国”绘画书法主题展，通过网络平台向嘉定全区中小学、幼儿园、少年宫、文化宫及画室画班的3—16岁的青少年及儿童征集作品。活动得到热烈反响，通过一个月的努力，共征集作品100多件。

2019年9月24日至10月27日，上海翥云艺术博物馆从征集到的100多件作品中，精选出33件作品，举办了“走进博物馆·我和我的祖国”学生书画作品展。一幅幅优秀的作品，展现着新时代青少年对于祖国的美好期望，体现着少年强则中国强的时代主旨。

17. 安亭药斑布展

2019年8月1日至12月31日，上海翥云艺术博物馆推出“安亭药斑布展”，共展出保存至今的药斑布制品近40件。

安亭药斑布诞生至今已有八百多年的历史，创始者为安亭归氏人士，因此，安亭药斑布又称“归氏药斑布”，是当时安亭最盛名远扬的绵纺织产品。药斑布的基本特征是：用料就地取材，加工工艺相对简便。药灰是药斑布生产工艺中最重要的辅料，具有附着力强、干时不易脱落、清洗方便等特点。药斑布图案鲜艳亮丽，具有防蛀、防霉等功效，长期储存不褪色、不霉变。安亭药斑布作为嘉定传统手工技艺，现已入选上海市第二批非物质文化遗产代表名录。